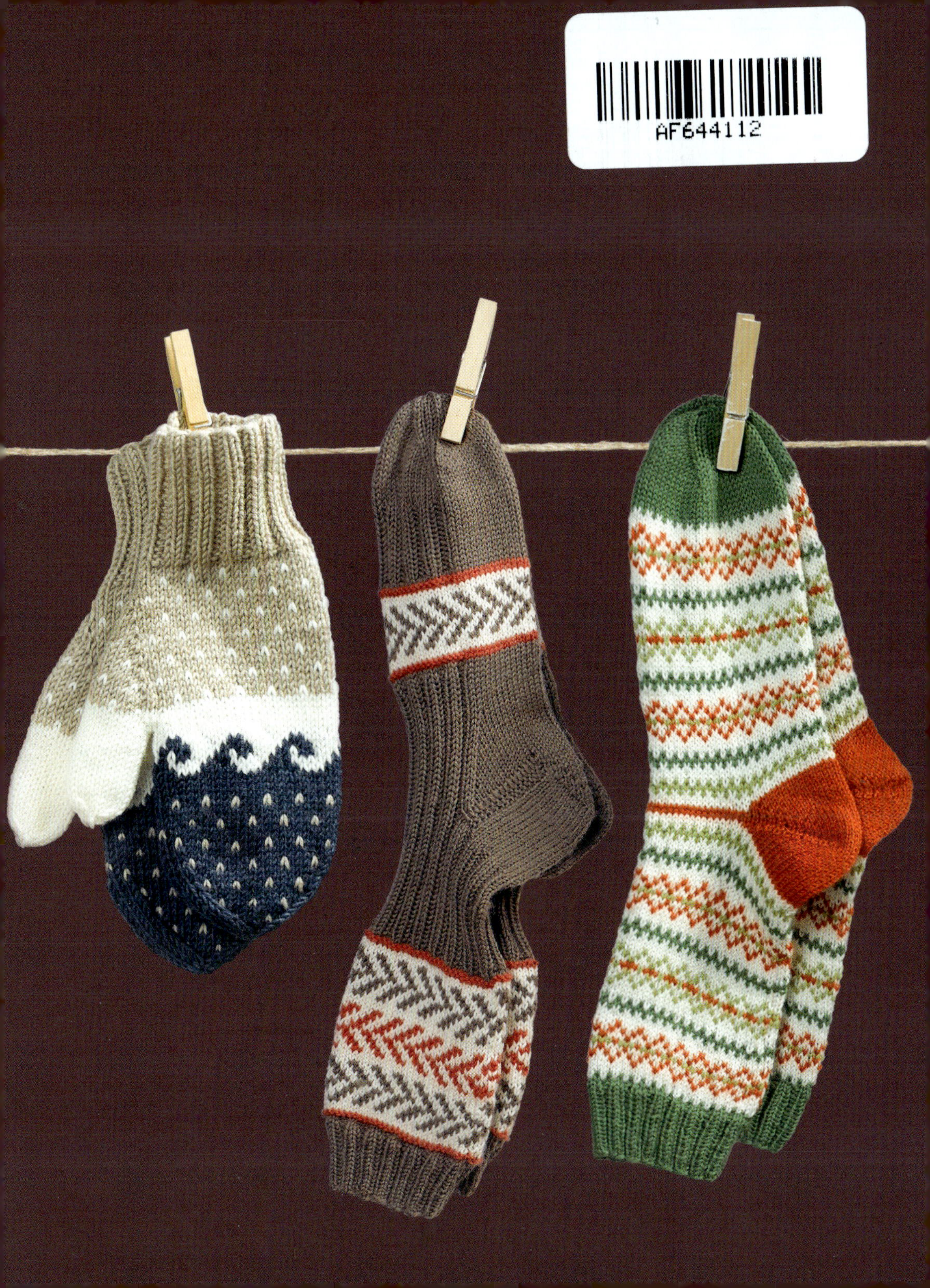

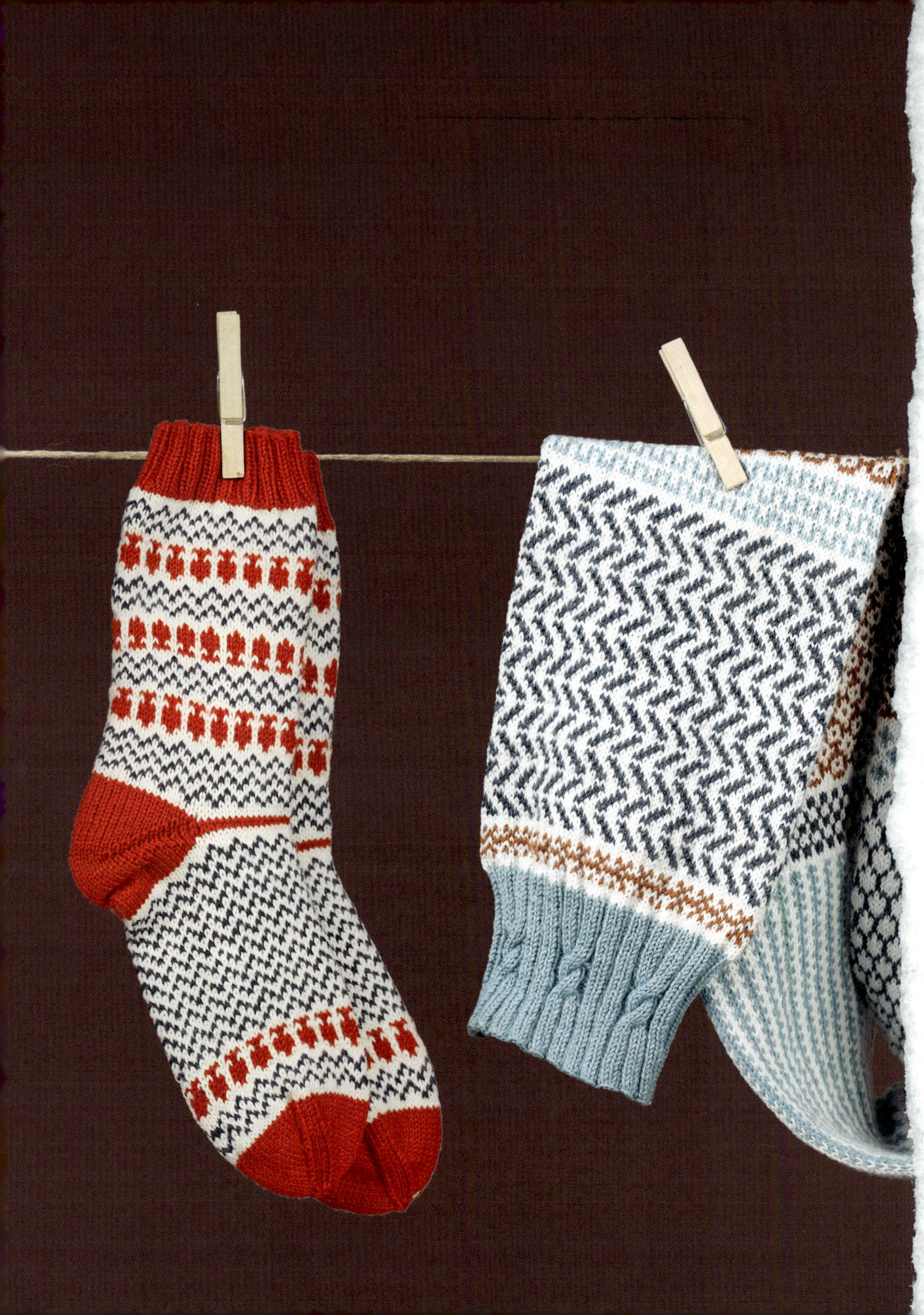

Kerstin Balke

SOXX MIXX

MUSTER-MANIA

by Stine & Stitch

Mustersocken, Pullover
und Accessoires stricken

Soxx Sunrise

Frozen Soxx

Soxx Hawaii

Soxx on the Beach

Long Island Soxx

Soxxshaker

Grundanleitung

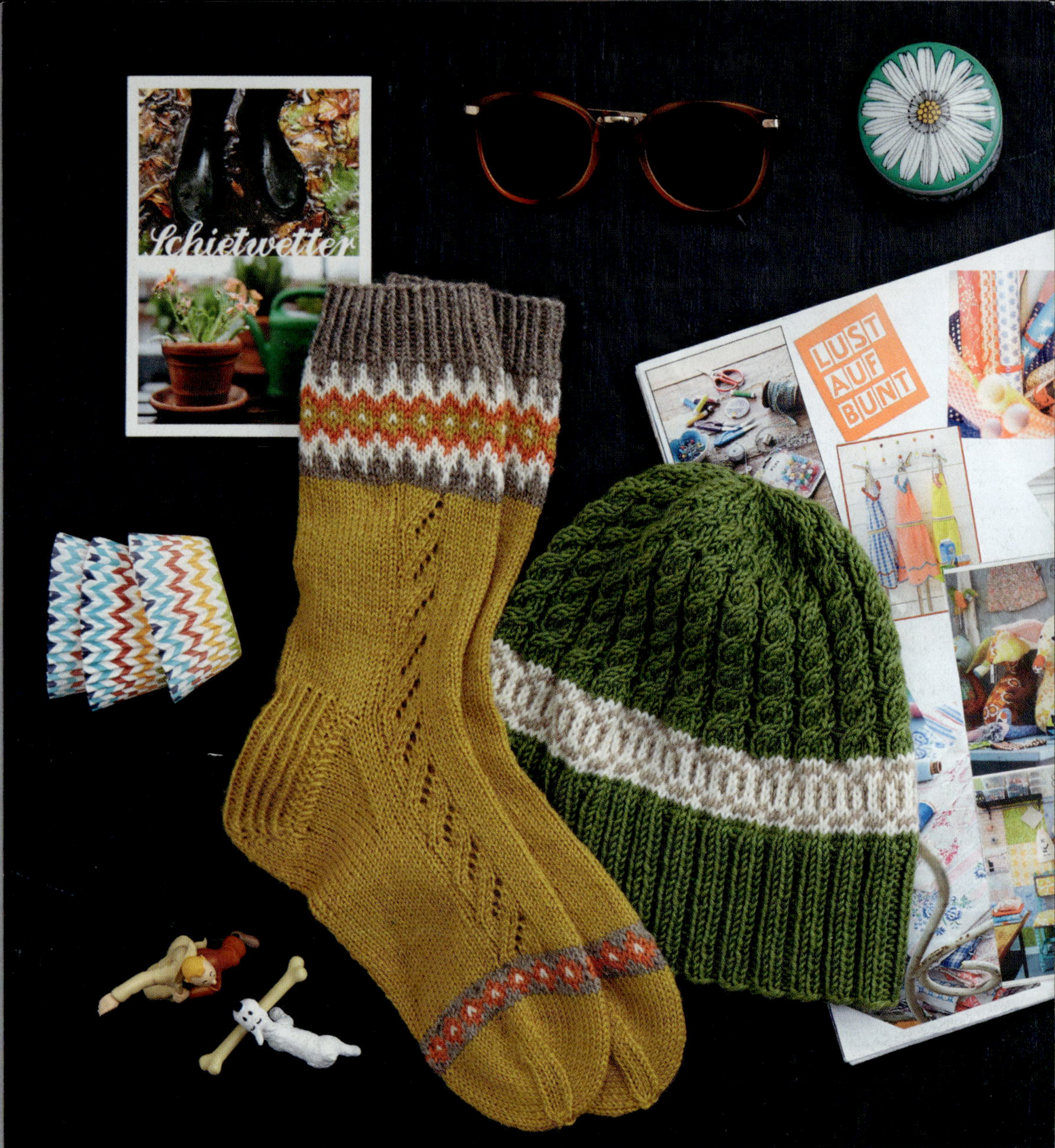

Soxx Sunrise

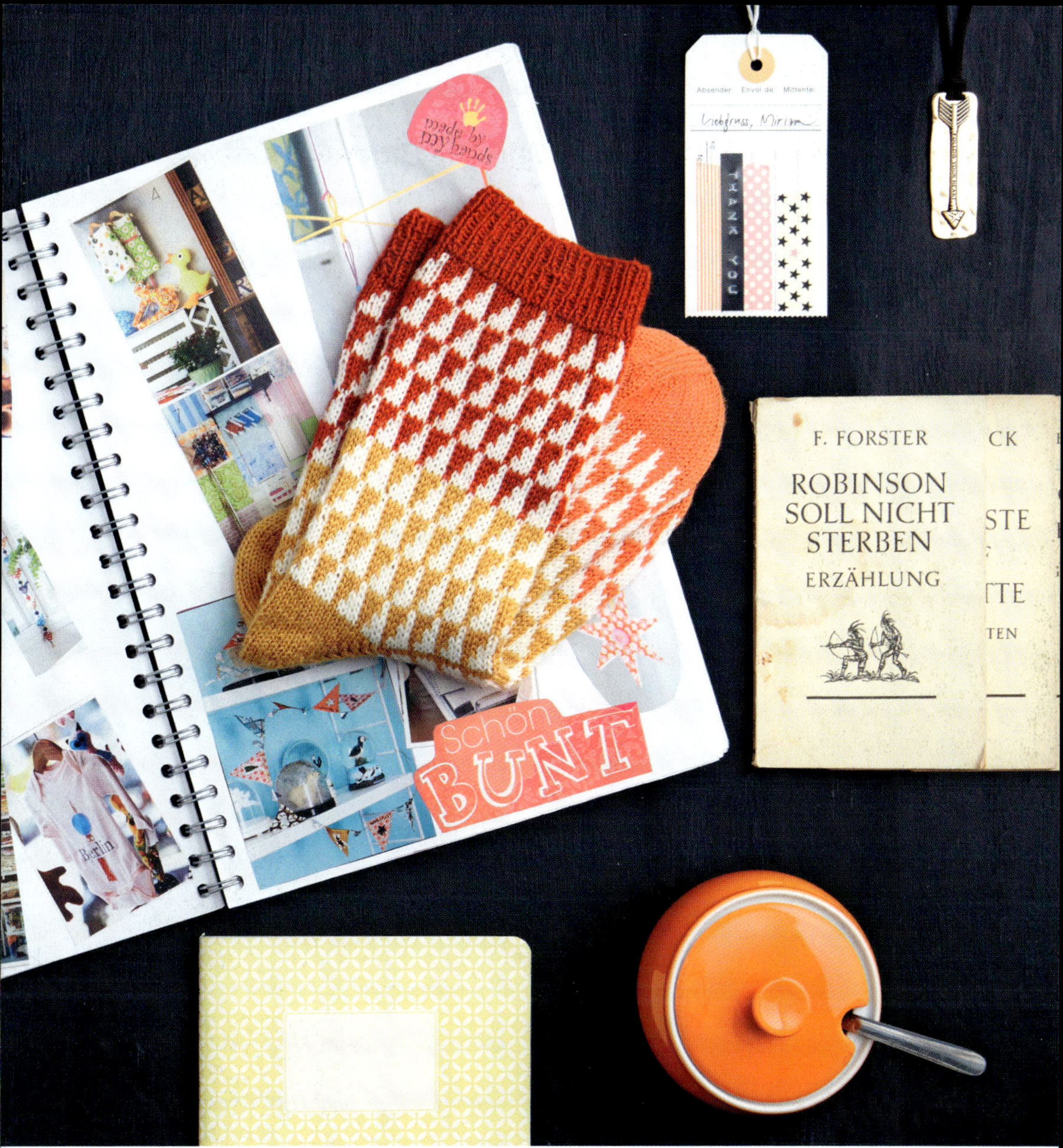
made by my hands
Schön
BUNT
Berlin
Absender: Envoi de: Mittente:
THANK YOU
F. FORSTER
ROBINSON SOLL NICHT STERBEN
ERZÄHLUNG

SOXX MIXX NO. 1

SCHWIERIGKEITSGRAD 2

GRÖSSE

Kopfumfang: 54–57 cm
Höhe: 21 cm

MATERIAL

Lang Yarns Merino 120 (LL ca. 120 m/50 g) in Hell Olive Mélange (Fb 297), 100 g, und in Offwhite (Fb 02) und Beige Mélange (Fb 226), je 50 g

Nadelspiel 3,5 mm, 20 cm lang

Hilfs- oder Zopfnadel

MASCHENPROBE

Im Jacquardmuster mit Nd 3,5 mm
26 M und 29 Rd = 10 cm x 10 cm

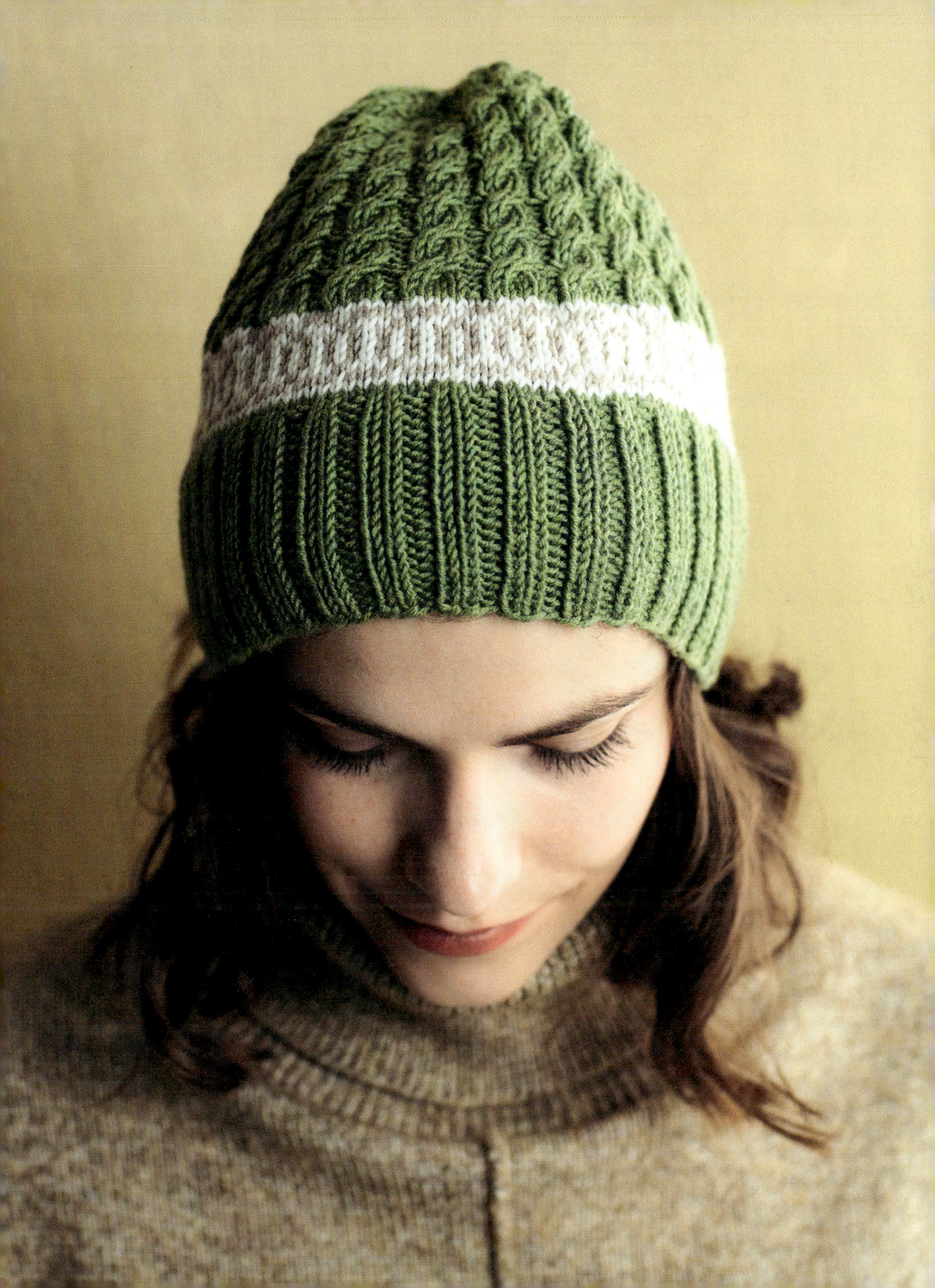

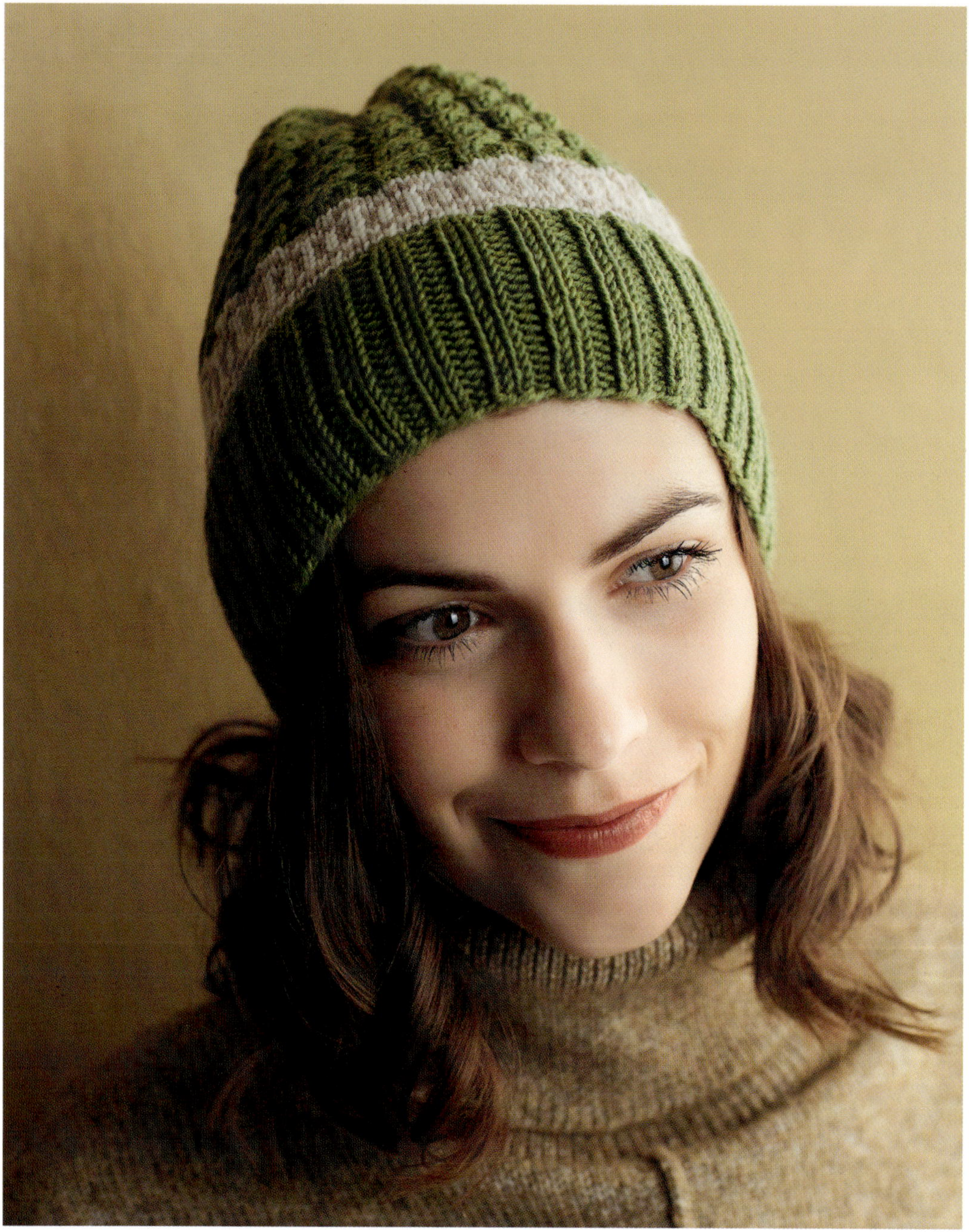

Glatt rechts

In Rd alle M rechts str.

Bündchenmuster

2 M links, 2 M rechts im Wechsel str.

Jacquardmuster

M-Zahl teilbar durch 4.

In allen Rd glatt rechts nach dem Zählmuster str. Den Rapport von 4 M fortlaufend wdh.

Jacquardmuster

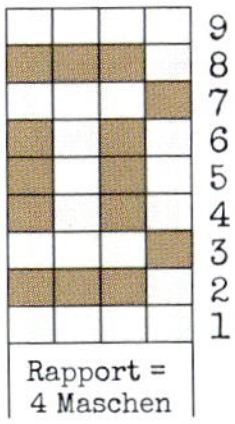

☐ = Offwhite

■ = Beige Mélange

Zopfmuster 1

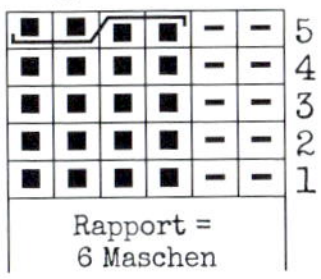

Zopfmuster 2

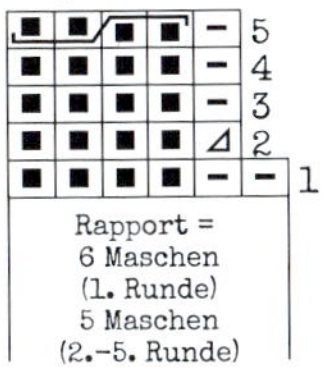

– = 1 Masche links

■ = 1 Masche rechts

◿ = 2 Maschen links zusammenstricken

■■/■■ = 2 Maschen auf einer Hilfsnadel hinter die Arbeit legen, 2 Maschen rechts stricken, dann die Maschen der Hilfsnadel rechts stricken

Zopfmuster 1 und 2

M-Zahl teilbar durch 6.

In allen Rd nach der jeweiligen Strickschrift str. Den Rapport von 6 M fortlaufend wdh.

Zopfmuster 1

1.–4. Rd: * 2 M links, 4 M rechts str, ab * fortlaufend wdh.

5. Rd: * 2 M links, 2 M auf einer Hilfsnd hinter die Arbeit legen, 2 M rechts str, dann die M der Hilfsnd rechts str, ab * fortlaufend wdh.

Die 1.–5. Rd fortlaufend wdh.

Zopfmuster 2

1. Rd: * 2 M links, 4 M rechts str, ab * fortlaufend wdh.

2. Rd: * 2 M links zusammenstr (siehe Seite 164), 4 M rechts str, ab * fortlaufend wdh.

3.+4. Rd: * 1 M links, 4 M rechts str, ab * fortlaufend wdh.

5. Rd: * 1 M links, 2 M auf einer Hilfsnd hinter die Arbeit legen, 2 M rechts str, dann die M der Hilfsnd rechts str, ab * fortlaufend wdh.

Die 1.–5. Rd 1x str.

ANLEITUNG

132 M in Hell Olive Mélange anschl, gleichmäßig auf 4 Spielnd verteilen (= 33 M pro Nd) und zur Rd schließen. Für das BÜNDCHEN 20 Rd (= 6,5 cm) im Bündchenmuster str.
Anschließend 1 Rd glatt rechts in Hell Olive Mélange arb. Den Faden abschneiden. Danach im Jacquardmuster in Offwhite und Beige Mélange weiterstr. Die 1.–9. Rd des Zählmusters 1x arb. Die Fäden in Offwhite und Beige Mélange abschneiden. Danach die Mütze in Hell Olive Mélange weiterstr. 1 Rd glatt rechts arb. Anschließend im Zopfmuster 1 weiterstr. Die 1.–5. Rd der Strickschrift 6x arb. Mit den Abnahmen beginnen und wie folgt str: Im Zopfmuster 2 arb. Die 1.–5. Rd der Strickschrift 1x str, dabei in der 2. Rd wie gezeichnet abnehmen (= 110 M). Nun 1 Rd 1 M links, 4 M rechts im Wechsel str. In der nächsten Rd * 1 M links, 2 M linksgeneigt zusammenstr (= 2 M rechts überzogen zusammenstr, siehe Seite 164), 2 M rechtsgeneigt zusammenstr (= 2 M rechts zusammenstr, siehe Seite 164), ab * fortlaufend wdh (= 66 M). 1 Rd 1 M links, 2 M rechts im Wechsel arb. In der nächsten Rd * 1 M links, 2 M rechtsgeneigt zusammenstr, ab * fortlaufend wdh (= 44 M). 1 Rd 1 M links, 1 M rechts im Wechsel arb. In den folgenden 2 Rd fortlaufend 2 M rechtsgeneigt zusammenstr (= 11 M).
Den Faden abschneiden und mit einer stumpfen Woll-Nd durch die verbleibenden M ziehen.
Alle Fäden vernähen.

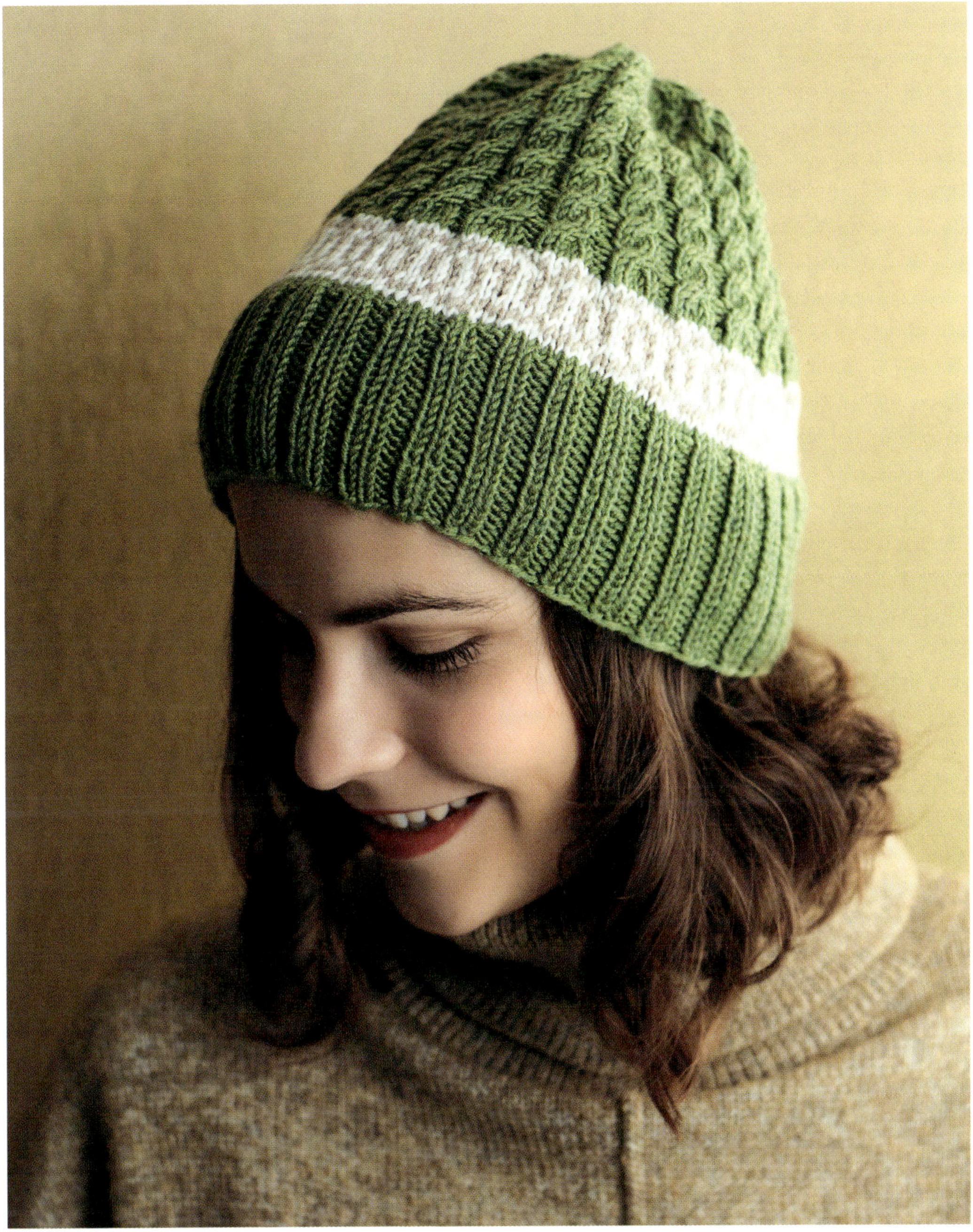

SOXXMIXX No. 2

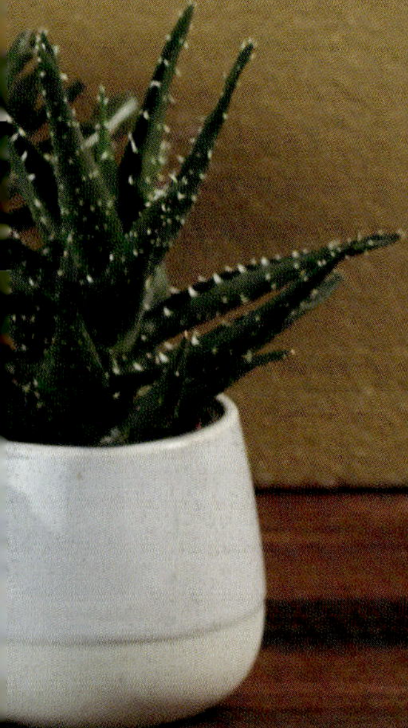

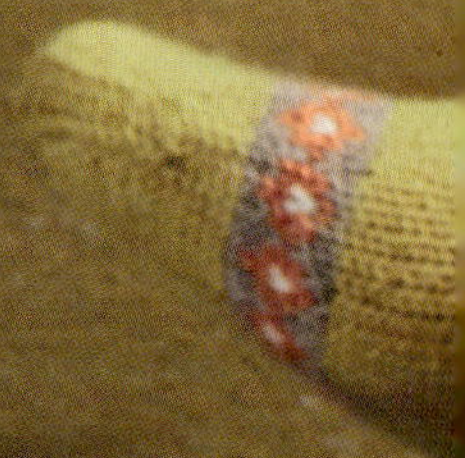

SCHWIERIGKEITSGRAD 3

GRÖSSE

38/39

MATERIAL

Lana Grossa Meilenweit 50 (LL ca. 210 m/50 g) in Rohweiß (Fb 1113), Taupe (Fb 1359) und Orangerot (Fb 1372), je 50 g

Lana Grossa Meilenweit 100 (LL ca. 420 m/100 g) in Senfgelb (Fb 1370), 100 g

Nadelspiel 2,5–3,0 mm

MASCHENPROBE

Glatt rechts mit Nd 2,5–3,0 mm
34 M und 46 Rd = 10 cm x 10 cm

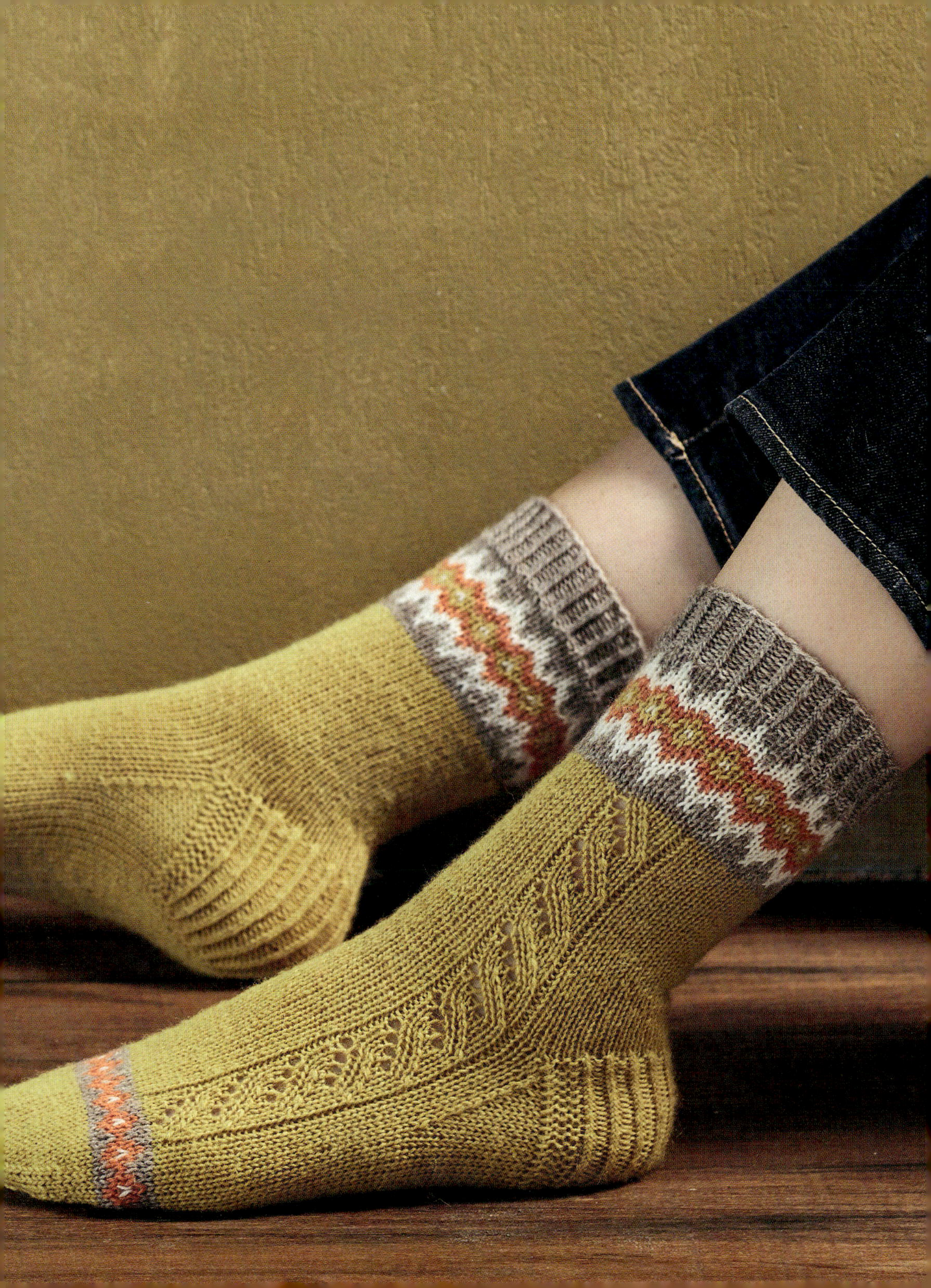

Glatt rechts

In Hinr rechte M, in Rückr linke M str, bzw. in Rd alle M rechts str.

Rechts verschränkte Maschen

In das hintere M-Glied von rechts nach links einstechen und die M rechts abstr, sodass sich die M verdreht.

Links verschränkte Maschen

In das hintere M-Glied von links nach rechts einstechen und die M links abstr, sodass sich die M verdreht.

Bündchenmuster

1 M rechts verschränkt, 1 M links im Wechsel str.

Jacquardmuster A und B

M-Zahl jeweils teilbar durch 4. In allen Rd glatt rechts nach dem jeweiligen Zählmuster str. Den Rapport von 4 M fortlaufend wdh.

Lochmuster A

In Rd nach der Strickschrift str.

1. Rd: 1 M links, 6 M rechts, 1 M links str.
2. Rd: 1 M links, 1 U, 1 M rechts, 2 M linksgeneigt zusammenstr (= 2 M rechts überzogen zusammenstr, siehe Seite 164), 3 M rechts, 1 M links str.
3. Rd: 1 M links, 6 M rechts, 1 M links str.
4. Rd: 1 M links, 1 M rechts, 1 U, 1 M rechts, 2 M linksgeneigt zusammenstr, 2 M rechts, 1 M links str.

Jacquardmuster A

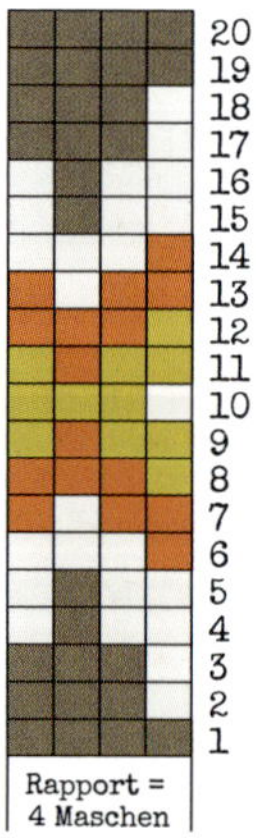

= Taupe
= Rohweiß
= Orangerot
= Goldgelb

Jacquardmuster B

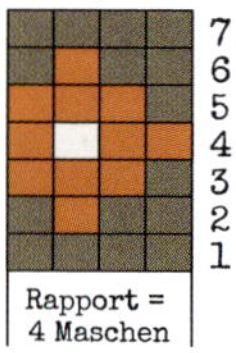

= Taupe
= Orangerot
= Rohweiß

Lochmuster A

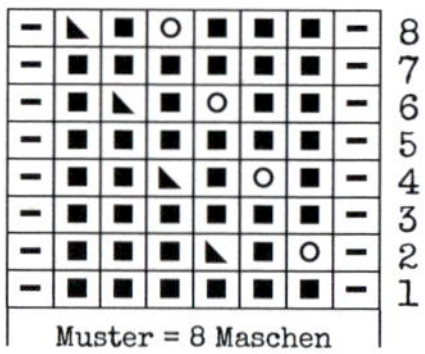

Lochmuster B

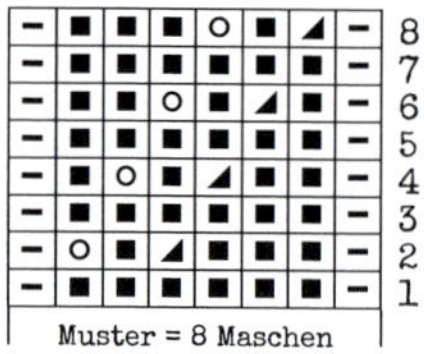

– = 1 Masche links
■ = 1 Masche rechts
○ = 1 Umschlag
◣ = 2 Maschen linksgeneigt zusammenstricken (= 2 Maschen rechts überzogen zusammenstricken)
◢ = 2 Maschen rechtsgeneigt zusammenstricken (= 2 Maschen rechts zusammenstricken)

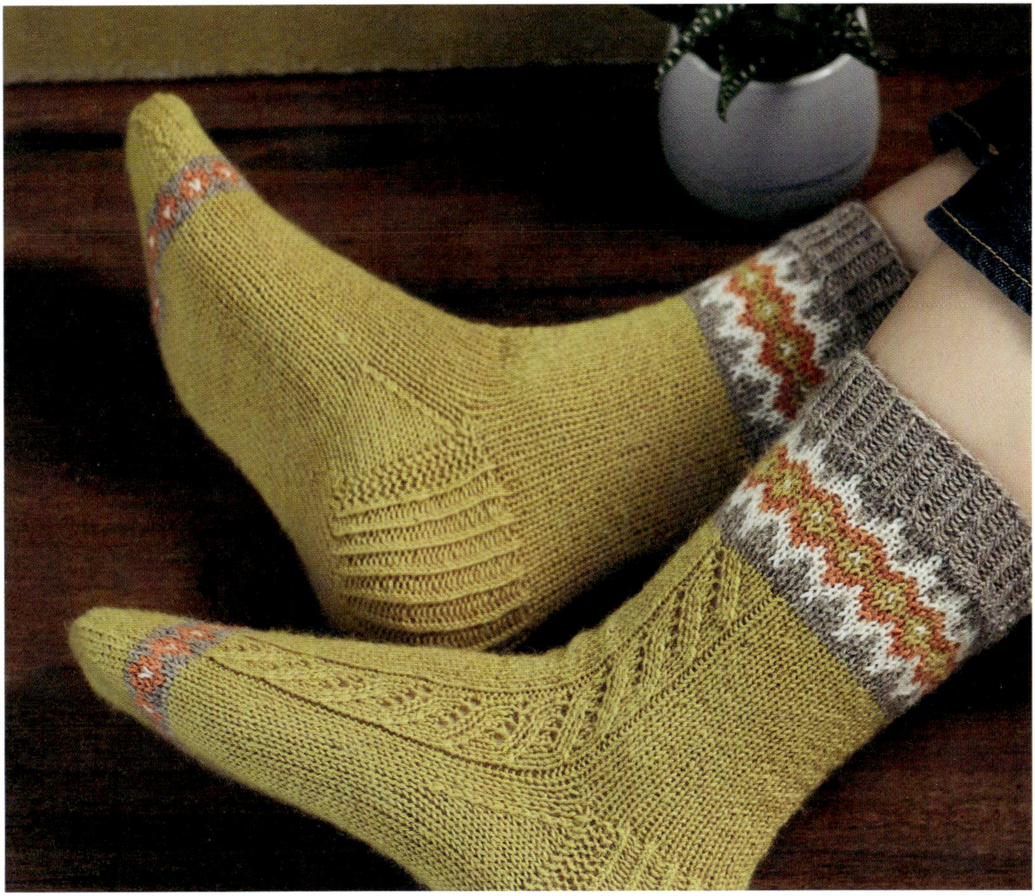

5. Rd: 1 M links, 6 M rechts, 1 M links str.
6. Rd: 1 M links, 2 M rechts, 1 U, 1 M rechts, 2 M linksgeneigt zusammenstr, 1 M rechts, 1 M links str.
7. Rd: 1 M links, 6 M rechts, 1 M links str.
8. Rd: 1 M links, 3 M rechts, 1 U, 1 M rechts, 2 M linksgeneigt zusammenstr, 1 M links str.
Die 1.–8. Rd fortlaufend wdh.

Lochmuster B

In Rd nach der Strickschrift str.
1. Rd: 1 M links, 6 M rechts, 1 M links str.
2. Rd: 1 M links, 3 M rechts, 2 M rechtsgeneigt zusammenstr (= 2 M rechts zusammenstr, siehe Seite 164), 1 M rechts, 1 U, 1 M links str.
3. Rd: 1 M links, 6 M rechts, 1 M links str.

4. Rd: 1 M links, 2 M rechts, 2 M rechtsgeneigt zusammenstr, 1 M rechts, 1 U, 1 M rechts, 1 M links str.
5. Rd: 1 M links, 6 M rechts, 1 M links str.
6. Rd: 1 M links, 1 M rechts, 2 M rechtsgeneigt zusammenstr, 1 M rechts, 1 U, 2 M rechts, 1 M links str.
7. Rd: 1 M links, 6 M rechts, 1 M links str.

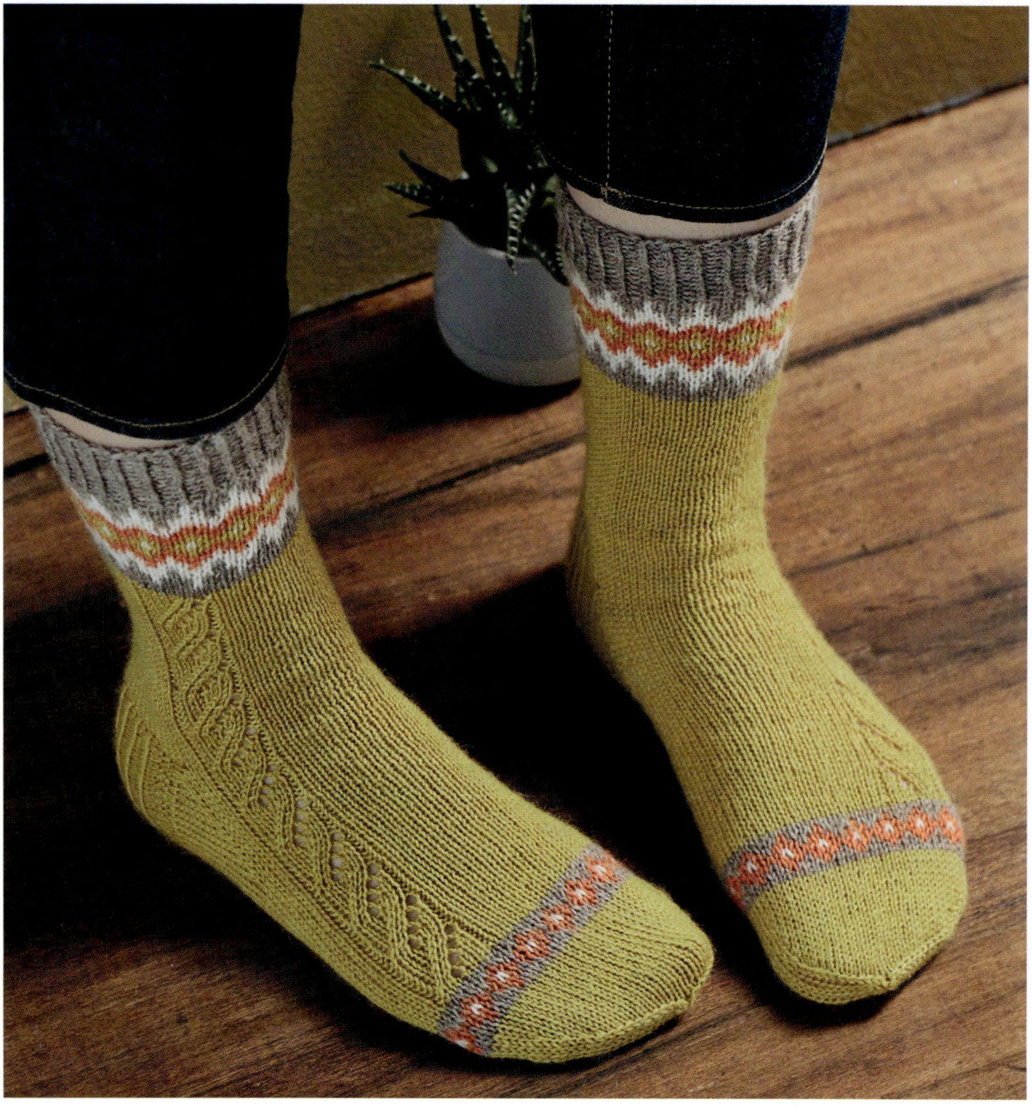

8. Rd: 1 M links, 2 M rechtsgeneigt zusammenstr, 1 M rechts, 1 U, 3 M rechts, 1 M links str.
Die 1.–8. Rd fortlaufend wdh.

Fersenmuster

1. R (Hinr): 3 M rechts, * 1 M links str, 1 M rechts verschränkt, ab * fortlaufend wdh, enden mit 3 M rechts.
2. R (Rückr): 3 M rechts, * 1 M links verschränkt str, 1 M rechts, ab * fortlaufend wdh, enden mit 3 M rechts.
Die 1. und 2. R fortlaufend wdh.

ANLEITUNG

60 M in Taupe anschl, gleichmäßig auf 4 Spielnd verteilen (= 15 M pro Nd) und zur Rd schließen.
Für das BÜNDCHEN 13 Rd (= 3 cm) im Bündchenmuster str.
Den SCHAFT glatt rechts im Jacquardmuster A in Taupe, Rohweiß, Orangerot und Goldgelb beginnen. Die 1.–20. Rd des Zählmusters 1x str. Die Fäden in Taupe, Rohweiß und Orangerot abschneiden.
Anschließend 1 Rd glatt rechts in Senfgelb str. Danach den SCHAFT wie folgt in Senfgelb weiterarb.
SOCKE 1: 35 M rechts, 8 M im Lochmuster A, 17 M rechts arb.
SOCKE 2: 17 M rechts, 8 M im Lochmuster B, 35 M rechts arb.
Die 1.–8. Rd der jeweiligen Strickschrift 5x arb.

Nun die HERZCHENFERSE im Fersenmuster in Senfgelb über die 30 M der 4. und 1. Nd nach der Grundanleitung str (siehe Seite 185). Das Herzchen wird dabei glatt rechts gearbeitet.
Den FUSS weiter glatt rechts über alle M der 4 Spielnd arb.
SOCKE 1: Das Lochmuster A fortführen.
SOCKE 2: Das Lochmuster B fortführen.
Die 1.–8. Rd der jeweiligen Strickschrift 6x und die 1. Rd 1x str.
Anschließend im Jacquardmuster B in Taupe, Orangerot und Rohweiß weiterarb. Die 1.–7. Rd des Zählmusters 1x str.
Die Fäden in Taupe, Orangerot und Rohweiß abschneiden. Die Socke glatt rechts in Senfgelb beenden, dabei nach 17,5 cm ab Fersenmitte mit den Abnahmen für die Bandspitze beginnen.
Die BANDSPITZE in Senfgelb nach der Grundanleitung str (siehe Seite 187).
Den Faden abschneiden und nach innen ziehen.
Alle Fäden vernähen.

HINWEISE ZUM STRICKEN VON ANDEREN GRÖSSEN

GRÖSSE 36/37
60 M anschl (= 15 M pro Nd).
Schaft: Nach Anleitung arb.
Fuß: Das Lochmuster A bzw. B weiterführen. Die 1.–8. Rd der jeweiligen Strickschrift 5x und die 1. Rd 1x str. Nach Anleitung weiterarb und nach 16 cm ab Fersenmitte mit den Abnahmen für die Bandspitze beginnen.

GRÖSSE 40/41
64 M anschl (= 16 M pro Nd).
Schaft: Nach Anleitung beginnen.
Socke 1: 38 M rechts, 8 M im Lochmuster A, 18 M rechts str. Nach Anleitung weiterarb.
Socke 2: 18 M rechts, 8 M im Lochmuster B, 38 M rechts str. Nach Anleitung weiterarb.
Fuß: Das Lochmuster A bzw. B weiterführen. Die 1.–8. Rd der jeweiligen Strickschrift 6x und die 1. Rd 1x str. Nach Anleitung weiterarb und nach 19 cm ab Fersenmitte mit den Abnahmen für die Bandspitze beginnen.

GRÖSSE 42/43

64 M anschl (= 16 M pro Nd).

Schaft: Nach Anleitung beginnen.

Socke 1: 38 M rechts, 8 M im Lochmuster A, 18 M rechts str.
Nach Anleitung weiterarb.

Socke 2: 18 M rechts, 8 M im Lochmuster B, 38 M rechts str.
Nach Anleitung weiterarb.

Fuß: Das Lochmuster A bzw. B weiterführen. Die 1.–8. Rd der jeweiligen Strickschrift 7x und die 1. Rd 1x str.
Nach Anleitung weiterarb und nach 20,5 cm ab Fersenmitte mit den Abnahmen für die Bandspitze beginnen.

GRÖSSE 44/45

68 M anschl (= 17 M pro Nd).

Schaft: Nach Anleitung beginnen.

Socke 1: 41 M rechts, 8 M im Lochmuster A, 19 M rechts str.
Nach Anleitung weiterarb.

Socke 2: 19 M rechts, 8 M im Lochmuster B, 41 M rechts str.
Nach Anleitung weiterarb.

Fuß: Das Lochmuster A bzw. B weiterführen. Die 1.–8. Rd der jeweiligen Strickschrift 7x und die 1. Rd 1x str.
Nach Anleitung weiterarb und nach 22 cm ab Fersenmitte mit den Abnahmen für die Bandspitze beginnen.

SOXXMIXX NO. 3

SCHWIERIGKEITSGRAD 3

GRÖSSE

38/39

MATERIAL

Lang Yarns Jawoll (LL ca. 210 m/50 g) in Offwhite (Fb 94), Braunorange (Fb 275), Goldgelb hell (Fb 250) und Lachs (Fb 228), je 50 g

Nadelspiel 2,5–3,0 mm

MASCHENPROBE

Im Jacquardmuster mit Nd 2,5–3,0 mm
36 M und 38 Rd = 10 cm x 10 cm

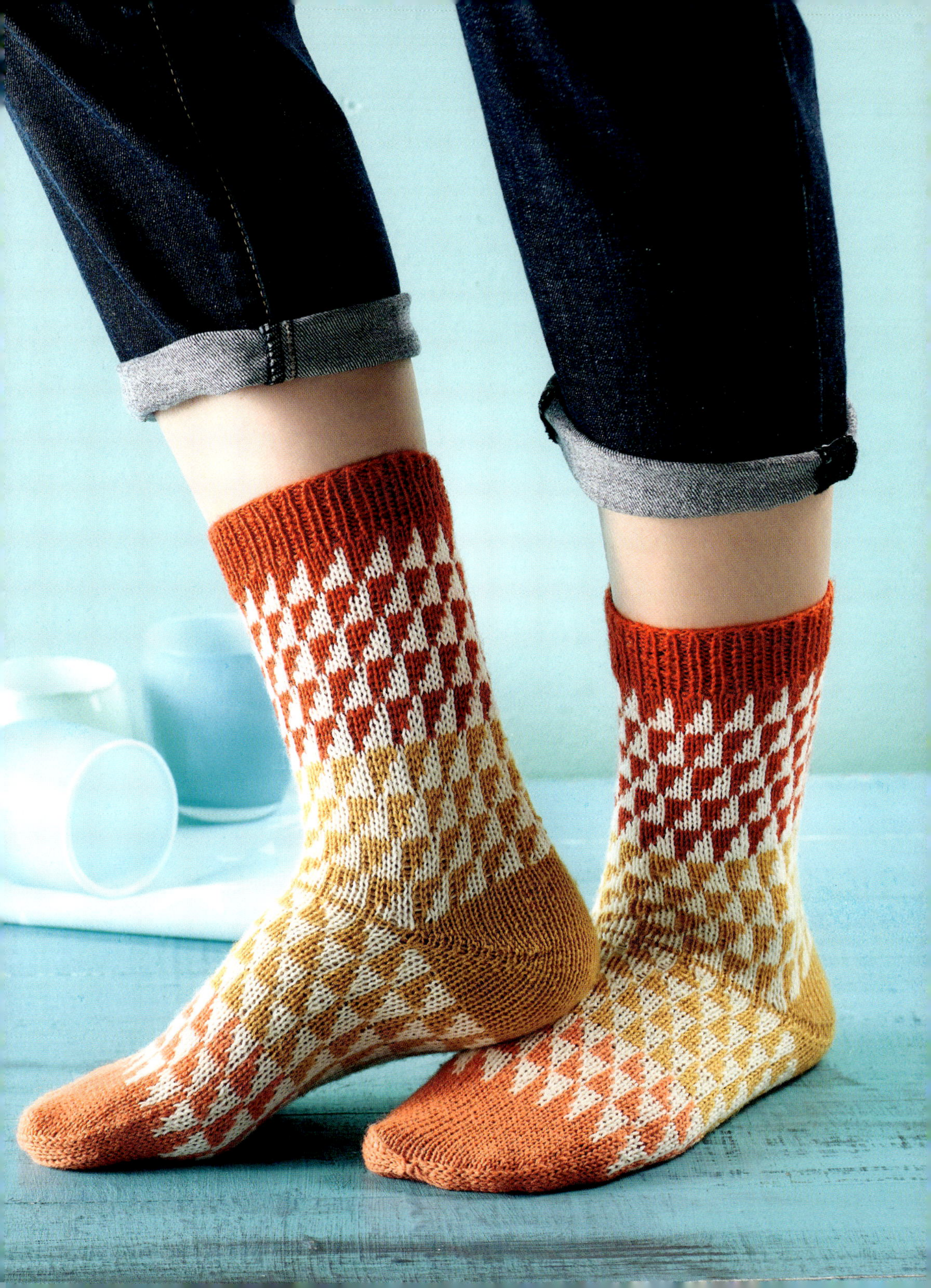

Glatt rechts

In Hinr rechte M, in Rückr linke M str, bzw. in Rd alle M rechts str.

Bündchenmuster

1 M rechts, 1 M links im Wechsel str.

Jacquardmuster A, B, C und D

M-Zahl jeweils teilbar durch 4. In allen Rd glatt rechts nach dem jeweiligen Zählmuster str. Den Rapport von 4 M fortlaufend wdh.

ANLEITUNG

64 M in Braunorange anschl, gleichmäßig auf 4 Spielnd verteilen (= 16 M pro Nd) und zur Rd schließen.

Für das BÜNDCHEN 15 Rd (= 3 cm) im Bündchenmuster str.

Den SCHAFT glatt rechts mit 1 Rd in Braunorange beginnen. Anschließend im Jacquardmuster A in Offwhite und Braunorange weiterarb. Die 1.–24. Rd des Zählmusters 1x str, dann noch 1x die 1.–6. Rd arb. Den Faden in Braunorange abschneiden. Nun im Jacquardmuster B in Offwhite und Goldgelb hell weiterarb. Die 1.–24. Rd des Zählmusters 1x str. Die Fäden in Offwhite und Goldgelb hell abschneiden.

Jacquardmuster A

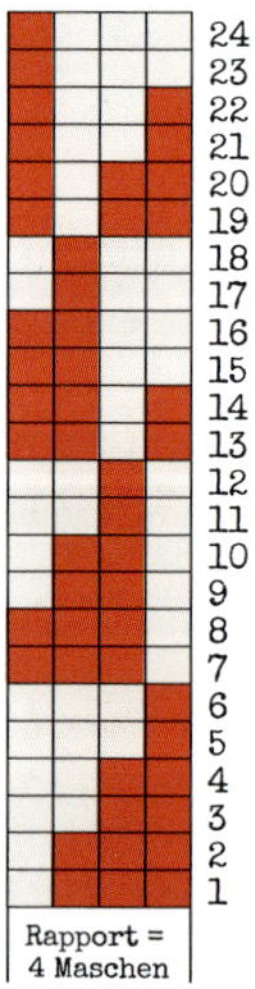

■ = Braunorange
□ = Offwhite

Jacquardmuster B

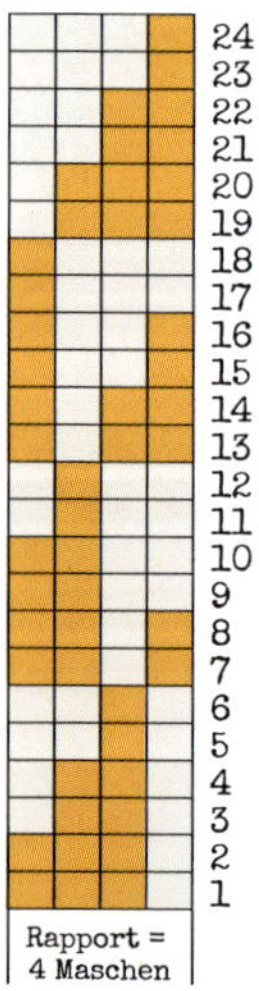

□ = Offwhite
■ = Goldgelb hell

Jacquardmuster C

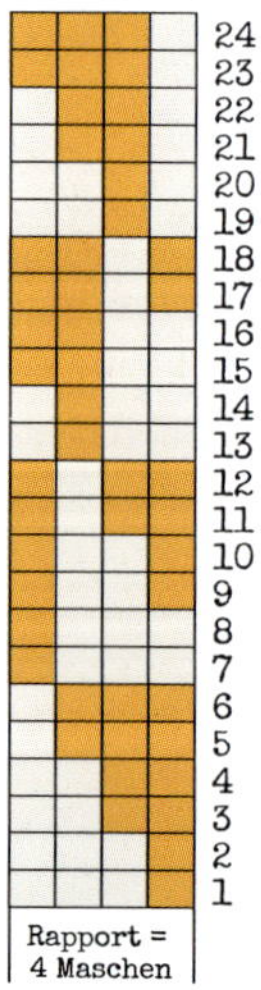

■ = Goldgelb hell
□ = Offwhite

Jacquardmuster D

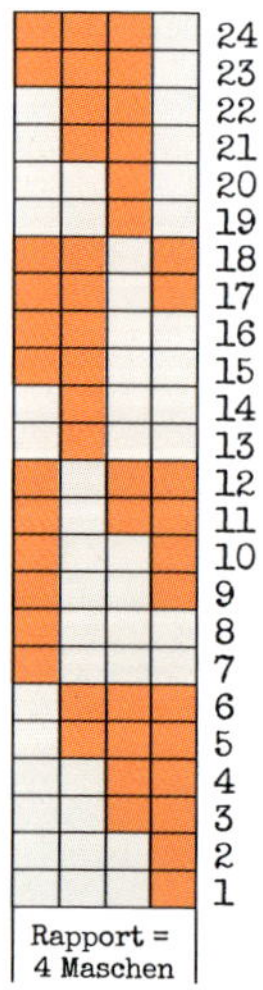

■ = Lachs
□ = Offwhite

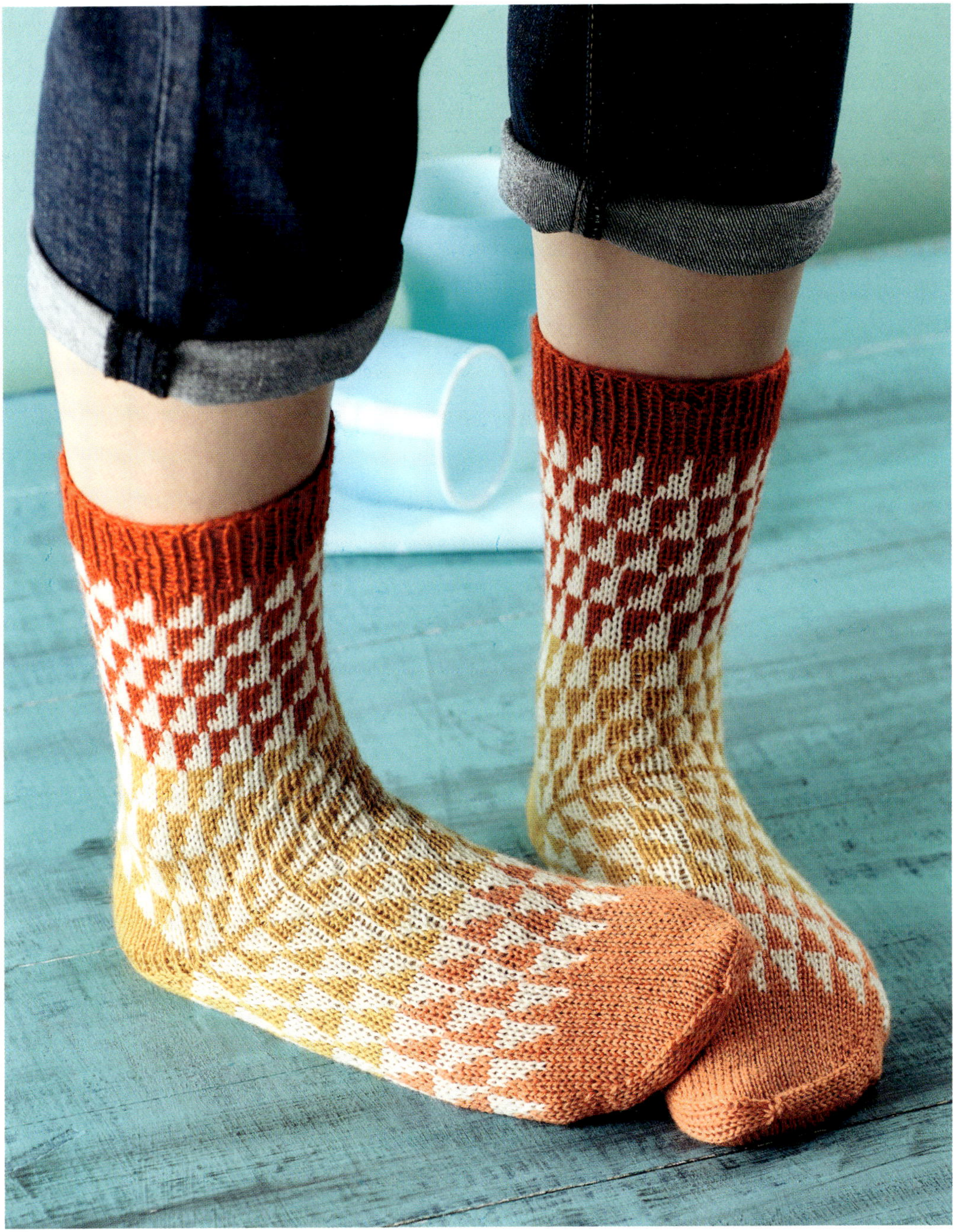

Nun die BUMERANGFERSE glatt rechts in Goldgelb hell über die 32 M der 4. und 1. Nd nach der Grundanleitung str (siehe Seite 182).
Den FUSS weiter glatt rechts über alle M der 4 Spielnd arb. Im Jacquardmuster C in Offwhite und Goldgelb hell beginnen. Die 1.–24. Rd des Zählmusters 1x str. Den Faden in Goldgelb hell abschneiden.
Danach im Jacquardmuster D in Offwhite und Lachs weiterarb. Die 1.–18. Rd des Zählmusters 1x str. Den Faden in Offwhite abschneiden und die Socke glatt rechts in Lachs beenden. Nach 17,5 cm ab Fersenmitte mit den Abnahmen für die Bandspitze beginnen.
Die BANDSPITZE in Lachs nach der Grundanleitung str (siehe Seite 187). Den Faden abschneiden und nach innen ziehen. Alle Fäden vernähen.
Die zweite Socke genauso arb.

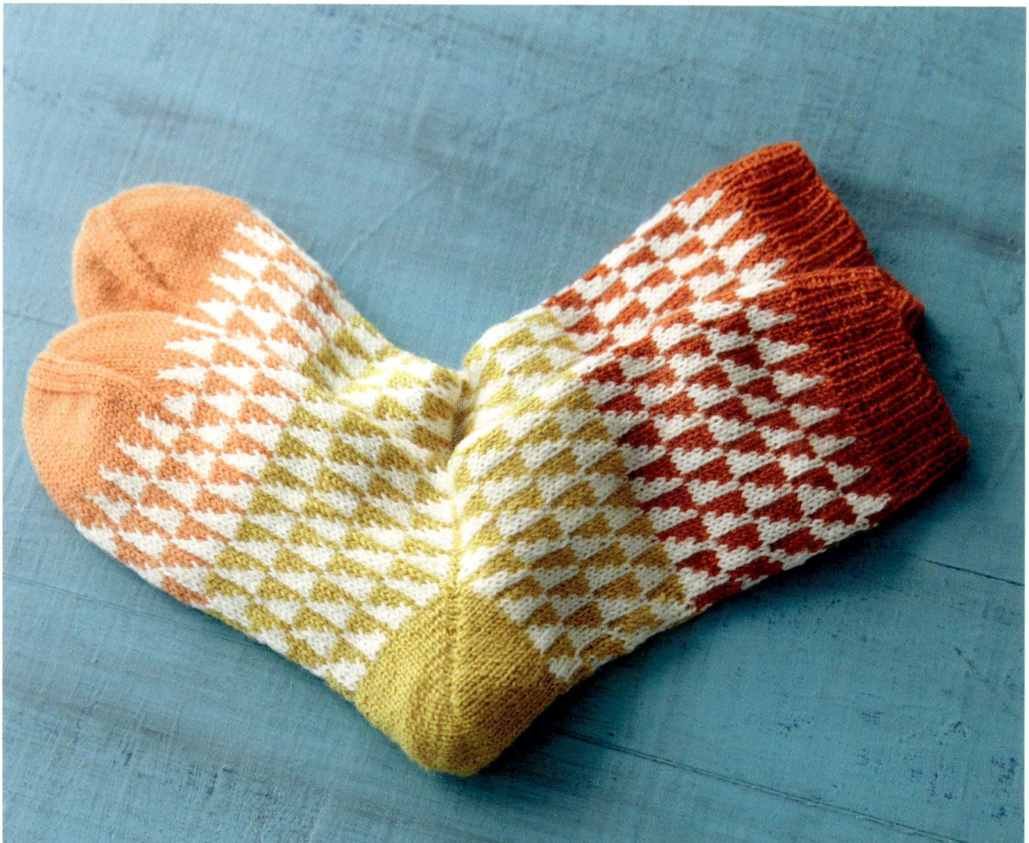

HINWEISE ZUM STRICKEN VON ANDEREN GRÖSSEN

GRÖSSE 36/37
64 M anschl (= 16 M pro Nd).
Fuß: Jacquardmuster C: Nach Anleitung arb.
Jacquardmuster D: Die 1.–12. Rd 1x str.
Nach Anleitung weiterarb und nach 16 cm ab Fersenmitte mit den Abnahmen für die Bandspitze beginnen.

GRÖSSE 40/41
68 M anschl (= 17 M pro Nd).
Fuß: Jacquardmuster C: Nach Anleitung arb.
Jacquardmuster D: Die 1.–24. Rd 1x str.
Nach Anleitung weiterarb und nach 19 cm ab Fersenmitte mit den Abnahmen für die Bandspitze beginnen.

GRÖSSE 42/43
68 M anschl (= 17 M pro Nd).
Fuß: Jacquardmuster C: Nach Anleitung arb.
Jacquardmuster D: Die 1.–24. Rd und die 1.–6. Rd jeweils 1x str.
Nach Anleitung weiterarb und nach 20,5 cm ab Fersenmitte mit den Abnahmen für die Bandspitze beginnen.

GRÖSSE 44/45
72 M anschl (= 18 M pro Nd).
Fuß: Jacquardmuster C: Nach Anleitung arb.
Jacquardmuster D: Die 1.–24. Rd und die 1.–12. Rd 1x str.
Nach Anleitung weiterarb und nach 22 cm ab Fersenmitte mit den Abnahmen für die Bandspitze beginnen.

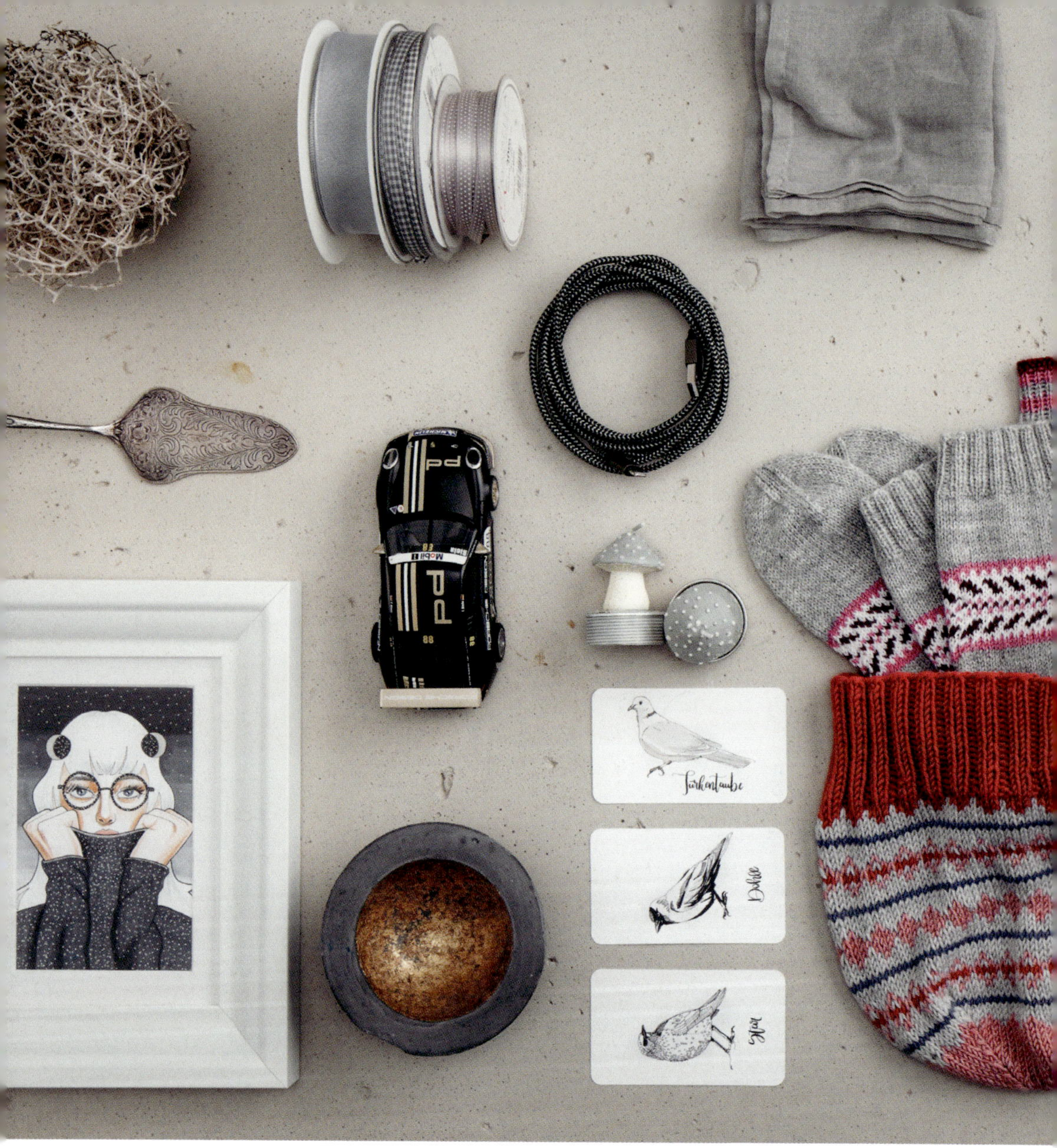

Frozen Socks

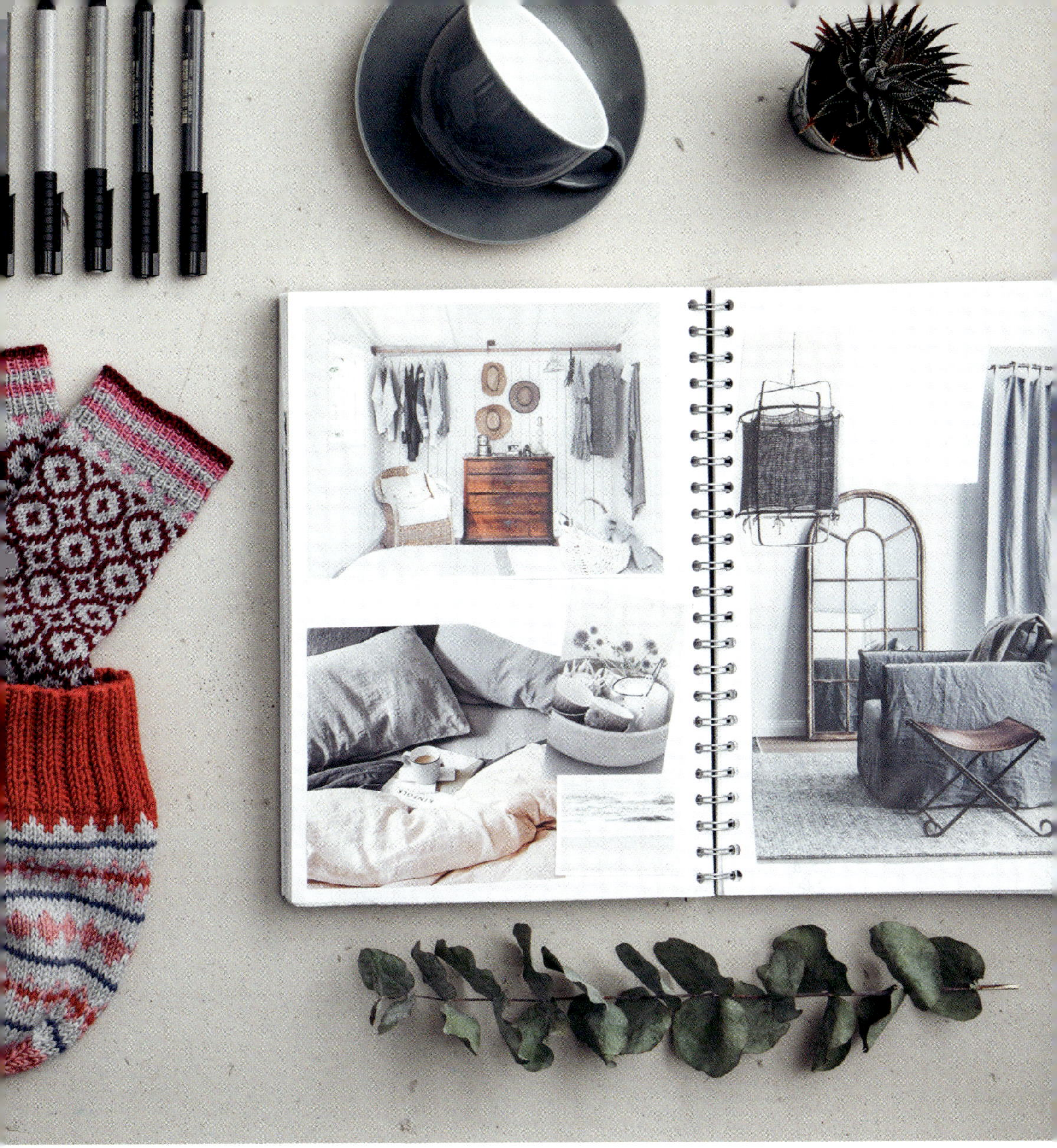

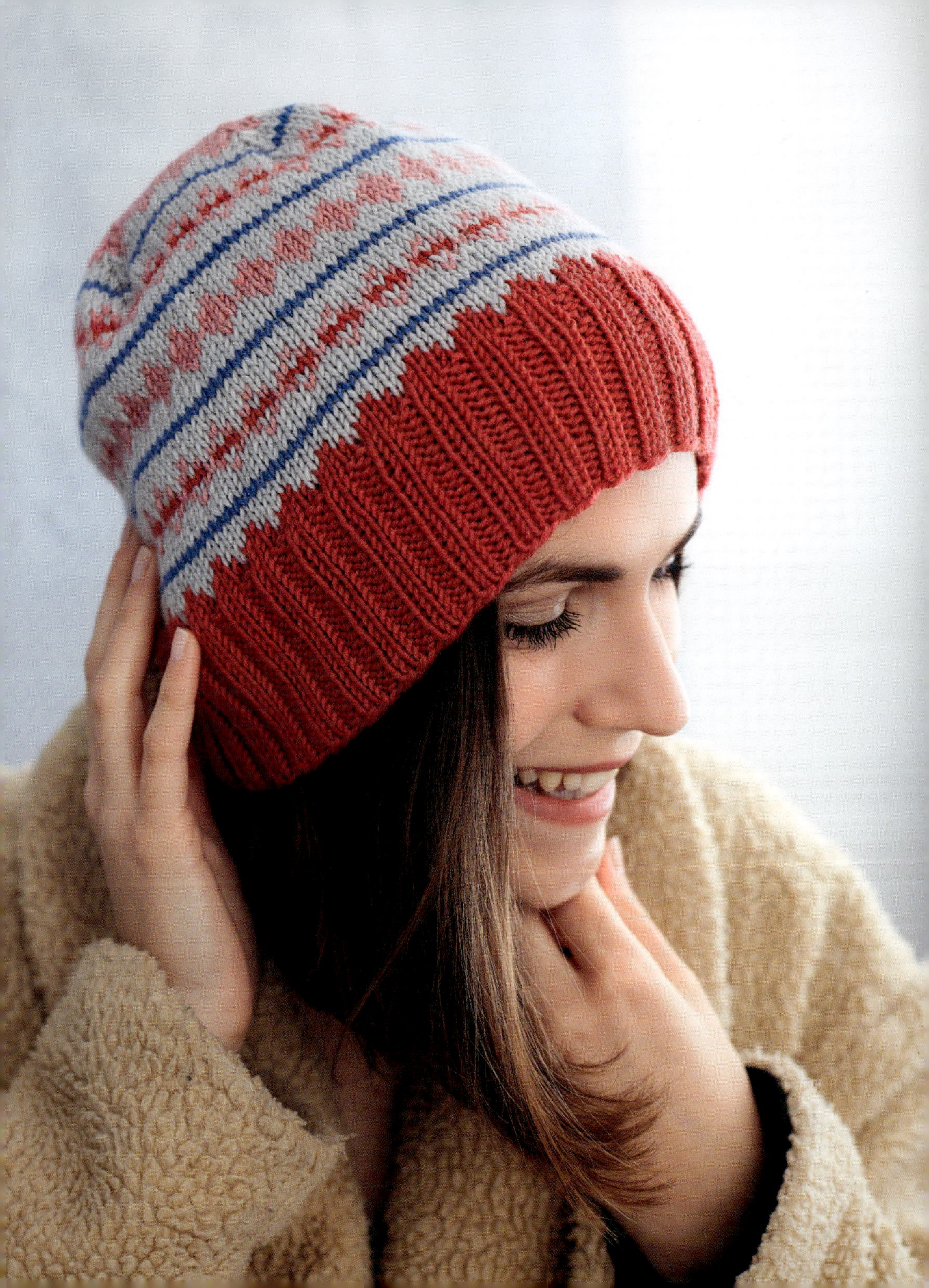

SOXXMIXX NO. 4

SCHWIERIGKEITSGRAD 2

GRÖSSE

Kopfumfang: 54–57 cm
Höhe: 23 cm

MATERIAL

Lang Yarns Merino 120 (LL ca. 120 m/50 g) in Himbeer Mélange (Fb 365), Hellgrau Mélange (Fb 223) und Rosa Mélange (Fb 348), je 50 g, in Jeans Mittel Mélange (Fb 334), Rest

Nadelspiel 3,5 mm, 20 cm lang

6 Maschenmarkierer

MASCHENPROBE

Im Jacquardmuster mit Nd 3,5 mm
26 M und 32 Rd = 10 cm x 10 cm

Glatt rechts

In Rd alle M rechts str.

Bündchenmuster

2 M rechts, 2 M links im Wechsel str.

Jacquardmuster A, B und C

M-Zahl jeweils teilbar durch 4.
In allen Rd glatt rechts nach dem jeweiligen Zählmuster str. Den Rapport von 4 M fortlaufend wdh.

Jacquardmuster A

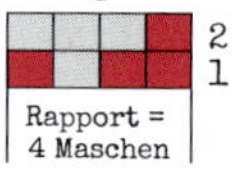

= Himbeer Mélange
= Hellgrau Mélange

Jacquardmuster B

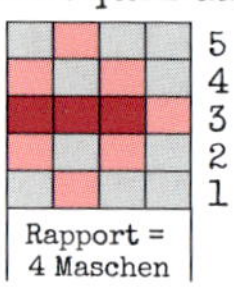

= Hellgrau Mélange
= Rosa Mélange
= Himbeer Mélange

Jacquardmuster C

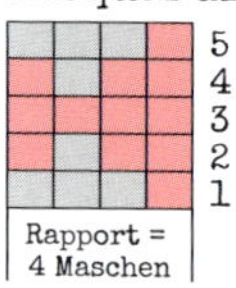

= Rosa Mélange
= Hellgrau Mélange

Jacquardmuster D

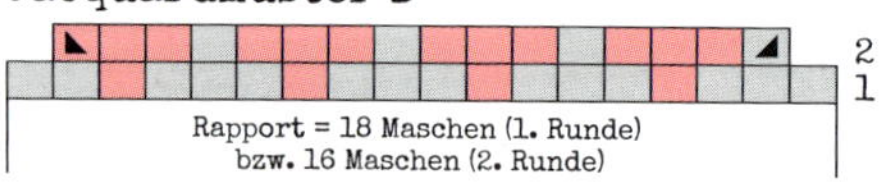

= Hellgrau Mélange
= Rosa Mélange
= Maschen rechtsgeneigt zusammenstricken (= Maschen rechts zusammenstricken)
= Maschen linksgeneigt zusammenstricken (= Maschen rechts überzogen zusammenstricken)

Jacquardmuster D

M-Zahl teilbar durch 18.
In allen Rd glatt rechts nach dem Zählmuster str. Den Rapport von 18 M (1. Rd) bzw. 16 M (2. Rd) fortlaufend wdh.

ANLEITUNG

132 M in Himbeer Mélange anschl, gleichmäßig auf 4 Spielnd verteilen (= 33 M pro Nd) und zur Rd schließen. Für das BÜNDCHEN 20 Rd (= 6 cm) im Bündchenmuster str.
Anschließend 1 Runde glatt rechts in Himbeer Mélange arb. Danach im Jacquardmuster A in Himbeer Mélange und Hellgrau Mélange weiterstr. Die 1. und 2. Rd des Zählmusters 1x arb. Den Faden in Himbeer Mélange abschneiden. Glatt rechts weiterarb: 2 Rd in Hellgrau Mélange, 1 Rd in Jeans Mittel Mélange und 2 Rd in Hellgrau Mélange. Den Faden in Jeans Mittel Mélange abschneiden. Nun im Jacquardmuster B in Hellgrau Mélange, Rosa Mélange und Himbeer Mélange weiterarb. Die 1.–5. Rd des Zählmusters 1x str. Den Faden in Himbeer Mélange abschneiden. Glatt rechts weiterarb: 2 Rd in Hellgrau Mélange, 1 Rd in Jeans Mittel Mélange und 2 Rd in Hellgrau Mélange. Den Faden in Jeans Mittel Mélange abschneiden. Danach im Jacquardmuster C in Rosa Mélange und Hellgrau Mélange weiterstr. Die 1.–5. Rd des Zählmusters 1x arb. Glatt rechts

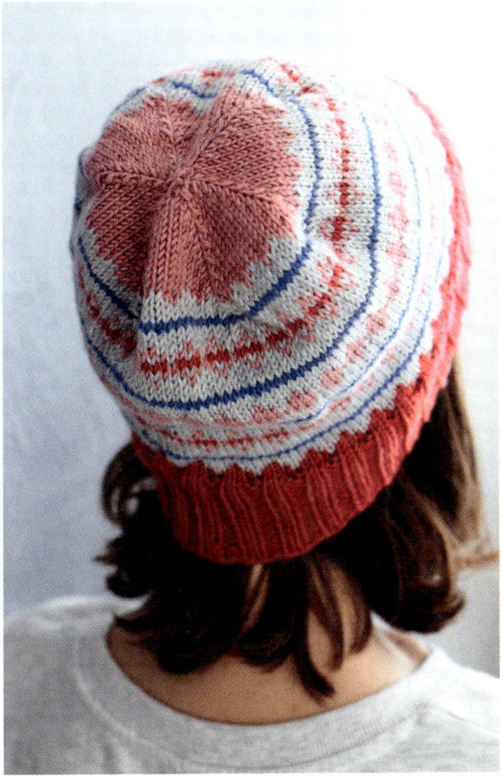

weiterarb: 2 Rd in Hellgrau Mélange, 1 Rd in Jeans Mittel Mélange und 2 Rd in Hellgrau Mélange. Den Faden in Jeans Mittel Mélange abschneiden. Anschließend im Jacquardmuster B in Hellgrau Mélange, Rosa Mélange und Himbeer Mélange weiterarb. Die 1.-5. Rd des Zählmusters 1x str. Den Faden in Himbeer Mélange abschneiden. 2 Rd glatt rechts in Hellgrau Mélange arb.

Dann mit den Abnahmen beginnen und wie folgt str:

1. Rd: In Jeans Mittel Mélange * 2 M rechtsgeneigt zusammenstr (= 2 M rechts zusammenstr, siehe Seite 164), 18 M rechts str, 2 M linksgeneigt zusammenstr (= 2 M rechts überzogen zusammenstr, siehe Seite 164), einen M-Markierer setzen, ab * 5x wdh (= 120 M). Den Faden abschneiden.

2. Rd: In Hellgrau Mélange alle M rechts str.

3. Rd: In Hellgrau Mélange * 2 M rechtsgeneigt zusammenstr, rechte M str bis 2 M vor dem M-Markierer, 2 M linksgeneigt zusammenstr, ab * 5x wdh (= 108 M).

4.+5. Rd: Im Jacquardmuster D in Hellgrau Mélange und Rosa Mélange arb. Die 1. und 2. Rd des Zählmusters 1x str, den Rapport von 18 M bzw. 16 M 6x arb. Den Faden in Hellgrau Mélange abschneiden (= 96 M).

6. Rd: In Rosa Mélange alle M rechts str.

7. Rd: In Rosa Mélange * 2 M rechtsgeneigt zusammenstr, rechte M str bis 2 M vor dem M-Markierer, 2 M linksgeneigt zusammenstr, ab * 5x wdh (= 84 M).

Die 6. und 7. Rd so oft wdh, bis nur noch 12 M übrig sind. In der nächsten Rd fortlaufend 2 M rechtsgeneigt zusammenstr. Den Faden abschneiden und mit einer stumpfen Woll-Nd durch die verbleibenden 6 M ziehen.

Alle Fäden vernähen.

SoxxMixx No. 5

Schwierigkeitsgrad 3

Einheitsgrösse

Höhe: 50 cm
Umfang am unteren Rand: 162 cm

Material

Lana Grossa Ecopuno (LL ca. 215 m/50 g) in Hellgrau (Fb 14), 250 g, in Rotorange (Fb 34), 100 g, und in Nelke (Fb 21), 50 g

Maschenmarkierer

2 Rundstricknadeln 3,5 mm, 50 cm und 80 cm lang

Hilfs- oder Zopfnadel

Maschenprobe

Im Jacquardmuster mit Nd 3,5 mm
26 M und 33 Rd = 10 cm x 10 cm

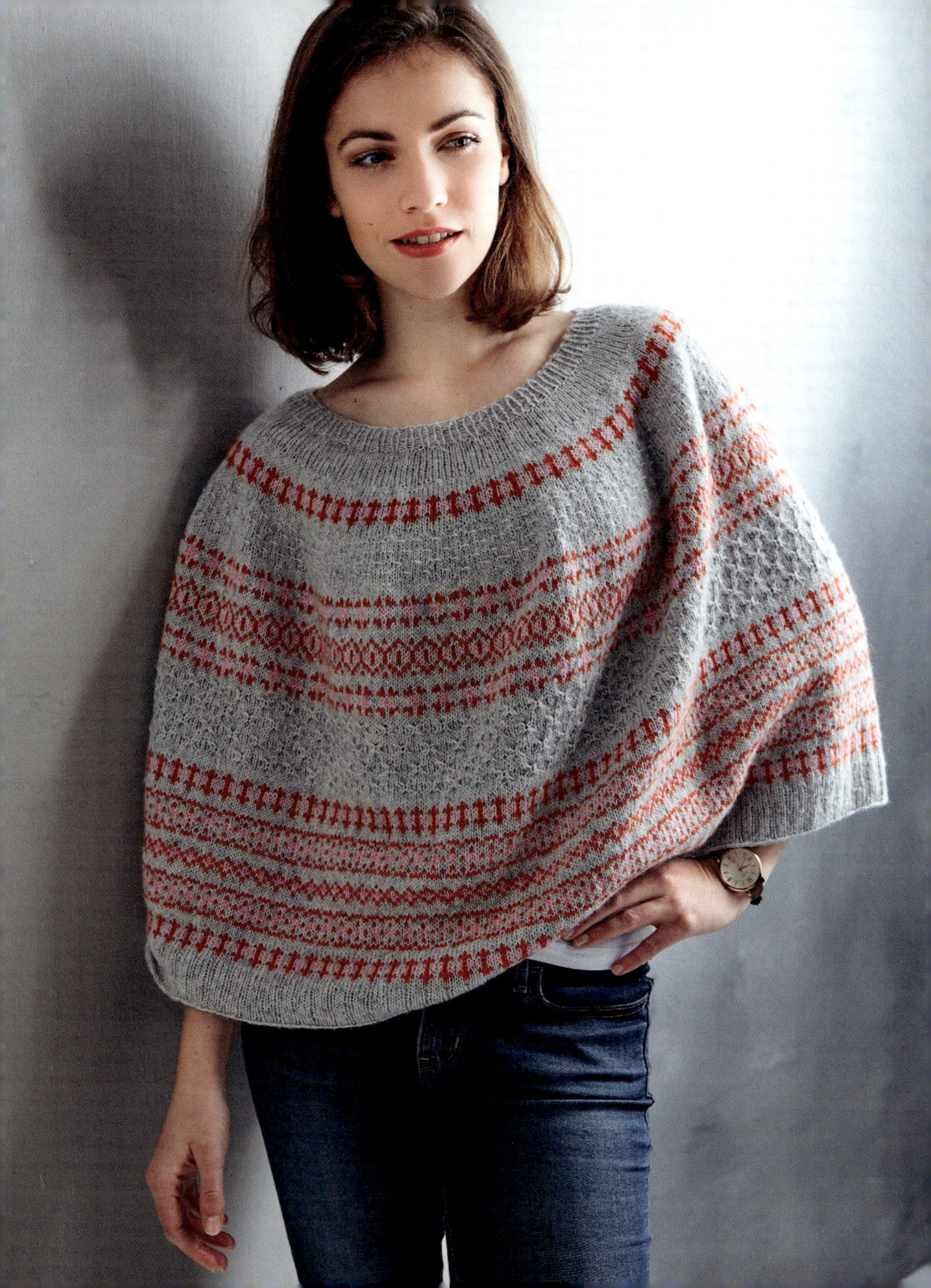

Glatt rechts

In Rd alle M rechts str.

Bündchenmuster 1

1 M rechts, 1 M links im Wechsel str.

Bündchenmuster 2

* 2 M rechts, 1 M links, 1 M rechts, ab * fortlaufend wdh.

Jacquardmuster A, B und C

M-Zahl teilbar durch 4 bzw. 6.
In allen Rd glatt rechts nach dem jeweiligen Zählmuster str. Den Rapport von 4 bzw. 6 M fortlaufend wdh.

Muster mit überzogenen Umschlägen

1. Rd: * 1 U, 2 M rechts, den U über die beiden M ziehen, 2 M rechts str, ab * fortlaufend wdh.
2.+3. Rd: Alle M rechts str.
4. Rd: * 2 M rechts, 1 U, 2 M rechts str, den U über die beiden M ziehen, ab * fortlaufend wdh.
5.+6. Rd: Alle M rechts str.
Die 1.–6. Rd fortlaufend wdh.

Jacquardmuster A

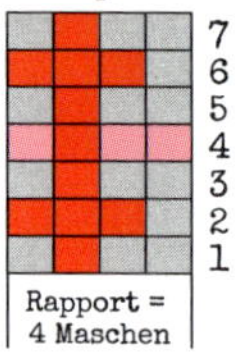

= Hellgrau
= Rotorange
= Nelke

Jacquardmuster B

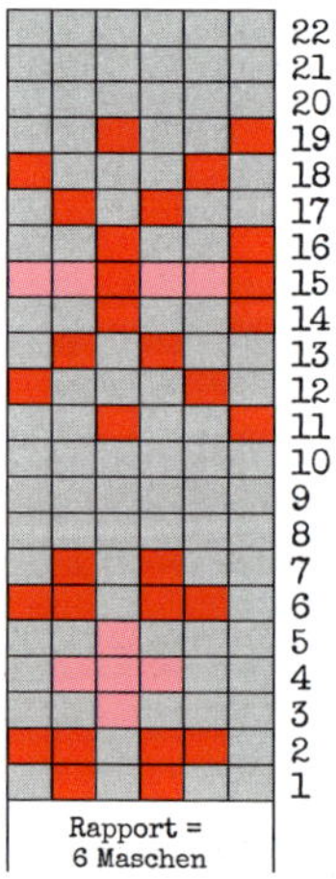

= Hellgrau
= Rotorange
= Nelke

Jacquardmuster C

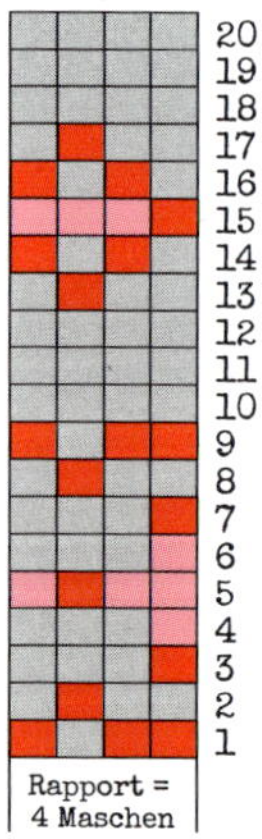

= Rotorange
= Hellgrau
= Nelke

Zopfmuster

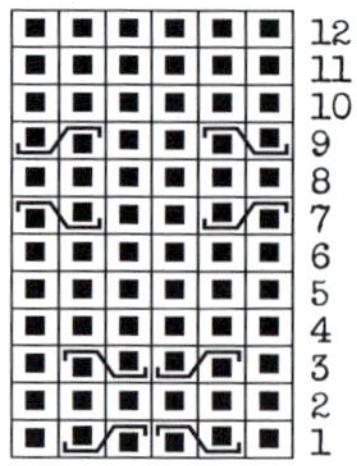

= 1 Masche rechts

= 1 Masche auf einer Hilfsnadel vor die Arbeit legen, 1 Masche rechts stricken, dann die Masche der Hilfsnadel rechts stricken

= 1 Masche auf einer Hilfsnadel hinter die Arbeit legen, 1 Masche rechts stricken, dann die Masche der Hilfsnadel rechts stricken

Zopfmuster

In Rd nach der Strickschrift str.

1. Rd: * 1 M rechts, 1 M auf einer Hilfsnd vor die Arbeit legen, 1 M rechts str, dann die M der Hilfsnd rechts str, 1 M auf einer Hilfsnd hinter die Arbeit legen, 1 M rechts str, dann die M der Hilfsnd rechts str, 1 M rechts str, ab * fortlaufend wdh.
2. Rd: Alle M rechts str.
3. Rd: * 1 M rechts, 1 M auf einer Hilfsnd hinter die Arbeit legen, 1 M rechts str, dann die M der Hilfsnd rechts str, 1 M auf einer Hilfsnd vor die Arbeit legen, 1 M rechts str, dann die M der Hilfsnd rechts str, 1 M rechts str, ab * fortlaufend wdh.

4.-6. Rd: Alle M rechts str.

7. Rd: * 1 M auf einer Hilfsnd hinter die Arbeit legen, 1 M rechts str, dann die M der Hilfsnd rechts str, 2 M rechts str, 1 M auf einer Hilfsnd vor die Arbeit legen, 1 M rechts str, dann die M der Hilfsnd rechts str, ab * fortlaufend wdh.
8. Rd: Alle M rechts str.
9. Rd: * 1 M auf einer Hilfsnd vor die Arbeit legen, 1 M rechts str, dann die M der Hilfsnd rechts str, 2 M rechts str, 1 M auf einer Hilfsnd hinter die Arbeit legen, 1 M rechts str, dann die M der Hilfsnd rechts str, ab * fortlaufend wdh.

10.-12. Rd: Alle M rechts str.

Die 1.-12. Rd fortlaufend wdh.

HINWEIS: Die Zöpfe können auch ohne Hilfsnd gestrickt werden (siehe Seite 170).

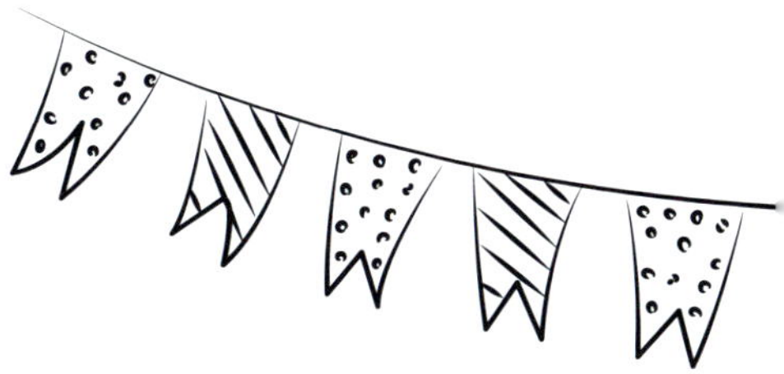

ANLEITUNG

112 M in Hellgrau anschl und zur Rd schließen. Den Rd-Beginn mit einem M-Markierer kennzeichnen. Für das BÜNDCHEN 10 Rd (= 2,5 cm) im Bündchenmuster 1 str. Anschließend glatt rechts weiterarb. In der 1. Rd * 2 M rechts str, 1 M rechtsgeneigt zunehmen (siehe Seite 163), ab * fortlaufend wdh (= 168 M). 10 Rd glatt rechts arb. In der nächsten Rd * 2 M rechts str, 1 M rechtsgeneigt zunehmen, ab * fortlaufend wdh (= 252 M). 3 Rd glatt rechts arb. Nun im Jacquardmuster A in Hellgrau, Rotorange und Nelke weiterstr. Die 1.-7. Rd des Zählmusters 1x arb. Die Fäden in Rotorange und Nelke abschneiden. 4 Rd glatt rechts in Hellgrau str. In der nächsten Rd * 3 M rechts str, 1 M rechtsgeneigt zunehmen, ab * fortlaufend wdh (= 336 M). 1 Rd glatt rechts arb. Nun im Muster mit überzogenen Umschlägen in Hellgrau weiterarb. Die

1.–6. Rd des Musters 2x str. In der nächsten Rd * 4 M rechts str, 1 M rechtsgeneigt zunehmen, ab * fortlaufend wdh (= 420 M). 2 Rd glatt rechts arb. Anschließend im Jacquardmuster B in Hellgrau, Rotorange und Nelke weiterstr. Die 1.–22. Rd des Zählmusters 1x arb, dann noch 1x die 1.–10. Rd str. Die Fäden in Rotorange und Nelke abschneiden. 1 Rd in Hellgrau str. Danach im Zopfmuster in Hellgrau weiterarb. Die 1.–12. Rd der Strickschrift 2x str. Anschließend im Jacquardmuster A in Hellgrau, Rotorange und Nelke weiterarb. Die 1.–7. Rd des Zählmusters 1x str. 3 Rd in Hellgrau arb. Nun im Jacquardmuster C in Rotorange, Hellgrau und Nelke weiterstr. Die 1.–20. Rd des Zählmusters 1x arb, dann noch 1x die 1.–12. Rd str. Danach im Jacquardmuster A in Hellgrau, Rotorange und Nelke weiterstr. Die 1.–7. Rd des Zählmusters 1x arb. Die Fäden in Rotorange und Nelke abschneiden. 3 Rd glatt rechts in Hellgrau str. Für das abschließende BÜNDCHEN mit 15 Rd (= 4 cm) in Hellgrau im Bündchenmuster 2 enden. Die M abk, wie sie erscheinen (siehe Seite 168). Den Faden abschneiden.
Alle Fäden vernähen.

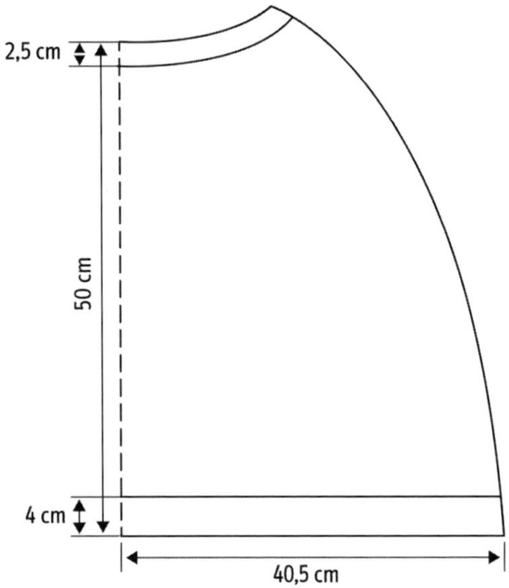

TIPP: Der Poncho kann verlängert werden, indem die 1.–12. Runde der Strickschrift des Zopfmusters beliebig oft wiederholt wird.

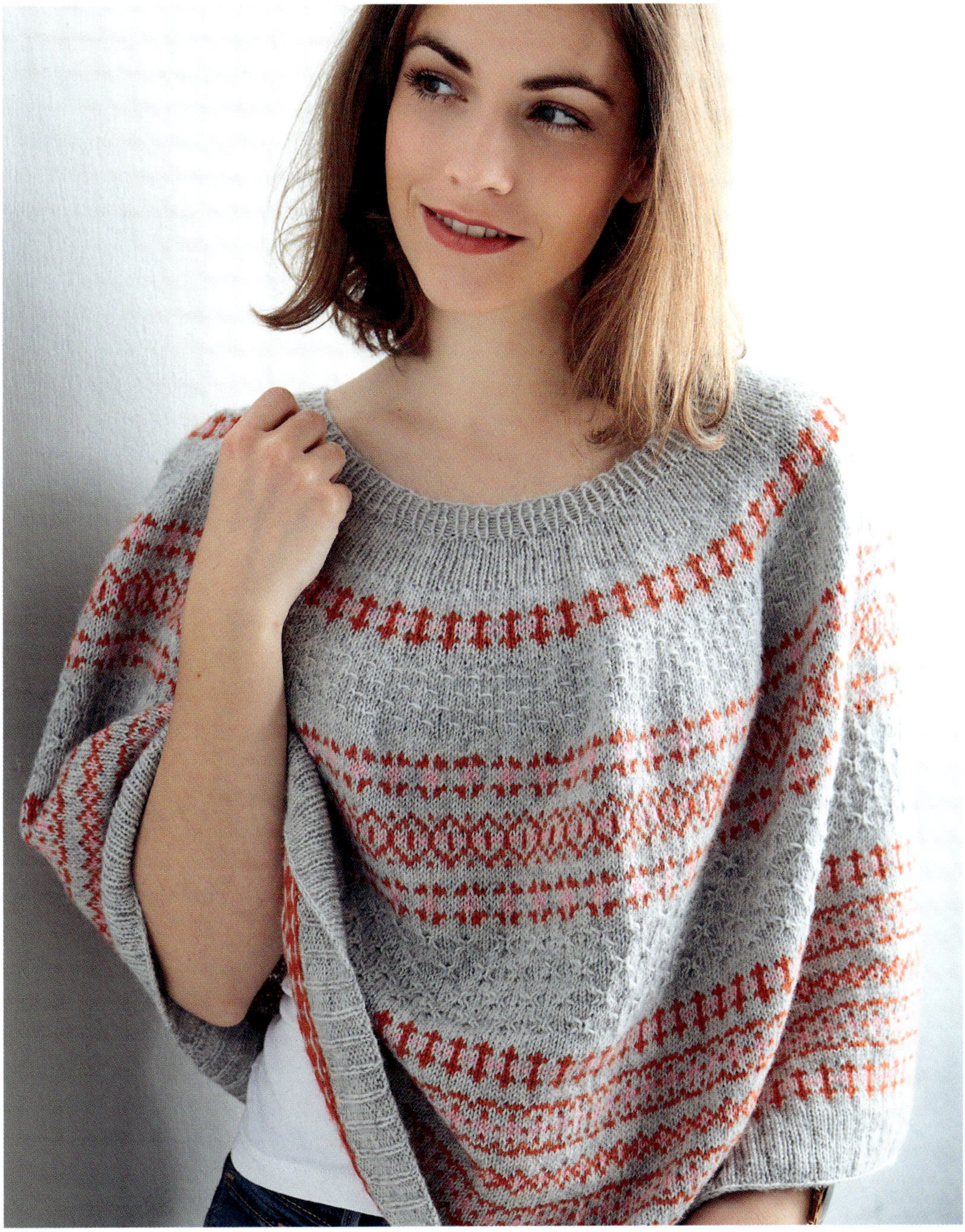

SOXXMIXX NO. 6

SCHWIERIGKEITSGRAD 2

GRÖSSE

Umfang: 17 cm
Höhe: 27 cm

MATERIAL

Lang Yarns Jawoll (LL ca. 210 m/50 g) in Hellgrau Mélange (Fb 23), Rosa (Fb 119) und Fuchsia (Fb 366), je 50 g

Nadelspiel 2,5–3,0 mm

MASCHENPROBE

Im Jacquardmuster mit Nd 2,5–3,0 mm
38 M und 36 Rd = 10 cm x 10 cm

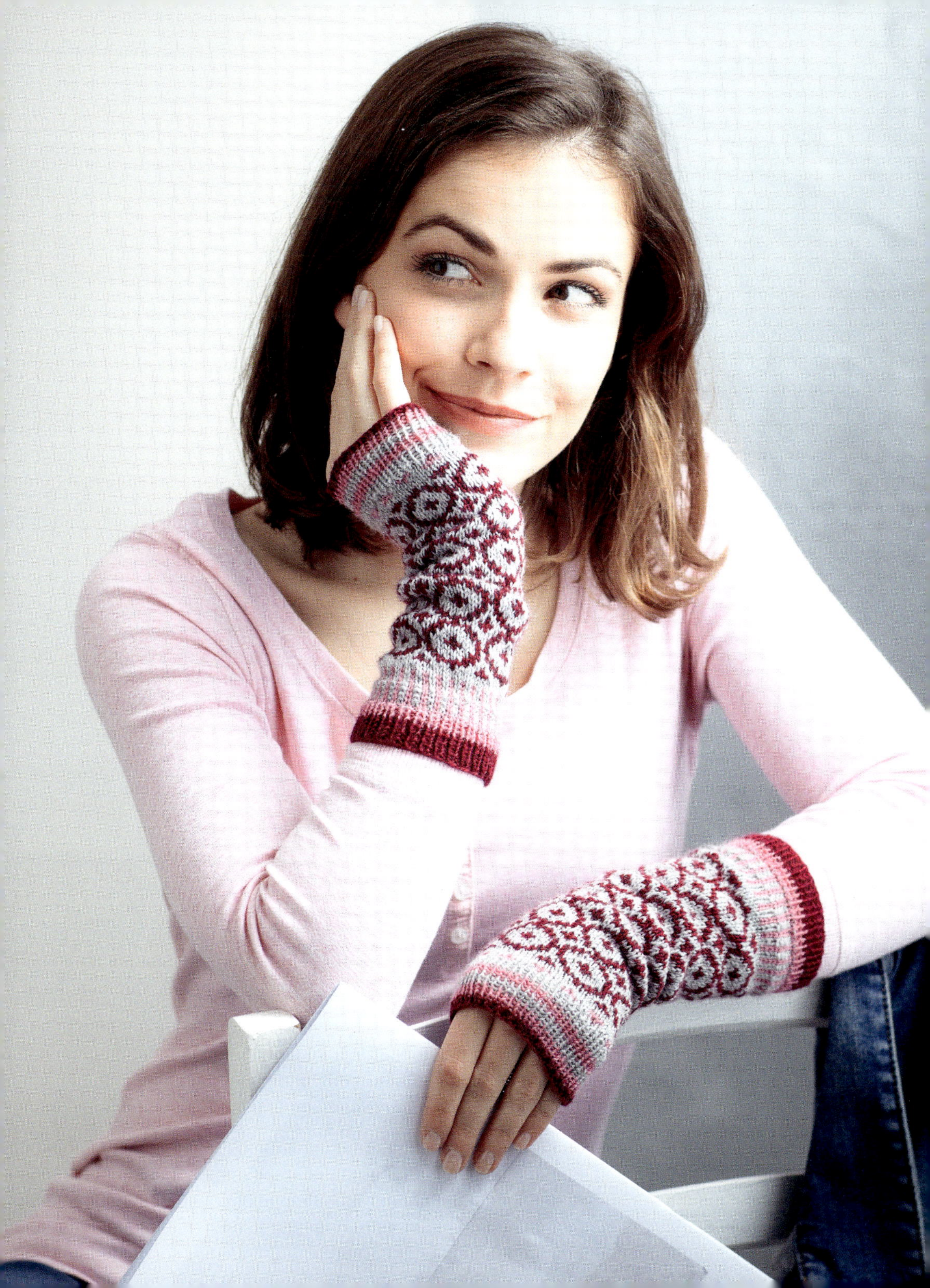

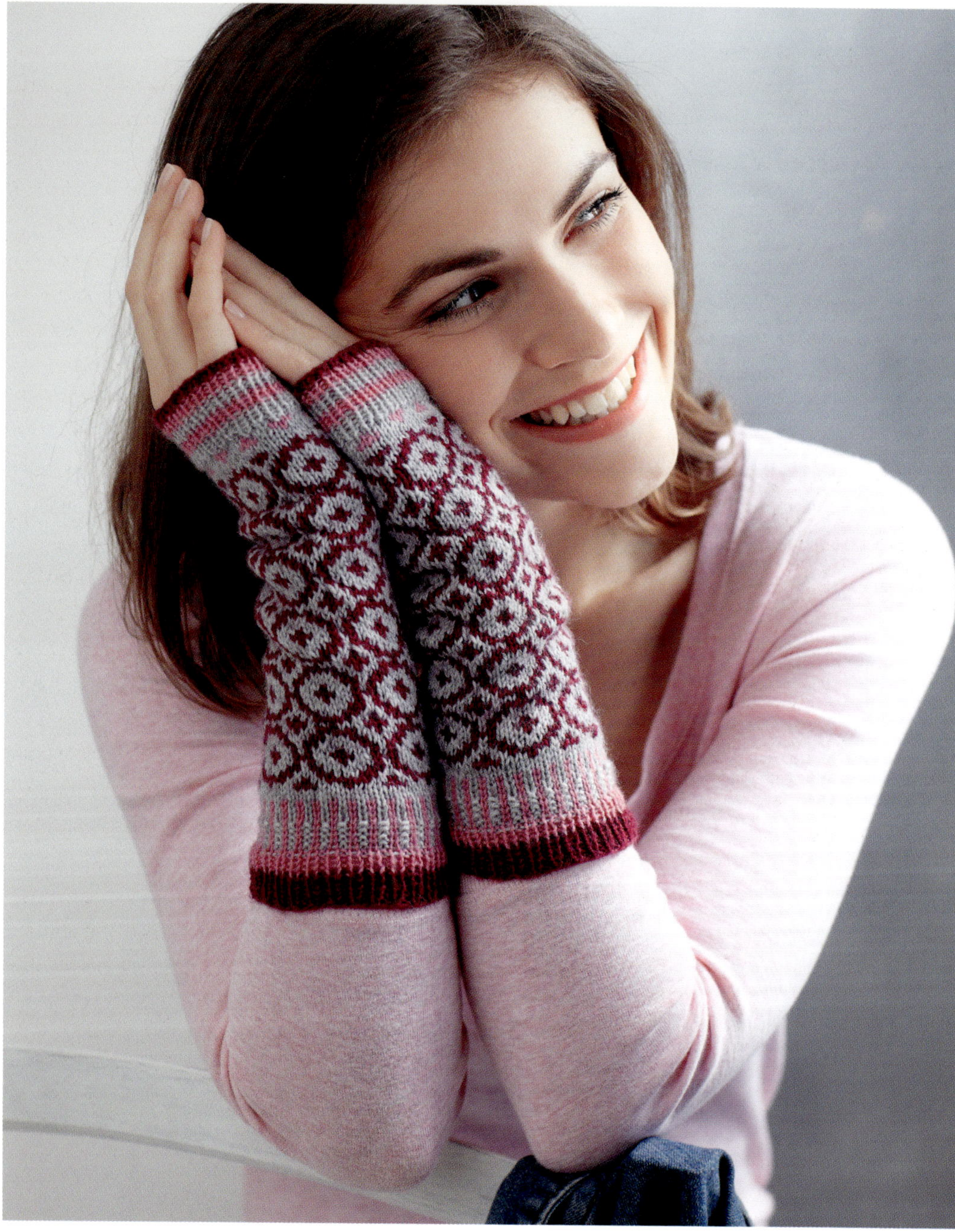

Glatt rechts

In Rd alle M rechts str.

Bündchenmuster

1 M rechts, 1 M links im Wechsel str.

Jacquardmuster A und B

M-Zahl jeweils teilbar durch 10.
In allen Rd glatt rechts nach dem jeweiligen Zählmuster str. Den Rapport von 10 M fortlaufend wdh.

Jacquardmuster A

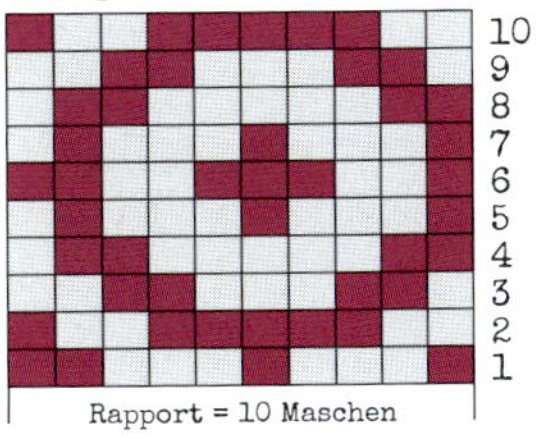

■ = Fuchsia
□ = Hellgrau Mélange

Jacquardmuster B

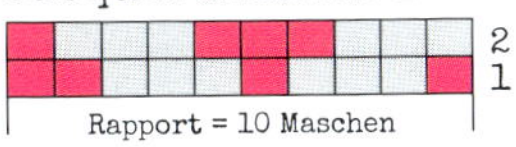

■ = Rosa
□ = Hellgrau Mélange

ANLEITUNG

60 M in Fuchsia anschl, gleichmäßig auf 4 Spielnd verteilen (= 15 M pro Nd) und zur Rd schließen.
Für das BÜNDCHEN zunächst wie folgt im Bündchenmuster str: 6 Rd in Fuchsia, 4 Rd in Rosa und 5 Rd 1 M rechts in Rosa, 1 M links in Hellgrau Mélange im Wechsel (= 3,5 cm). Den Faden in Fuchsia abschneiden. Anschließend glatt rechts 3 Rd 1 M in Rosa, 1 M in Hellgrau Mélange im Wechsel arb. Den Faden in Rosa abschneiden. 2 Rd in Hellgrau Mélange str. Danach im Jacquardmuster A in Fuchsia und Hellgrau Mélange weiterarb. Die 1.–10. Rd des Zählmusters 6x str, dann noch 1x die 1. Rd str. Den Faden in Fuchsia abschneiden und 2 Rd glatt rechts in Hellgrau Mélange arb. Nun im Jacquardmuster B in Rosa und Hellgrau Mélange weiterstr. Die 1. und 2. Rd des Zählmusters 1x arb. 2 Rd in Hellgrau Mélange str. Danach für das abschließende BÜNDCHEN * 3 Rd Hellgrau Mélange und 3 Rd Rosa im Bündchenmuster str, ab * 1x wdh. Die Fäden in Hellgrau Mélange und Rosa abschneiden. Abschließend 2 Rd in Fuchsia im Bündchenmuster str. Die M abk, wie sie erscheinen (siehe Seite 168). Anschließend alle Fäden vernähen.
Die zweite Stulpe genauso arb.

SOXX MIXX No. 7

SCHWIERIGKEITSGRAD 3

GRÖSSE

38/39

MATERIAL

Lang Yarns Jawoll (LL ca. 210 m/50 g) in Hellgrau Mélange (Fb 23), 100 g, und in Weiß (Fb 01), Rosa (Fb 119) und Aubergine Dunkel (Fb 390), je 50 g

Nadelspiel 2,5–3,0 mm

Hilfs- oder Zopfnadel

MASCHENPROBE

Im Jacquardmuster mit Nd 2,5–3,0 mm 40 M und 42 Rd = 10 cm x 10 cm

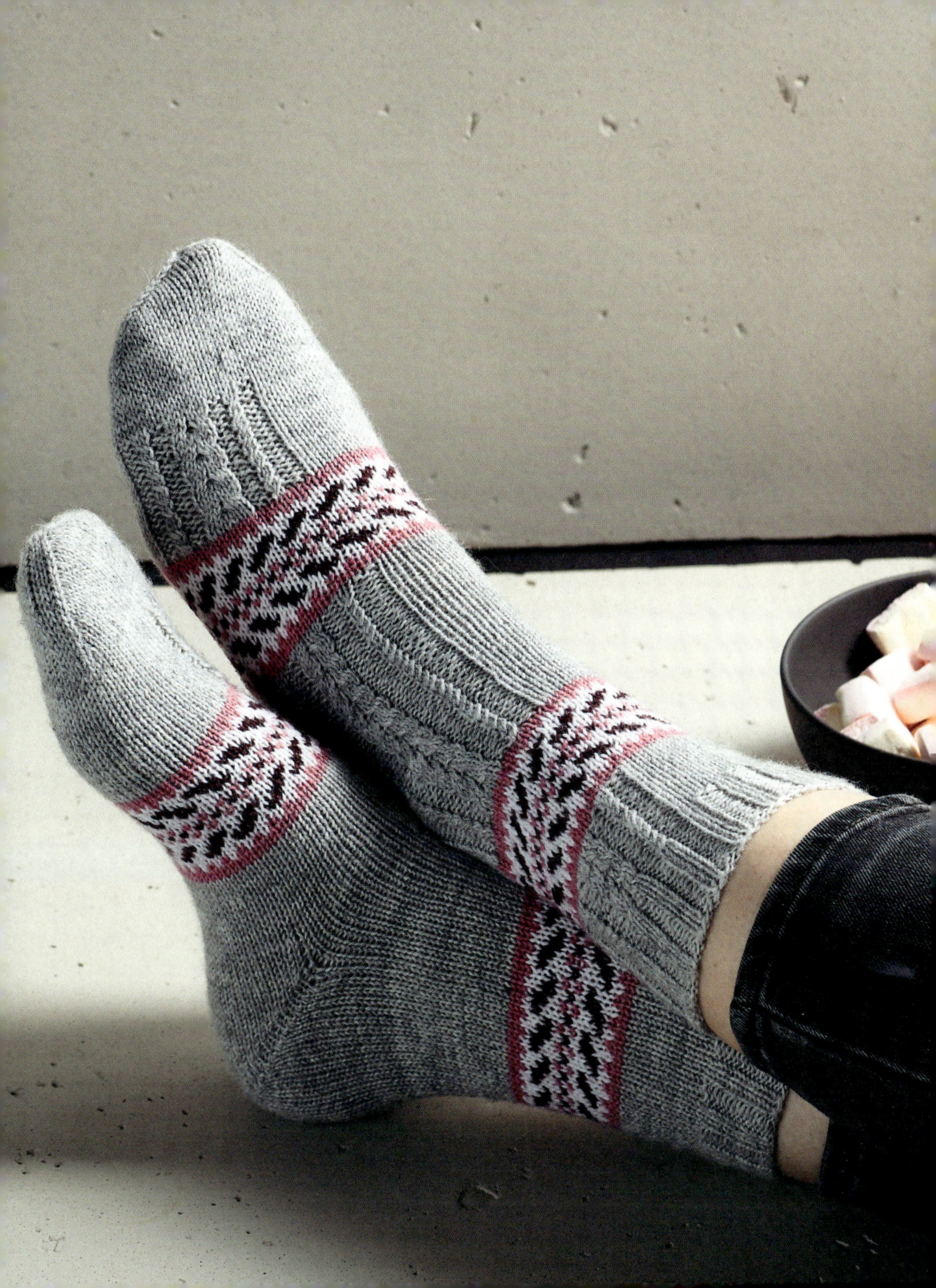

Glatt rechts

In Hinr rechte M, in Rückr linke M str, bzw. in Rd alle M rechts str.

Bündchenmuster 1

2 M links, 2 M rechts im Wechsel str.

Bündchenmuster 2

2 M rechts, 2 M links im Wechsel str.

Jacquardmuster A und B

M-Zahl jeweils teilbar durch 4. In allen Rd glatt rechts nach dem jeweiligen Zählmuster str. Den Rapport von 4 M fortlaufend wdh.

Jacquardmuster A

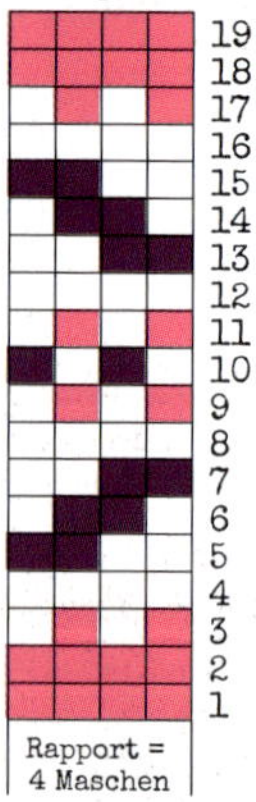

= Rosa
= Weiß
= Aubergine

Jacquardmuster B

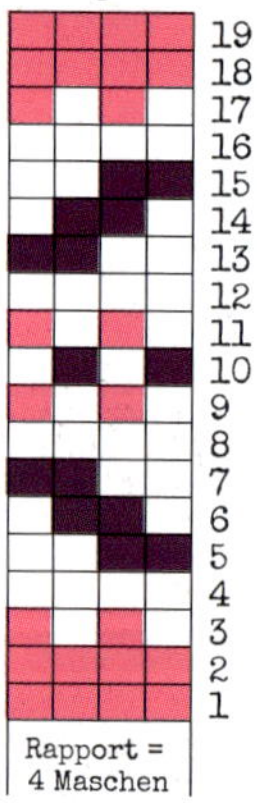

= Rosa
= Weiß
= Aubergine

Zopfmuster

Muster über 18 M. In Rd nach der Strickschrift str.

1. Rd: 2 M links, 1 M auf einer Hilfsnd hinter die Arbeit legen, 1 M rechts str, dann die M der Hilfsnd rechts str, 2 M links, 6 M rechts, 2 M links, 1 M auf einer Hilfsnd vor die Arbeit legen, 1 M rechts str, dann die M der Hilfsnd rechts str, 2 M links str.

2. Rd: 2 M links, 2 M rechts, 2 M links, 6 M rechts, 2 M links, 2 M rechts, 2 M links str.

3. Rd: 2 M links, 1 M auf einer Hilfsnd hinter die Arbeit legen, 1 M rechts str, dann die M der Hilfsnd rechts str, 2 M links, 2 M auf einer Hilfsnd vor die Arbeit legen, 1 M rechts str, dann die M der Hilfsnd rechts str, 1 M auf einer Hilfsnd hinter die Arbeit legen, 2 M

Zopfmuster

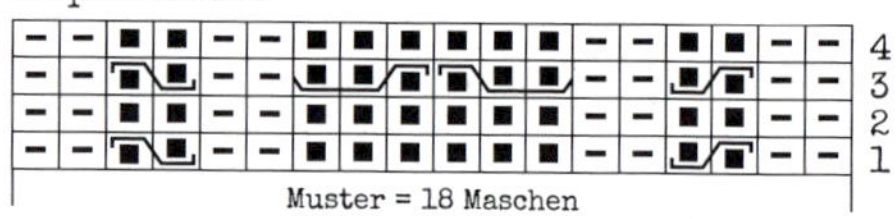

= 1 Masche rechts

= 1 Masche links

= 1 Masche auf einer Hilfsnadel hinter die Arbeit legen, 1 Masche rechts stricken, dann die Masche der Hilfsnadel rechts stricken

= 1 Masche auf einer Hilfsnadel vor die Arbeit legen, 1 Masche rechts stricken, dann die Masche der Hilfsnadel rechts stricken

= 2 Maschen auf einer Hilfsnadel vor die Arbeit legen, 1 Masche rechts stricken, dann die Maschen der Hilfsnadel rechts stricken

= 1 Masche auf einer Hilfsnadel hinter die Arbeit legen, 2 Maschen rechts stricken, dann die Masche der Hilfsnadel rechts stricken

rechts str, dann die M der Hilfsnd rechts str, 2 M links, 1 M auf einer Hilfsnd vor die Arbeit legen, 1 M rechts str, dann die M der Hilfsnd rechts str, 2 M links str.

4. Rd: 2 M links, 2 M rechts, 2 M links, 6 M rechts, 2 M links, 2 M rechts, 2 M links str.

Die 1.–4. Rd fortlaufend wdh.

ANLEITUNG

64 M in Hellgrau Mélange anschl, gleichmäßig auf 4 Spielnd verteilen (= 16 M pro Nd) und zur Rd schließen.

SOCKE 1: Für das BÜNDCHEN 15 Rd (= 3,5 cm) im Bündchenmuster 1 str. Den SCHAFT in folgender Einteilung beginnen: 16 M glatt rechts, 18 M Zopfmuster, 30 M

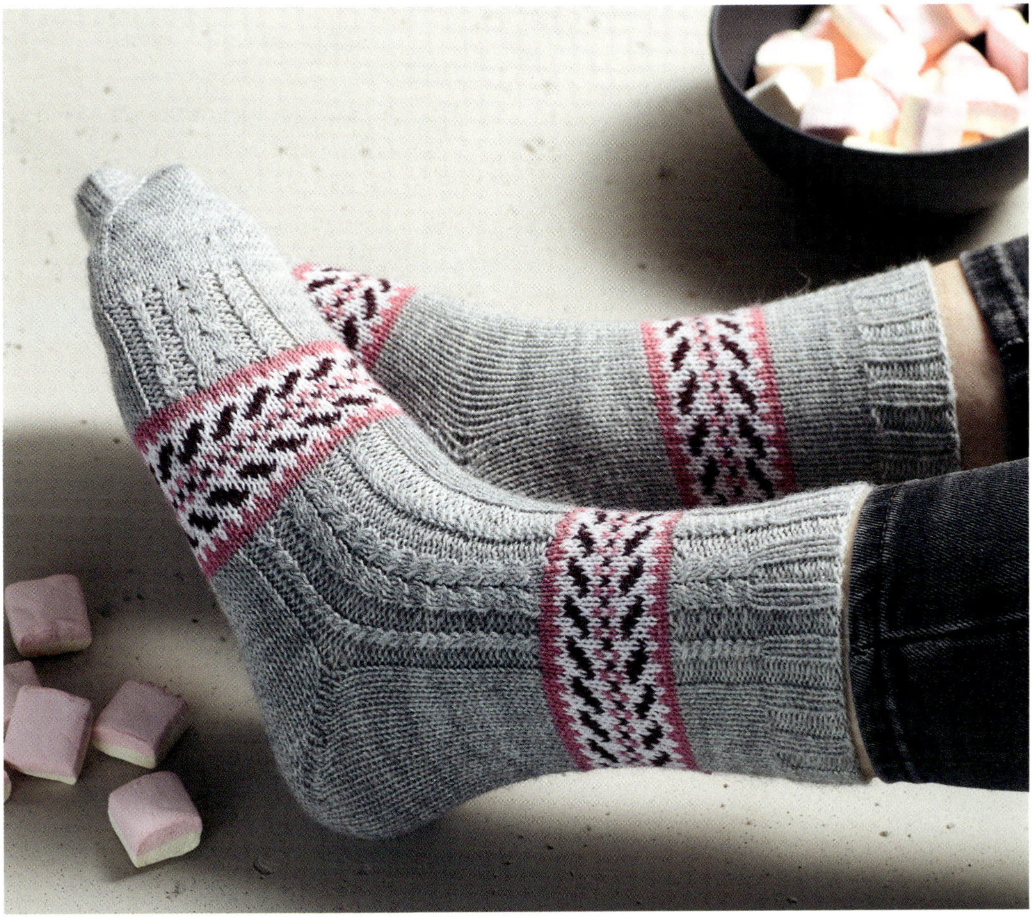

glatt rechts. Die 1.–4. Rd der Strickschrift 4x arb. Den Faden abschneiden. Anschließend im Jacquardmuster A in Rosa, Weiß und Aubergine Dunkel weiterarb. Die 1.–19. Rd des Zählmusters 1x str. Die Fäden in Rosa, Weiß und Aubergine Dunkel abschneiden. 1 Rd glatt rechts in Hellgrau Mélange arb. Danach wieder in folgender Einteilung arb:
16 M rechts, 18 M Zopfmuster, 30 M rechts. Die 1.–4. Rd der Strickschrift 7x str.
SOCKE 2: Für das BÜNDCHEN 15 Rd (= 3,5 cm) im Bündchenmuster 2 str. Den SCHAFT in folgender Einteilung beginnen: 30 M glatt rechts, 18 M Zopfmuster, 16 M glatt rechts. Die 1.–4. Rd der Strickschrift 4x arb. Den Faden abschneiden. Anschließend im Jacquardmuster B in Rosa, Weiß und Aubergine Dunkel weiterarb. Die 1.–19. Rd des Zählmusters 1x str. Die Fäden in Rosa, Weiß und Aubergine Dunkel abschneiden. 1 Rd glatt rechts in Hellgrau Mélange arb. Danach wieder in folgender Einteilung arb: 30 M rechts, 18 M Zopfmuster, 16 M rechts. Die 1.–4. Rd der Strickschrift 7x str.
Nun die BUMERANGFERSE glatt rechts in Hellgrau Mélange über die 32 M der 4. und 1. Nd nach der Grundanleitung str (siehe Seite 182). Nach der ersten Hälfte der Ferse, bei den beiden Rd über alle M, das Zopfmuster mit der 1. und 2. Rd der Strickschrift fortführen. Anschließend die zweite Hälfte der Ferse str.
Den FUSS weiter über alle 4 Spielnd in Hellgrau Mélange arb, dabei das Zopfmuster fortführen. Die 3. und 4. Rd der Strickschrift 1x str, dann die 1.–4. Rd 4x str. Den Faden in Hellgrau Mélange abschneiden.
SOCKE 1: Anschließend im Jacquardmuster A in Rosa, Weiß und Aubergine Dunkel weiterarb. Die 1.–19. Rd des Zählmusters 1x str. Die Fäden in Rosa, Weiß und Aubergine Dunkel abschneiden. 1 Rd glatt rechts in Hellgrau Mélange arb. Danach in folgender Einteilung arb:
16 M rechts, 18 M Zopfmuster, 30 M rechts. Die 1.–4. Rd der Strickschrift 4x str.
SOCKE 2: Anschließend im Jacquardmuster B in Rosa, Weiß und Aubergine Dunkel weiterarb. Die 1.–19. Rd des Zählmusters 1x str. Die Fäden in Rosa, Weiß und Aubergine Dunkel abschneiden. 1 Rd glatt rechts in Hellgrau Mélange arb. Danach in folgender Einteilung arb:
30 M rechts, 18 M Zopfmuster, 16 M rechts. Die 1.–4. Rd der Strickschrift 4x str.
Nun weiter glatt rechts über alle M in Hellgrau Mélange arb und nach 17,5 cm ab Fersenmitte mit den Abnahmen für die Bandspitze beginnen.

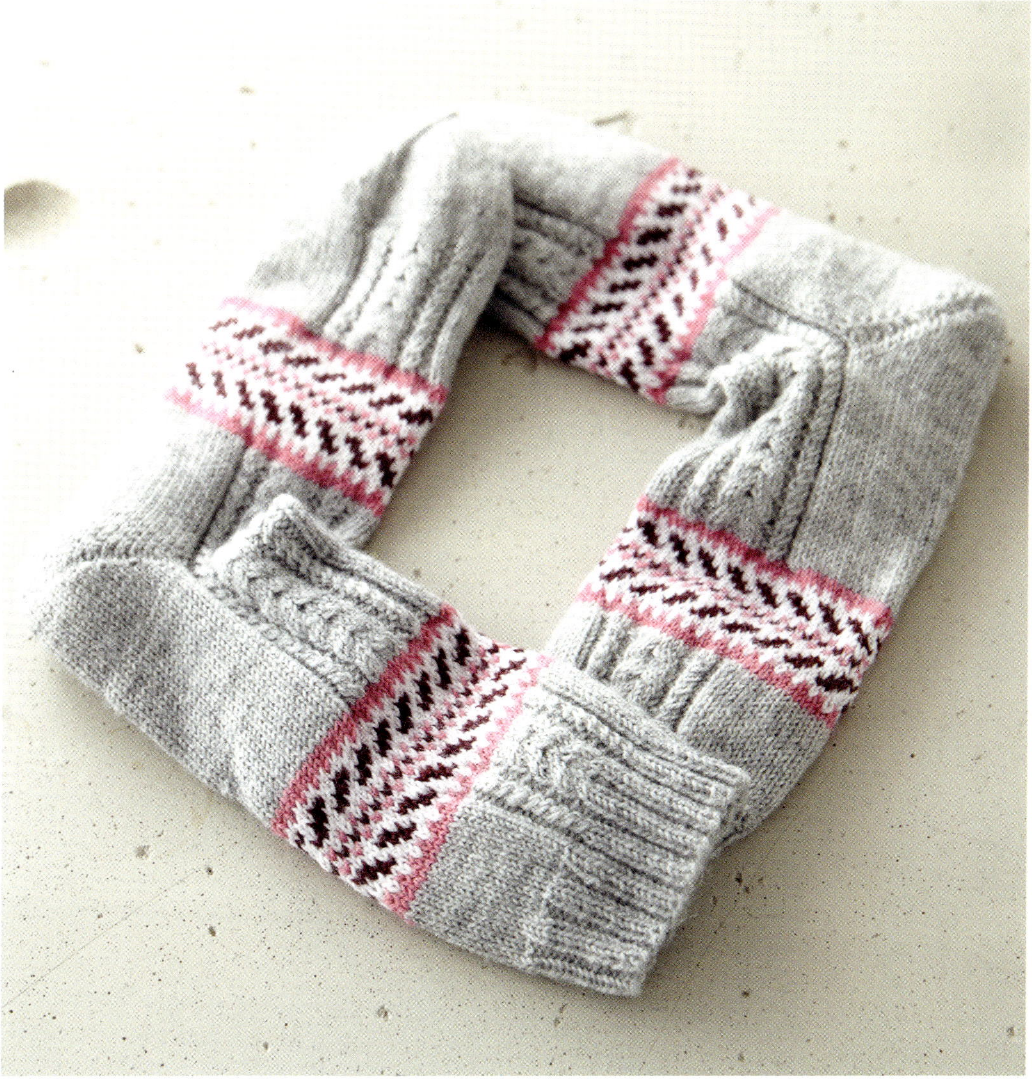

Die BANDSPITZE in Hellgrau Mélange nach der Grundanleitung str (siehe Seite 187). Den Faden abschneiden und nach innen ziehen.

Alle Fäden vernähen.

HINWEISE ZUM STRICKEN VON ANDEREN GRÖSSEN

GRÖSSE 36/37
64 M anschl (= 16 M pro Nd).
Bündchen: Nach Anleitung arb.
Schaft: Nach Anleitung arb.
Fuß, Socke 1 und 2: Das Zopfmuster nach Anleitung fortführen. Die 1.–4. Rd der Strickschrift 4x str. Jacquardmuster A bzw. B: Die 1.–19. Rd des Zählmusters 1x arb. Anschließend im Zopfmuster weiterarb. die 1.–4. Rd der Strickschrift 3x str. Danach nach Anleitung weiterarb und nach 16 cm ab Fersenmitte mit den Abnahmen für die Bandspitze beginnen.

GRÖSSE 40/41
68 M anschl (= 17 M pro Nd).
Bündchen, Socke 1 und 2: * 1 M rechts, 2 M links, 1 M rechts str, ab * fortlaufend wdh.
Schaft, Socke 1: 17 M rechts, 18 M im Zopfmuster, 33 M rechts str. Nach Anleitung weiterarb. Schaft, Socke 2: 33 M rechts, 18 M im Zopfmuster, 17 M rechts str. Nach Anleitung weiterarb.
Fuß, Socke 1 und 2: Das Zopfmuster nach Anleitung fortführen. Die 1.–4. Rd der Strickschrift 4x str. Jacquardmuster A bzw. B: die 1.–19. Rd des Zählmusters 1x arb. Anschließend im Zopfmuster weiterarb. Die 1.–4. Rd der Strickschrift 5x str. Danach nach Anleitung weiterarb und nach 19 cm ab Fersenmitte mit den Abnahmen für die Bandspitze beginnen.

GRÖSSE 42/43

68 M anschl (= 17 M pro Nd).

Bündchen, Socke 1 und 2: * 1 M rechts, 2 M links, 1 M rechts str, ab * fortlaufend wdh.

Schaft, Socke 1: 17 M rechts, 18 M im Zopfmuster, 33 M rechts str. Nach Anleitung weiterarb. Schaft, Socke 2: 33 M rechts, 18 M im Zopfmuster, 17 M rechts str. Nach Anleitung weiterarb.

Fuß, Socke 1 und 2: Das Zopfmuster nach Anleitung fortführen Die 1.–4. Rd der Strickschrift 5x str. Jacquardmuster A bzw. B: Die 1.–19. Rd des Zählmusters 1x arb. Anschließend im Zopfmuster weiterarb. Die 1.–4. Rd der Strickschrift 5x str. Danach nach Anleitung weiterarb und nach 20,5 cm ab Fersenmitte mit den Abnahmen für die Bandspitze beginnen.

GRÖSSE 44/45

72 M anschl (= 18 M pro Nd).

Bündchen, Socke 1: Bündchenmuster 2. Bündchen, Socke 2: Bündchenmuster 1.

Schaft, Socke 1: 18 M rechts, 18 M im Zopfmuster, 36 M rechts str. Nach Anleitung weiterarb. Schaft, Socke 2: 36 M rechts, 18 M im Zopfmuster, 18 M rechts str. Nach Anleitung weiterarb.

Fuß: Socke 1 und 2: Das Zopfmuster nach Anleitung fortführen. Die 1.–4. Rd der Strickschrift 5x str. Jacquardmuster A bzw. B: Die 1.–19. Rd des Zählmusters 1x arb. Anschließend im Zopfmuster weiterarb. Die 1.–4. Rd der Strickschrift 6x str. Danach nach Anleitung weiterarb und nach 22 cm ab Fersenmitte mit den Abnahmen für die Bandspitze beginnen.

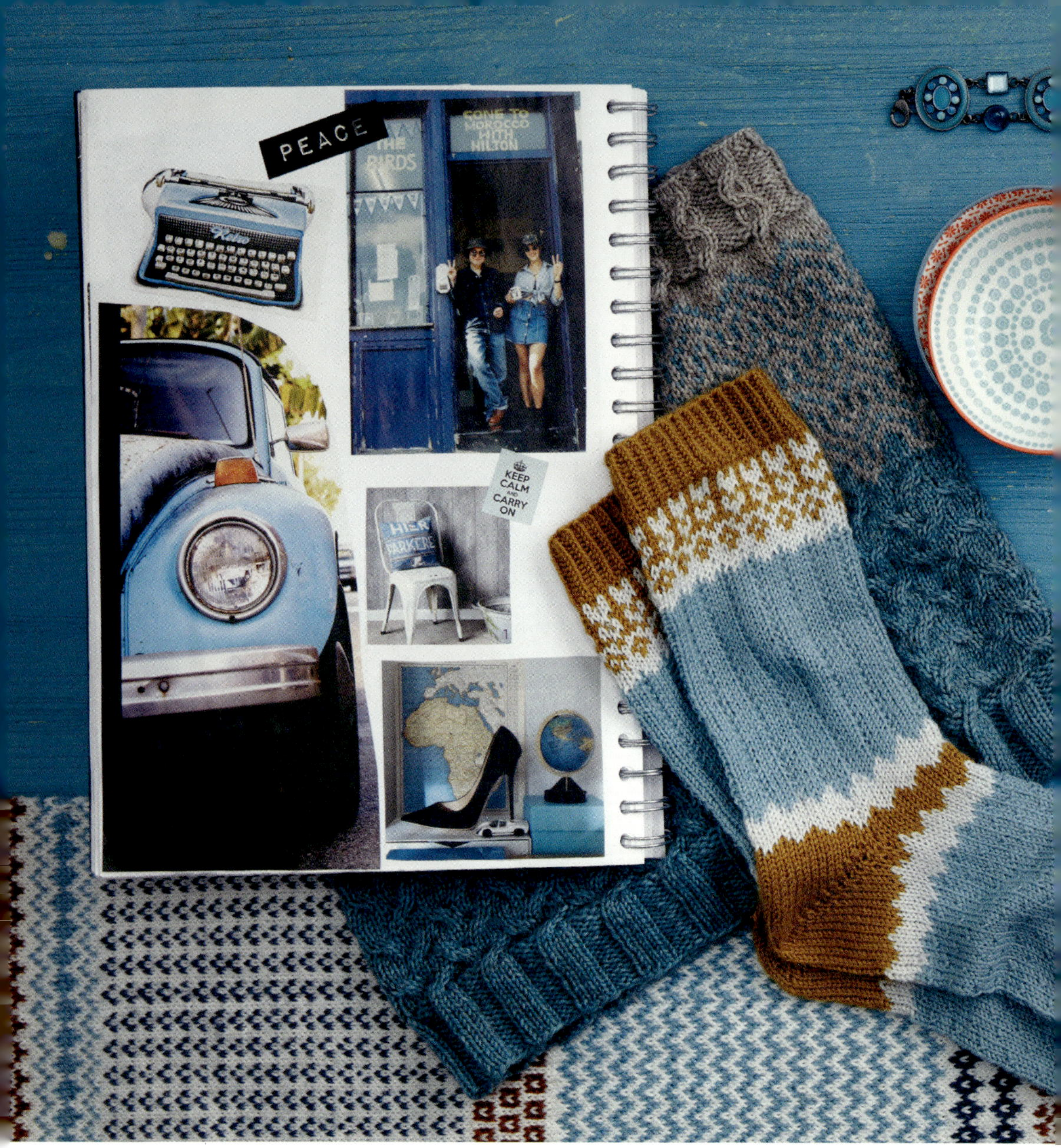

Soxx Hawaii

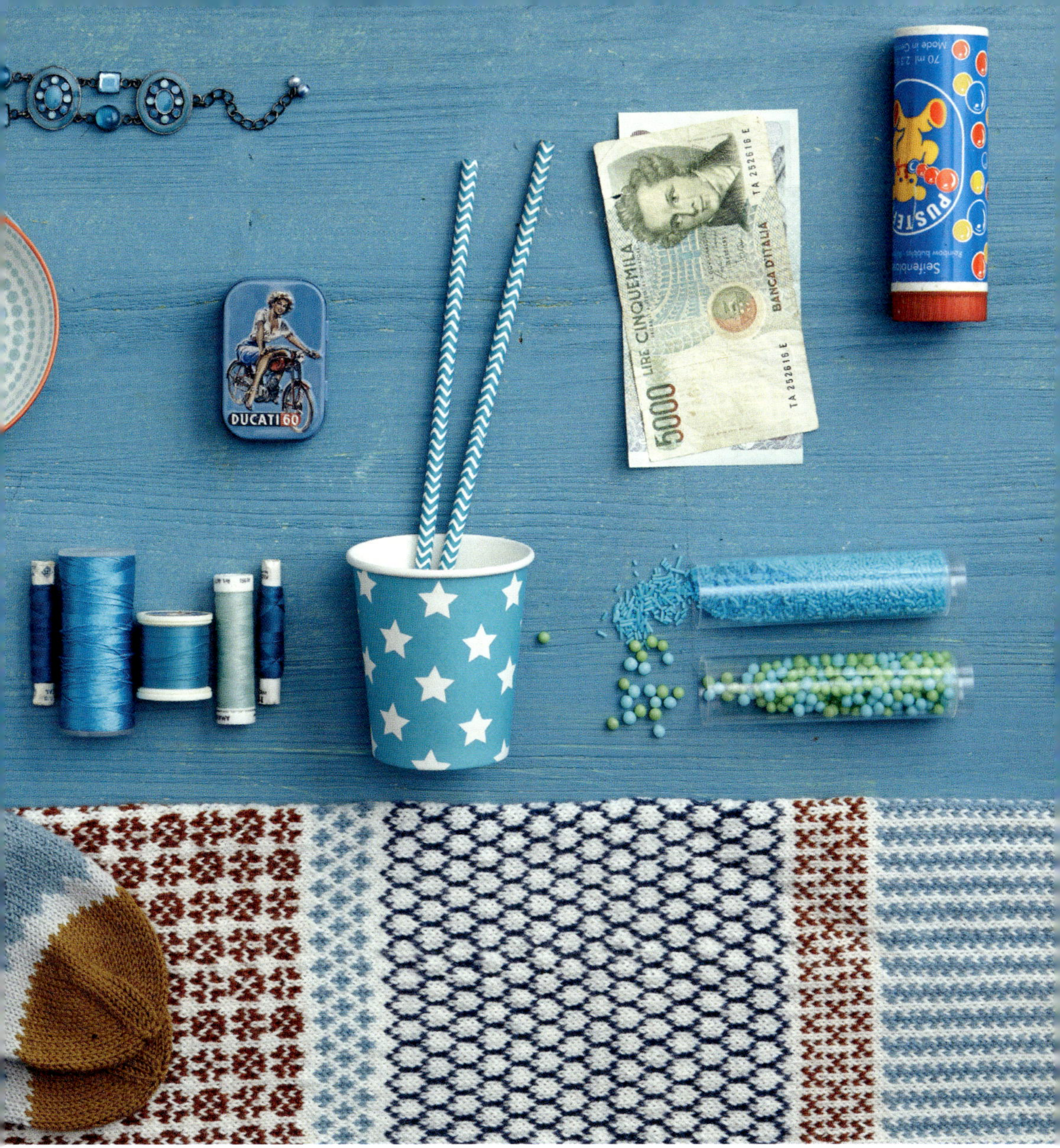
DUCATI 60
5000
LIRE CINQUEMILA
BANCA D'ITALIA
TA 252616 E

SOXXMIXX No. 8

SCHWIERIGKEITSGRAD 3

GRÖSSE

Breite: 16 cm
Länge: ca. 186 cm

MATERIAL

Schachenmayr Regia Premium Silk (LL ca. 400 m/100 g) in Natur (Fb 02) 200 g, und in Jeans meliert (Fb 53), Rust Red (Fb 85) und Pastell Turquoise (Fb 60), je 100 g

Nadelspiel 2,5–3,0 mm, 20 cm lang

Hilfs- oder Zopfnadel

MASCHENPROBE

Im Jacquardmuster mit Nd 2,5–3,0 mm
38 M und 40 Rd = 10 cm x 10 cm

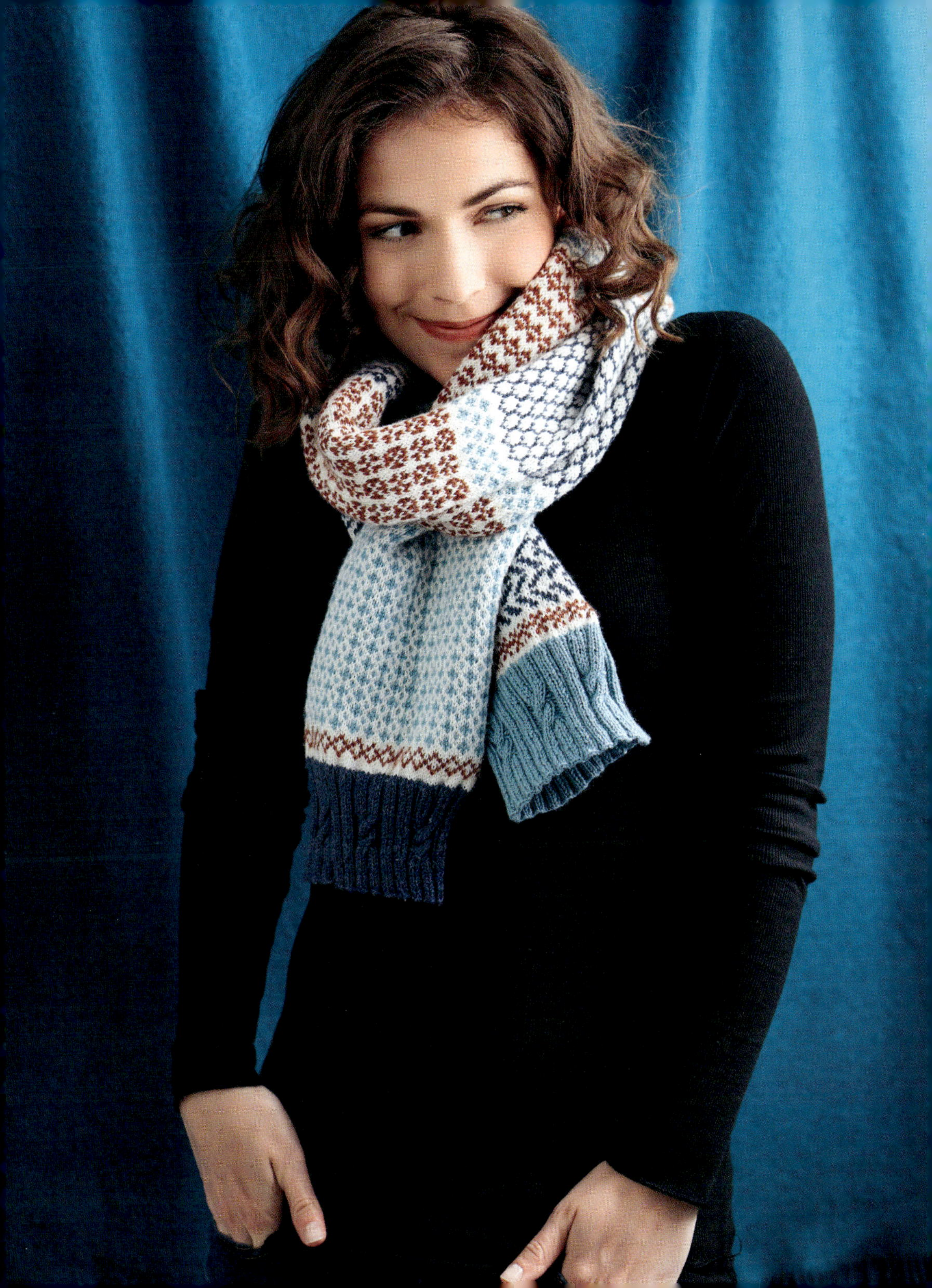

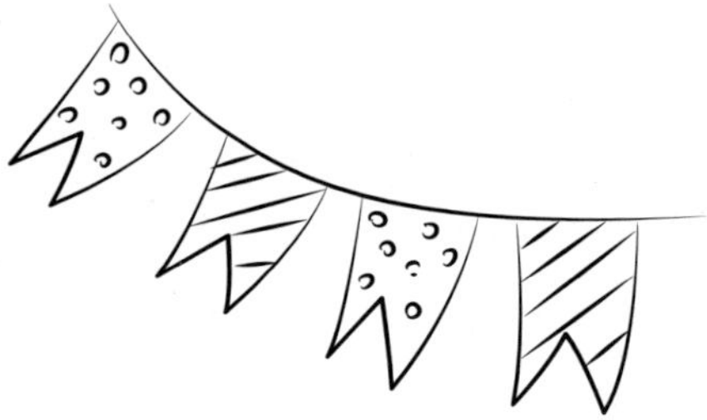

Glatt rechts

In Rd alle M rechts str.

Bündchenmuster

3 M rechts, 2 M links im Wechsel str.

Zopfmuster

M-Zahl teilbar durch 20.
In Rd nach der Strickschrift str.

1. Rd: * 3 M auf einer Hilfsnd vor die Arbeit legen, 1 M links, dann die M der Hilfsnd rechts str, 1 M auf einer Hilfsnd hinter die Arbeit legen, 3 M rechts, dann die M der Hilfsnd links arb, 2 M links, 3 M rechts, 2 M links, 3 M rechts, 2 M links str, ab * fortlaufend wdh.

2. Rd: * 1 M links, 6 M rechts, 3 M links, 3 M rechts, 2 M links, 3 M rechts, 2 M links str, ab * fortlaufend wdh.

Zopfmuster

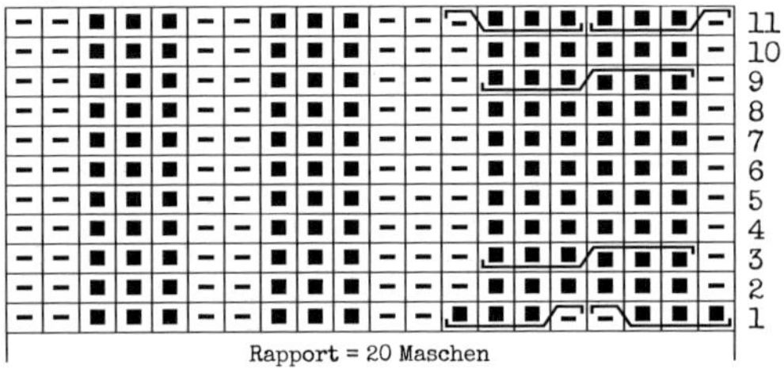

= 1 Masche rechts

= 1 Masche links

= 3 Maschen auf einer Hilfsnadel vor die Arbeit legen, 1 Masche links, dann die 3 Maschen der Hilfsnadel rechts stricken

= 1 Masche auf einer Hilfsnadel hinter die Arbeit legen, 3 Maschen rechts, dann die Masche der Hilfsnadel links stricken

= 3 Maschen auf einer Hilfsnadel hinter die Arbeit legen, 3 Maschen rechts, dann die 3 Maschen der Hilfsnadel rechts stricken

3. Rd: * 1 M links, 3 M auf einer Hilfsnd hinter die Arbeit legen, 3 M rechts, dann die 3 M der Hilfsnd rechts str, 3 M links, 3 M rechts, 2 M links, 3 M rechts, 2 M links arb, ab * fortlaufend wdh.

4.–8. Rd: * 1 M links, 6 M rechts, 3 M links, 3 M rechts, 2 M links, 3 M rechts, 2 M links str, ab * fortlaufend wdh.

9. Rd: * 1 M links, 3 M auf einer Hilfsnd hinter die Arbeit legen, 3 M rechts, dann die 3 M der Hilfsnd rechts str, 3 M links, 3 M rechts, 2 M links, 3 M rechts, 2 M links arb, ab * fortlaufend wdh.

10. Rd: * 1 M links, 6 M rechts, 3 M links, 3 M rechts, 2 M links, 3 M rechts, 2 M links str, ab * fortlaufend wdh.

11. Rd: * 1 M auf einer Hilfsnd hinter die Arbeit legen, 3 M rechts, dann die 1 M der Hilfsnd links str, 3 M auf einer Hilfsnd vor die Arbeit legen, 1 M links, dann die 3 M der Hilfsnd rechts arb, 2 M links, 3 M rechts, 2 M links, 3 M rechts, 2 M links str, ab * fortlaufend wdh.

Die 1.–11. Rd 1x str.

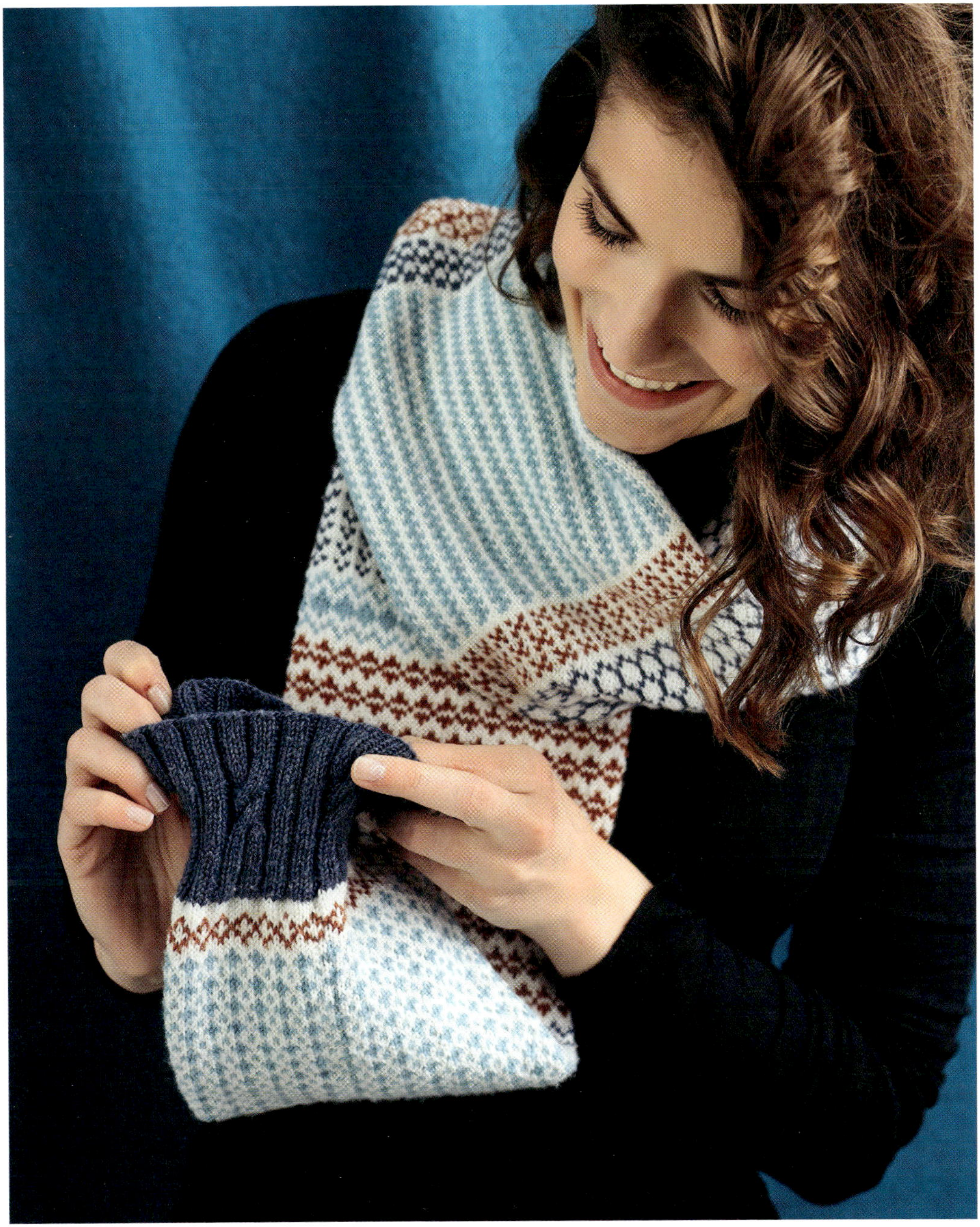

Jacquardmuster A bis S

M-Zahl jeweils teilbar durch 3, 4, 6 bzw. 12.

In allen Rd nach dem jeweiligen Zählmuster str. Den Rapport von 3, 4, 6 bzw. 12 M fortlaufend wdh.

Jacquardmuster A

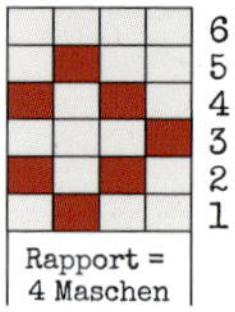

= Natur
= Rust Red

Jacquardmuster B

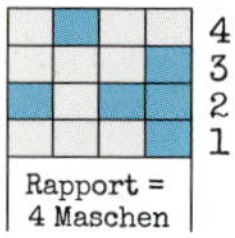

= Pastell Turquoise
= Natur

Jacquardmuster C

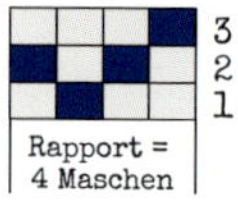

= Natur
= Jeans meliert

Jacquardmuster D

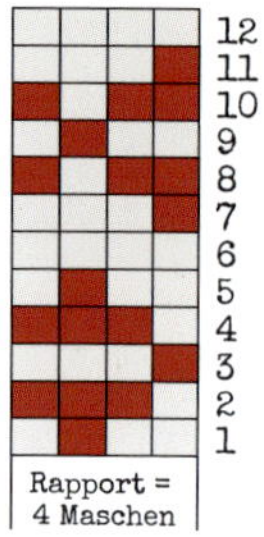

= Natur
= Rust Red

Jacquardmuster E

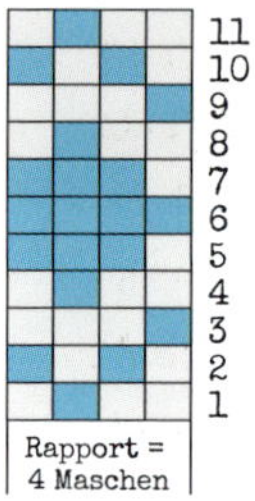

= Natur
= Pastell Turquoise

Jacquardmuster F

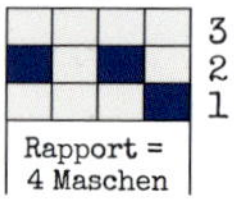

= Jeans meliert
= Natur

Jacquardmuster G

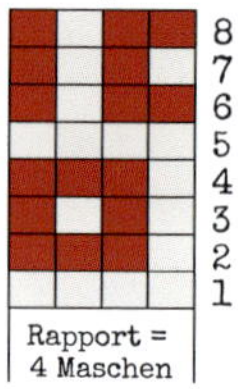

= Natur
= Rust Red

Jacquardmuster H

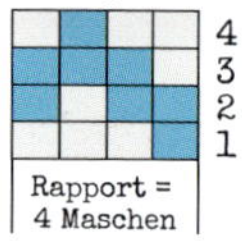

= Pastell Turquoise
= Natur

Jacquardmuster I

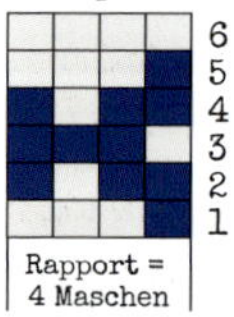

= Jeans meliert
= Natur

Jacquardmuster J

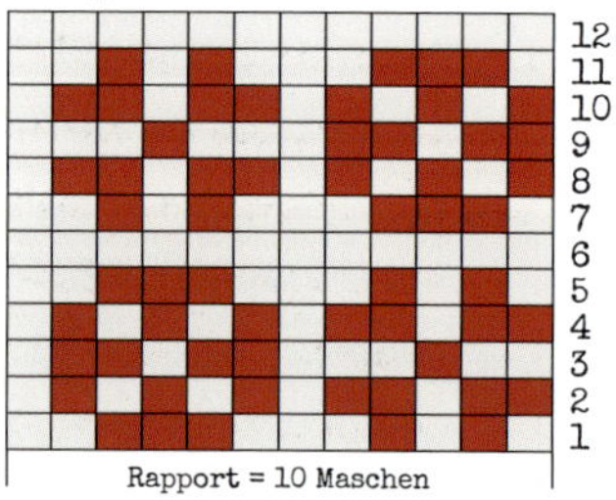

= Natur
= Rust Red

Jacquardmuster K

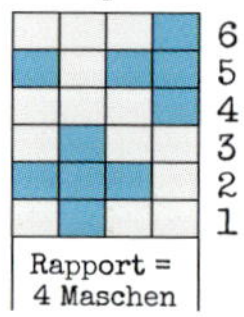

= Natur
= Pastell Turquoise

Jacquardmuster L

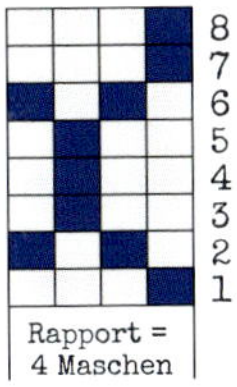

= Jeans meliert
= Natur

Jacquardmuster M

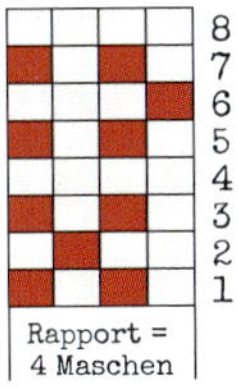

= Natur
= Rust Red

Jacquardmuster N

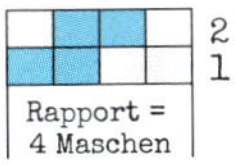

= Natur
= Pastell Turquoise

Jacquardmuster O

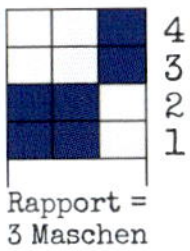

= Natur
= Jeans meliert

Jacquardmuster P

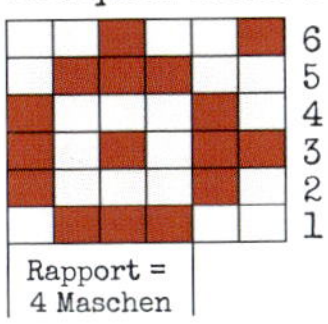

= Natur
= Rust Red

Jacquardmuster Q

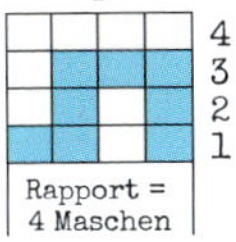

= Pastell Turquoise
= Natur

Jacquardmuster R

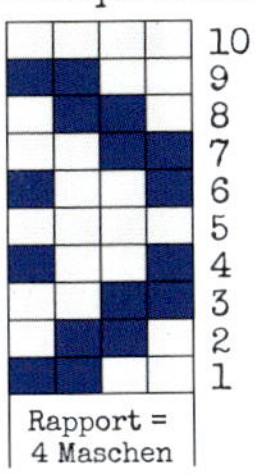

= Natur
= Jeans meliert

Jacquardmuster S

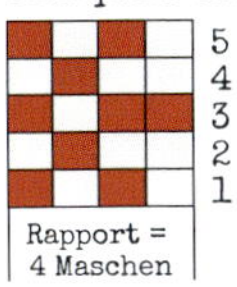

= Natur
= Rust Red

ANLEITUNG

120 M in Jeans meliert anschl, gleichmäßig auf 4 Spielnd verteilen (= 30 M pro Nd) und zur Rd schließen. Für das BÜNDCHEN 12 Rd im Bündchenmuster arb. Anschließend im Zopfmuster weiterstr. Die 1.–11. Rd der Strickschrift 1x arb. Weitere 12 Rd im Bündchenmuster str. 3 Rd glatt rechts in Natur arb. Nun im Jacquardmuster A in Natur und Rust Red weiterstr. Die 1.–6. Rd des Zählmusters 1x arb. Den Faden in Rust Red abschneiden. Danach im Jacquardmuster B in Pastell Turquoise und Natur weiterstr. Die 1.–4. Rd des Zählmusters 14x und die 1.–3. Rd 1x arb. Den Faden in Pastell Turquoise abschneiden und 1 Rd glatt rechts in Natur str. Anschließend im Jacquardmuster C in Natur und Jeans meliert weiterarb. Die 1.–3. Rd des Zählmusters 3x str. Den Faden in Jeans meliert abschneiden und 1 Rd glatt rechts in Natur arb. Dann im Jacquardmuster D in Natur und Rust Red weiterstr. Die 1.–12. Rd des Zählmusters 5x arb. Den Faden in Rust Red abschneiden. Nun im Jacquardmuster E in Natur und Pastell Turquoise weiterstr. Die 1.–11. Rd des Zählmusters 1x arb. Den Faden in Pastell Turquoise abschneiden und 1 Rd glatt rechts in Natur str. Anschließend im Jacquardmuster F in Natur und Jeans meliert weiterarb. Die 1.–3. Rd des Zählmusters 20x str. Den Faden in Jeans meliert abschneiden. Danach im Jacquard-

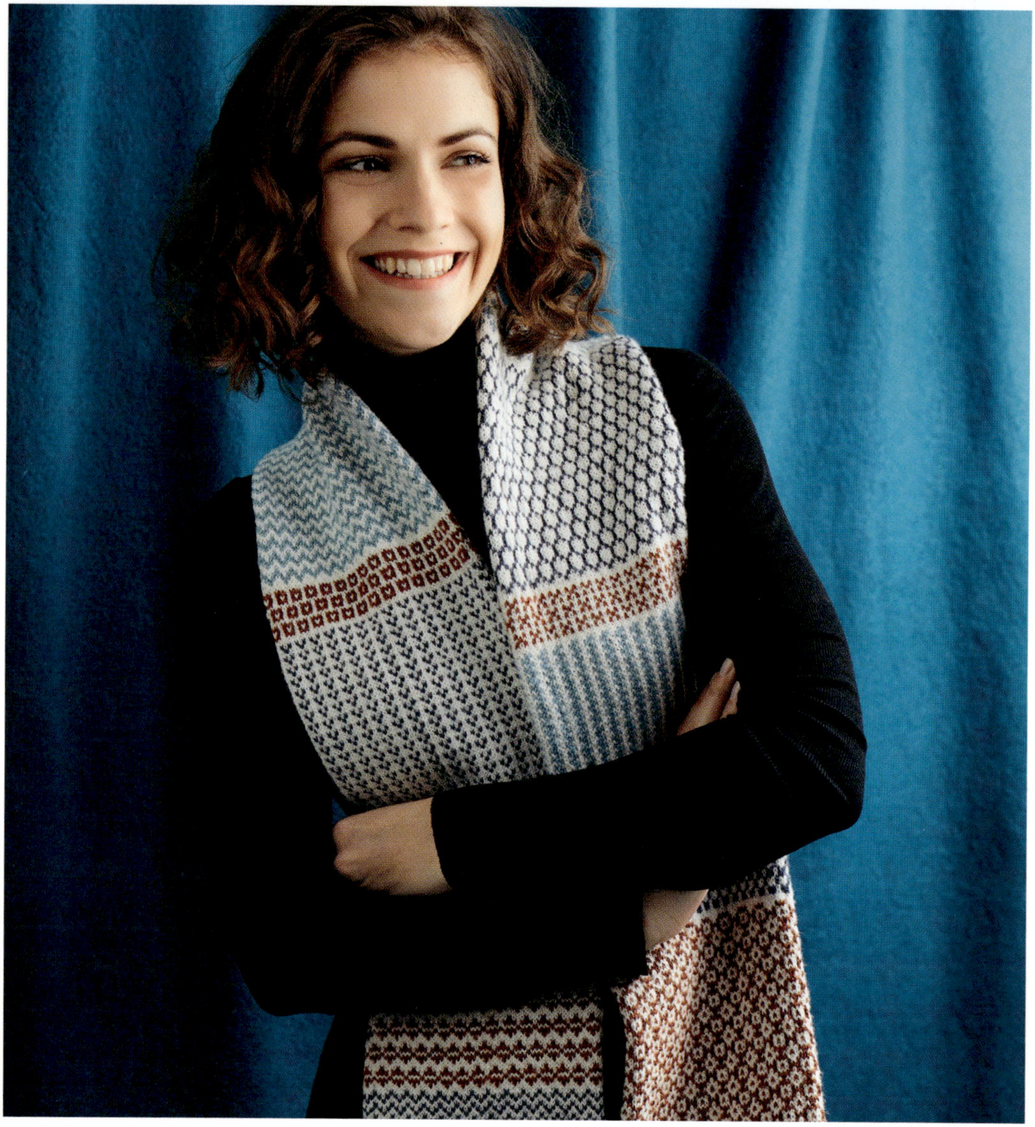

muster G in Natur und Rust Red weiterarb. Die 1.–8. Rd des Zählmusters 1x str, dann noch 1x die 1.–5. Rd arb. Den Faden in Rust Red abschneiden und 1 Rd glatt rechts in Natur arb. Dann im Jacquardmuster H in Pastell Turquoise und Natur weiterstr. Die 1.–4. Rd des Zählmusters 15x arb. Den Faden in Pastell Turquoise

abschneiden und 1 Rd glatt rechts in Natur str. Nun im Jacquardmuster I in Jeans meliert und Natur weiterarb. Die 1.–6. Rd des Zählmusters 2x str. Den Faden in Jeans meliert abschneiden und 1 Rd glatt rechts in Natur arb. Anschließend im Jacquardmuster J in Natur und Rust Red weiterstr. Die 1.–12. Rd des Zählmusters 5x arb. Den Faden in Rust Red abschneiden und 1 Rd glatt rechts in Natur str. Danach im Jacquardmuster K in Natur und Pastell Turquoise weiterarb. Die 1.–6. Rd und die 1.–3. des Zählmusters jeweils 1x str. Den Faden in Pastell Turquoise abschneiden und 2 Rd glatt rechts in Natur arb. Nun im Jacquardmuster L in Jeans meliert und Natur weiterstr. Die 1.–8. Rd des Zählmusters 7x str, dann noch 1x die 1.–3. Rd arb. Den Faden in Jeans meliert abschneiden. 2 Rd glatt rechts in Natur str. Dann im Jacquardmuster M in Natur und Rust Red weiterarb. Die 1.–8. Rd des Zählmusters 1x str, dann noch 1x die 1.–4. Rd arb. Den Faden in Rust Red abschneiden und 1 Rd glatt rechts in Natur arb. Nun im Jacquardmuster N in Natur und Pastell Turquoise weiterstr. Die 1. und 2. Rd des Zählmusters 30x arb. Den Faden in Pastell Turquoise abschneiden. 2 Rd glatt rechts in Natur str. Danach im Jacquardmuster O in Natur und Jeans meliert weiterarb. Die 1.–4. Rd des Zählmusters 2x str, dann noch 1x die 1. und 2. Rd arb. Den Faden in Jeans meliert abschneiden und 2 Rd glatt rechts in Natur arb. Anschließend im Jacquardmuster P in Natur und Rust Red weiterstr. Die 1.–6. Rd des Zählmusters 9x str, dann noch 1x die 1.–5. Rd str. Den Faden in Rust Red abschneiden und 2 Rd glatt rechts in Natur arb. Dann im Jacquardmuster Q in Pastell Turquoise und Natur weiterstr. Die 1.–4. Rd des Zählmusters 3x arb. Den Faden in Pastell Turquoise abschneiden. 1 Rd glatt rechts in Natur str. Nun im Jacquardmuster R in Natur und Jeans meliert weiterarb. Die 1.–10. Rd des Zählmusters 6x str. Den Faden in Jeans meliert abschneiden und 1 Rd glatt rechts in Natur arb. Danach in Jacquardmuster S in Natur und Rust Red weiterstr. Die 1.–5. Rd des Zählmusters 1x arb. Den Faden in Rust Red abschneiden und 3 Rd glatt rechts in Natur str. Den Faden in Natur abschneiden. 1 Rd glatt rechts in Pastell Turquoise arb. Für das abschließende BÜNDCHEN 12 Rd im Bündchenmuster str. Danach im Zopfmuster weiterarb.
Die 1.–11. Rd der Strickschrift 1x str. Weitere 12 Rd im Bündchenmuster arb. Die M abk, wie sie erscheinen (siehe Seite 168).

TIPP: Nach jedem Jacquardmuster die Fäden vernähen, so muss der Schal am Schluss nicht auf links gewendet werden.

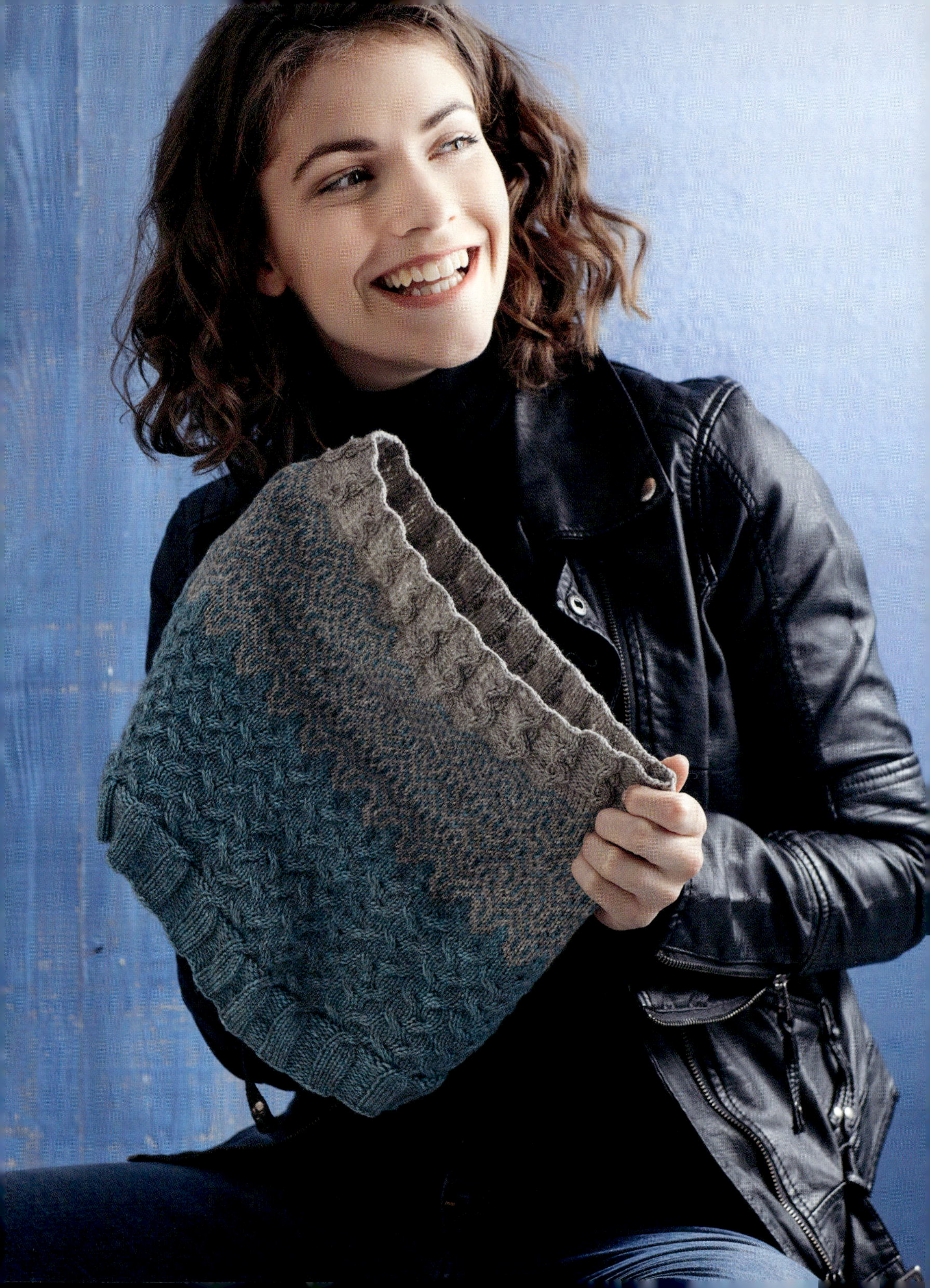

SOXX MIXX No. 9

SCHWIERIGKEITSGRAD 3

GRÖSSE

Umfang: 57 cm
Höhe: 28 cm

MATERIAL

Schachenmayr Regia Premium Merino Yak (LL ca. 400 m/100 g) in Mineral Blue (Fb 7518) und Beige meliert (Fb 7510), je 100 g

Rundstricknadel 3,0 mm, 50 cm lang

Hilfs- oder Zopfnadel

Maschenmarkierer

MASCHENPROBE

Im Jacquardmuster mit Nd 3,0 mm
32 M und 36 Rd = 10 cm x 10 cm

Glatt rechts

In Rd alle M rechts str.

Bündchenmuster

4 M rechts, 4 M links im Wechsel str.

Zopfmuster 1

M-Zahl teilbar durch 8.
In Rd nach der Strickschrift str.
1. Rd: * 2 M auf einer Hilfsnd hinter die Arbeit legen, 2 M rechts, dann die M der Hilfsnd rechts str, 4 M rechts arb, ab * fortlaufend wdh.
2.–4 Rd: Alle M rechts str.
5. Rd: * 4 M rechts str, 2 M auf einer Hilfsnd vor die Arbeit legen, 2 M rechts, dann die M der Hilfsnd rechts str, ab * fortlaufend wdh.
6.–8. Rd: Alle M rechts str.
Die 1.–8. Rd fortlaufend wdh.

Zopfmuster 2

M-Zahl teilbar durch 8.
In Rd nach der Strickschrift str.
1.+2. Rd: * 4 M rechts, 4 M links str, ab * fortlaufend wdh.
3. Rd: * 2 M auf einer Hilfsnd hinter die Arbeit legen, 2 M rechts, dann die M der Hilfsnd rechts str, 4 M links arb, ab * fortlaufend wdh.
4.–7. Rd: * 4 M rechts, 4 M links str, ab * fortlaufend wdh.
8. Rd: * 2 M auf einer Hilfsnd vor die Arbeit legen, 2 M rechts, dann die M der Hilfsnd rechts str, 4 M links str, ab * fortlaufend wdh.
9.+10. Rd: * 4 M rechts, 4 M links str, ab * fortlaufend wdh.
Die 1.–10. Rd 1x str, dann noch 1x die 1.–6. Rd arb.

Zopfmuster 1

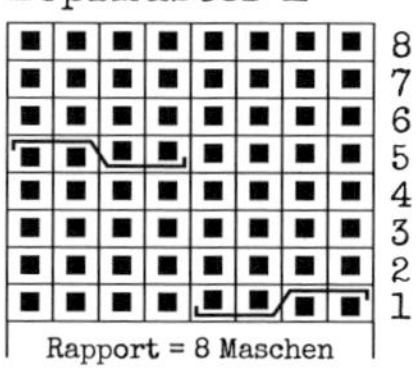

– = 1 Masche links
■ = 1 Masche rechts
= 2 Maschen auf einer Hilfsnadel hinter die Arbeit legen, 2 Maschen rechts, dann die Maschen der Hilfsnadel rechts stricken
= 2 Maschen auf einer Hilfsnadel vor die Arbeit legen, 2 Maschen rechts, dann die Maschen der Hilfsnadel rechts stricken

Zopfmuster 2

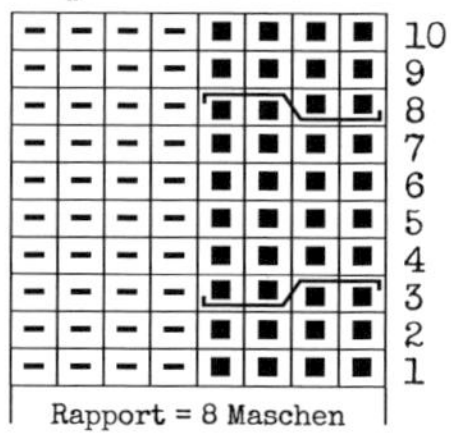

– = 1 Masche links
■ = 1 Masche rechts
= 2 Maschen auf einer Hilfsnadel hinter die Arbeit legen, 2 Maschen rechts, dann die Maschen der Hilfsnadel rechts stricken
= 2 Maschen auf einer Hilfsnadel vor die Arbeit legen, 2 Maschen rechts, dann die Maschen der Hilfsnadel rechts stricken

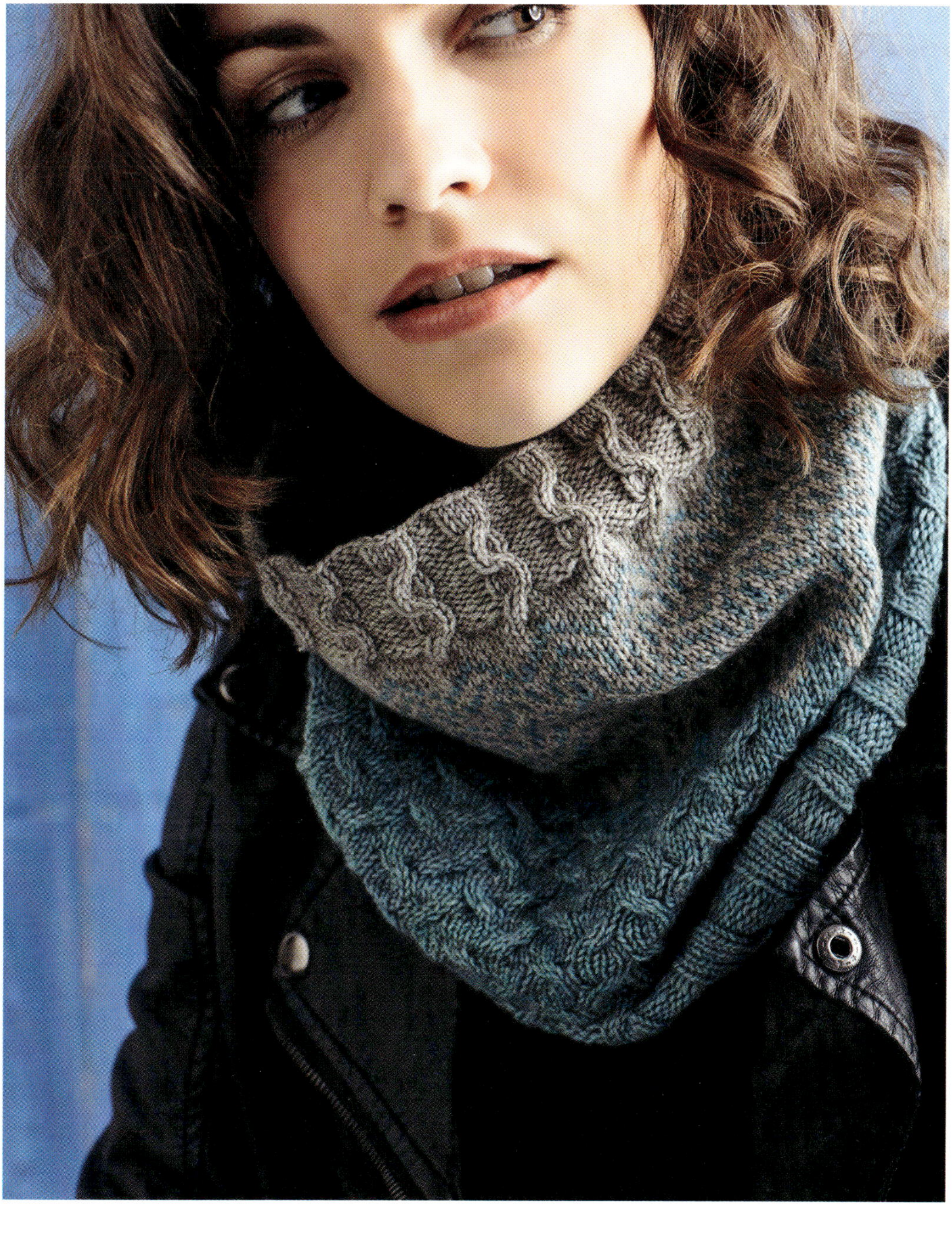

Jacquardmuster A, B und C

M-Zahl jeweils teilbar durch 8.

In allen Rd nach dem jeweiligen Zählmuster str. Den Rapport von 8 M fortlaufend wdh.

Jacquardmuster A

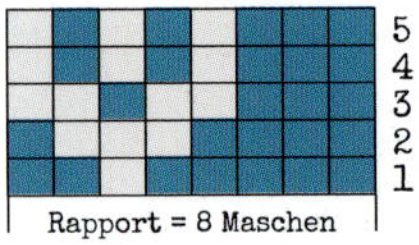

= Mineral Blue

= Beige meliert

Jacquardmuster B

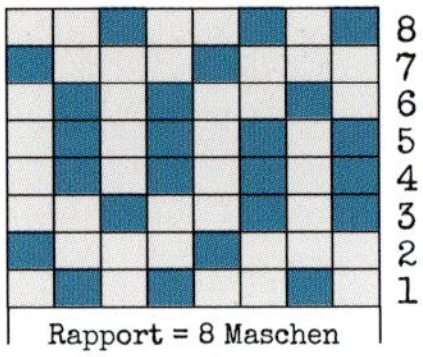

= Beige meliert

= Mineral Blue

Jacquardmuster C

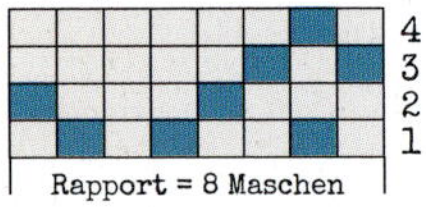

= Beige meliert

= Mineral Blue

ANLEITUNG

184 M in Mineral Blue anschl, zur Rd schließen und den Rd-Beginn mit einem M-Markierer kennzeichnen. Für das BÜNDCHEN 16 Rd im Bündchenmuster str (= 4 cm).

1 Rd glatt rechts arb. Anschließend im Zopfmuster 1 weiterarb. Die 1.–8. Rd der Strickschrift 5x str, dann noch 1x die 1. und 2. Rd 1x arb. Anschließend im Jacquardmuster A in Mineral Blue und Beige meliert weiterarb. Die 1.–5. Rd des Zählmusters 1x str. Danach im Jacquardmuster B in Beige meliert und Mineral Blue weiterarb. Zunächst die 6.–8. Rd des Zählmusters 1x str, dann die 1.–8. Rd 3x arb. Nun im Jacquardmuster C in Beige meliert und Mineral Blue weiterarb.

Die 1.–4. Rd des Zählmusters 1x str. Den Faden in Mineral Blue abschneiden.

4 Rd glatt rechts in Beige meliert arb.

Anschließend den Loop im Zopfmuster 2 beenden. Die 1.–10. Rd der Strickschrift 1x str, dann noch 1x die 1.–6. Rd arb.

Die M abk, wie sie erscheinen (siehe Seite 168).

Alle Fäden vernähen. Den Loop waschen und spannen.

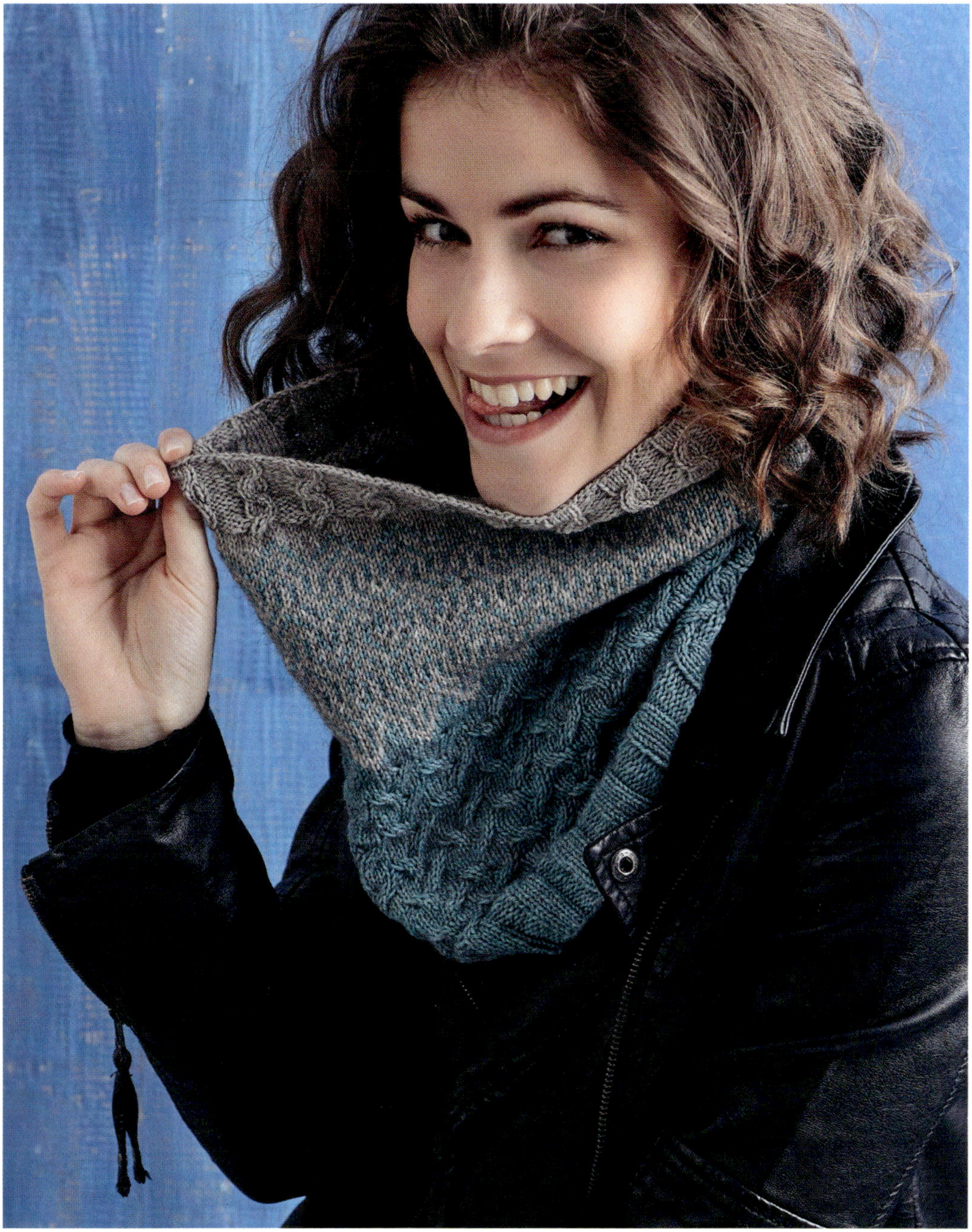

SOXXMIXX No. 10

SCHWIERIGKEITSGRAD 2

GRÖSSE

38/39

MATERIAL

Lang Yarns Jawoll (LL ca. 210 m/50 g) in Lachs (Fb 228), 100 g, und in Offwhite (Fb 94), Hellbraun Mélange (Fb 45) und Acqua (Fb 372), je 50 g

Nadelspiel 2,5–3,0 mm

MASCHENPROBE

Im Rechts-Links-Muster
leicht gedehnt mit Nd 2,5–3,0 mm
28 M und 46 Rd = 10 cm x 10 cm

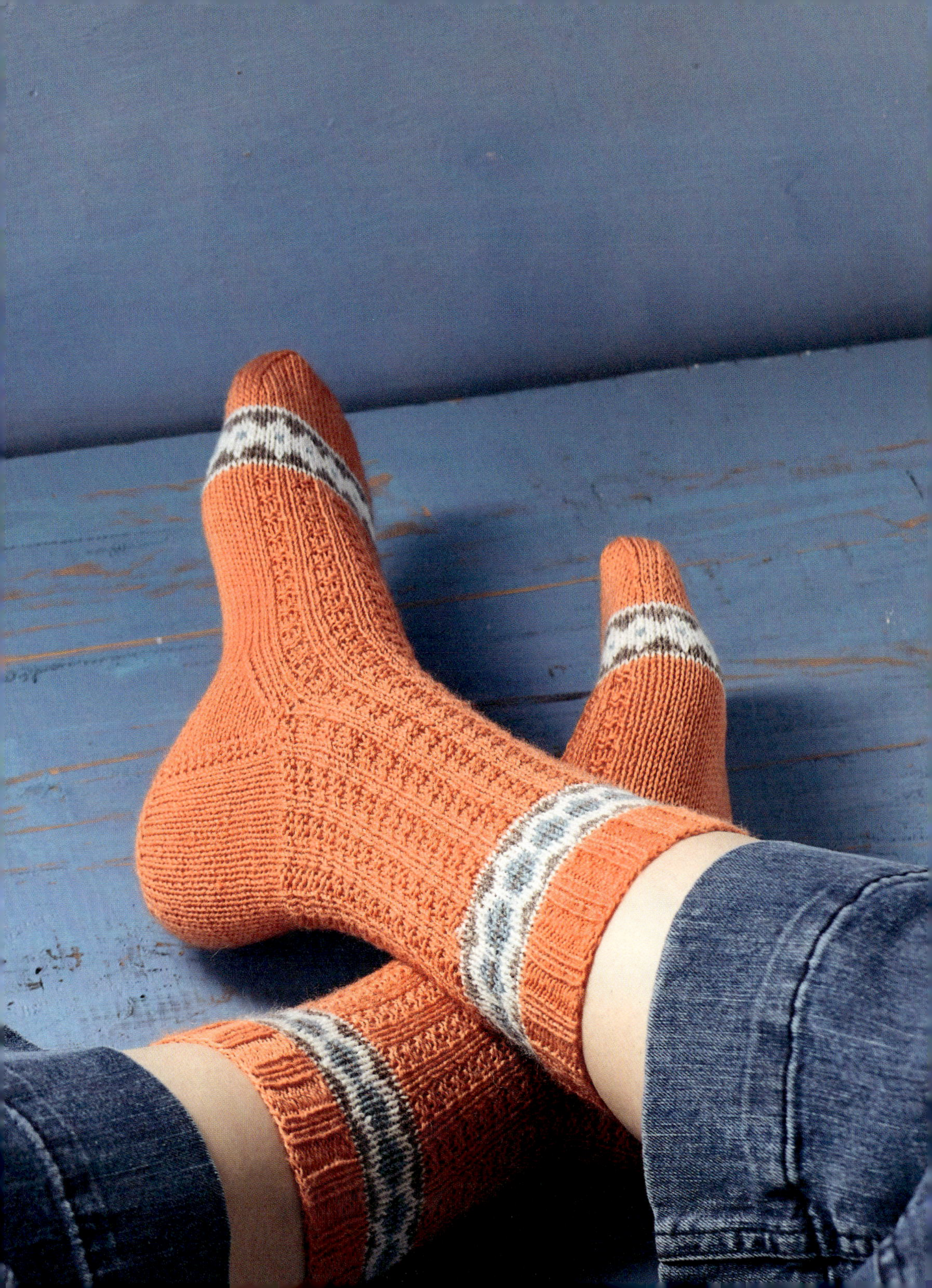

Glatt rechts

In Hinr rechte M, in Rückr linke M str, bzw. in Rd alle M rechts str.

Bündchenmuster

1 M rechts, 2 M links, 1 M rechts im Wechsel str.

Jacquardmuster A und B

M-Zahl jeweils teilbar durch 4.
In allen Rd glatt rechts nach dem jeweiligen Zählmuster str. Den Rapport von 4 M fortlaufend wdh.

Rechts-Links-Muster

M-Zahl teilbar durch 4.
In Rd nach der Strickschrift str.
1.+2. Rd: Alle M rechts str.
3.+4. Rd: * 1 M rechts, 2 M links, 1 M rechts str, ab * fortlaufend wdh.
Die 1.–4. Rd fortlaufend wdh.

Jacquardmuster A

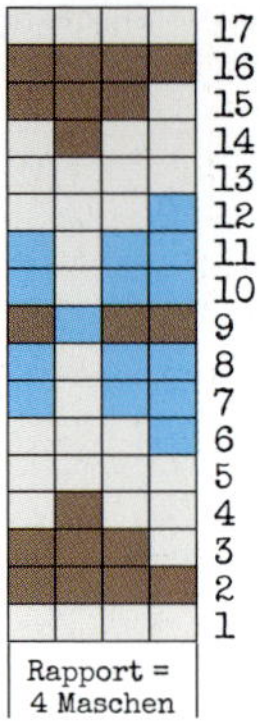

= Offwhite
= Hellbraun Mélange
= Acqua

Jacquardmuster B

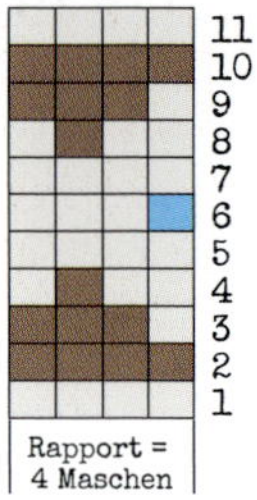

= Offwhite
= Hellbraun Mélange
= Acqua

Rechts-Links-Muster

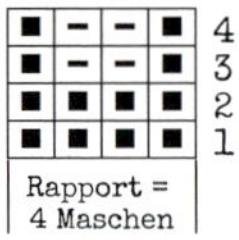

■ = 1 Masche rechts
– = 1 Masche links

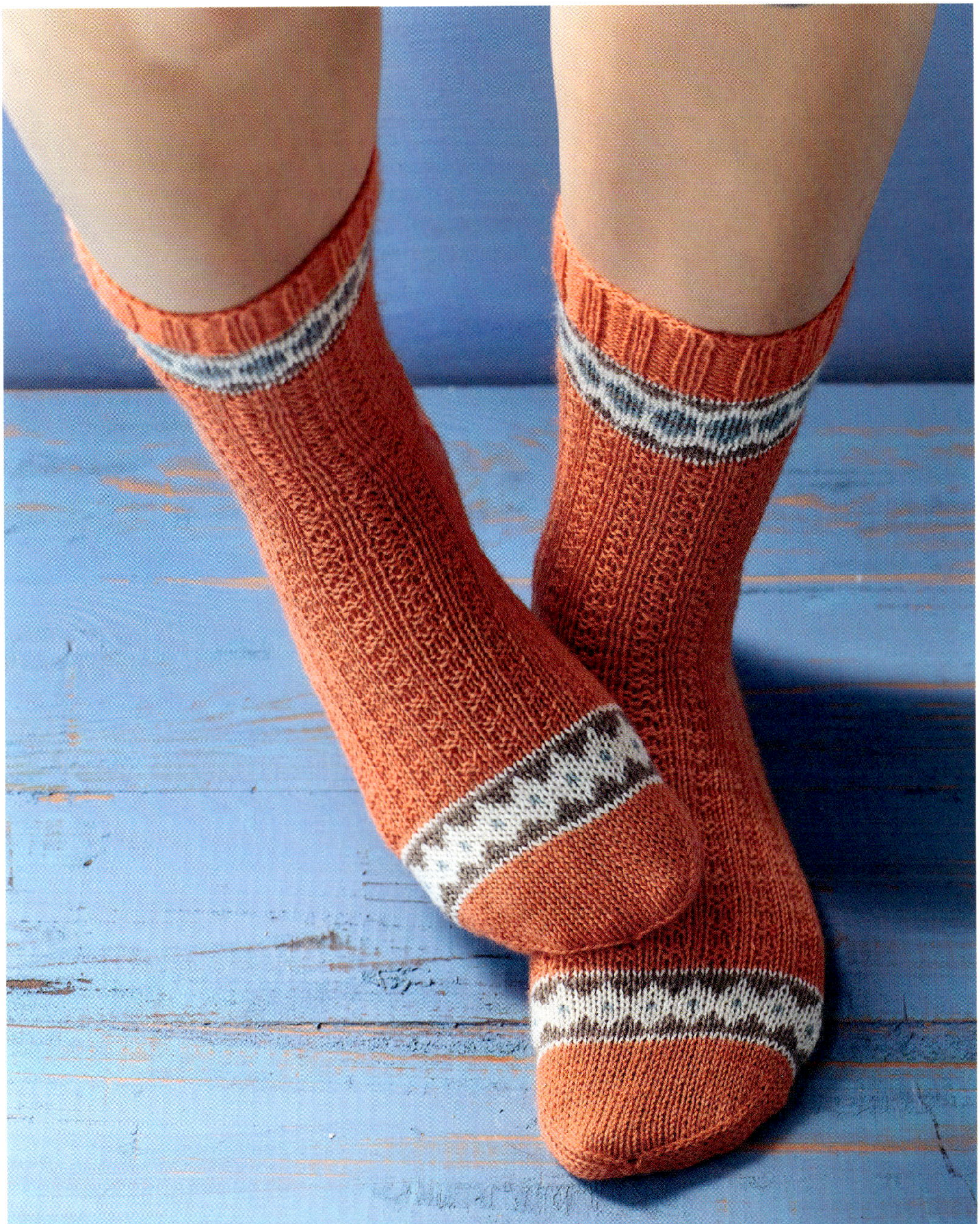

ANLEITUNG

60 M in Lachs anschl, gleichmäßig auf 4 Spielnd verteilen (= 15 M pro Nd) und zur Rd schließen.
Für das BÜNDCHEN 15 Rd (= 3 cm) im Bündchenmuster str.
Den SCHAFT glatt rechts mit 1 Rd in Lachs beginnen. Den Faden abschneiden. Anschließend im Jacquardmuster A in Offwhite, Hellbraun Mélange und Acqua weiterarb. Die 1.–17. Rd des Zählmusters 1x str. Die Fäden in Offwhite, Hellbraun Mélange und Acqua abschneiden. Nun im Rechts-Links-Muster in Lachs weiterarb. Die 1.–4. Rd der Strickschrift 14x str.

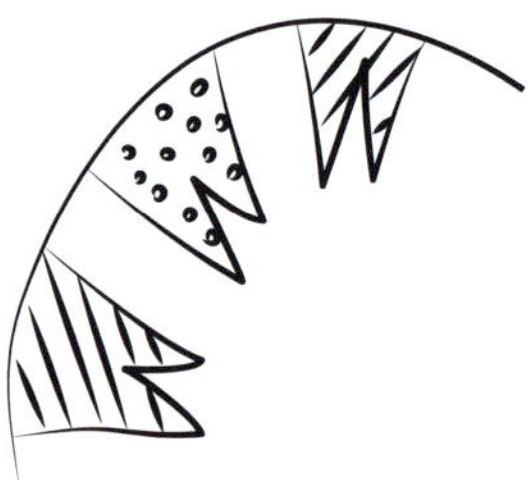

Danach die HERZCHENFERSE glatt rechts in Lachs über die 30 M der 4. und 1. Nd nach der Grundanleitung str (siehe Seite 185).
Den FUSS weiter über alle M der 4 Spielnd in Lachs arb. Über die M der 1. und 4. Nd die Sohle bis zum Ende glatt rechts str. Das Rechts-Links-Muster auf dem Oberfuß über die M der 2. und 3. Nd fortführen. Die 1.–4. Rd der Strickschrift 12x str. 1 Rd glatt rechts über alle M arb. Den Faden in Lachs abschneiden. Nun im Jacquardmuster B in Offwhite Hellbraun, Mélange und Acqua weiterarb. Die 1.–11. Rd des Zählmusters 1x arb. Die Fäden in Offwhite, Hellbraun Mélange und in Acqua abschneiden. Anschließend die Socke glatt rechts in Lachs beenden und nach 17,5 cm ab Fersenmitte mit den Abnahmen für die Bandspitze beginnen.
Die BANDSPITZE in Lachs nach der Grundanleitung str (siehe Seite 187). Den Faden abschneiden und nach innen ziehen.
Alle Fäden vernähen.
Die zweite Socke genauso arb.

HINWEISE ZUM STRICKEN VON ANDEREN GRÖSSEN

GRÖSSE 36/37
60 M anschl (= 15 M pro Nd).
Fuß: Rechts-Links-Muster: Die 1.-4. Rd des Zählmusters 11x str, anschließend glatt rechts nach Anleitung weiterarb. Nach 16 cm ab Fersenmitte mit den Abnahmen für die Bandspitze beginnen.

GRÖSSE 40/41
64 M anschl (= 16 M pro Nd).
Fuß: Rechts-Links-Muster: Die 1.-4. Rd des Zählmusters 13x str, anschließend glatt rechts nach Anleitung weiterarb. Nach 19 cm ab Fersenmitte mit den Abnahmen für die Bandspitze beginnen.

GRÖSSE 42/43
64 M anschl (= 16 M pro Nd).
Fuß: Rechts-Links-Muster: Die 1.-4. Rd des Zählmusters 15x str, anschließend glatt rechts nach Anleitung weiterarb. Nach 20,5 cm ab Fersenmitte mit den Abnahmen für die Bandspitze beginnen.

GRÖSSE 44/45
68 M anschl (= 17 M pro Nd).
Fuß: Rechts-Links-Muster: Die 1.-4. Rd des Zählmusters 16x str, anschließend glatt rechts nach Anleitung weiterarb. Nach 22 cm ab Fersenmitte mit den Abnahmen für die Bandspitze beginnen.

SOXXMIXX NO. 11

SCHWIERIGKEITSGRAD 2

GRÖSSE

38/39

MATERIAL

Lang Yarns Jawoll (LL ca. 210 m/50 g) in Acqua (Fb 372), 100 g, und in Gold (Fb 150) und Beige (Fb 226), je 50 g

Nadelspiel 2,5–3,0 mm

MASCHENPROBE

Im Jacquardmuster mit Nd 2,5–3,0 mm 38 M und 42 Rd = 10 cm x 10 cm

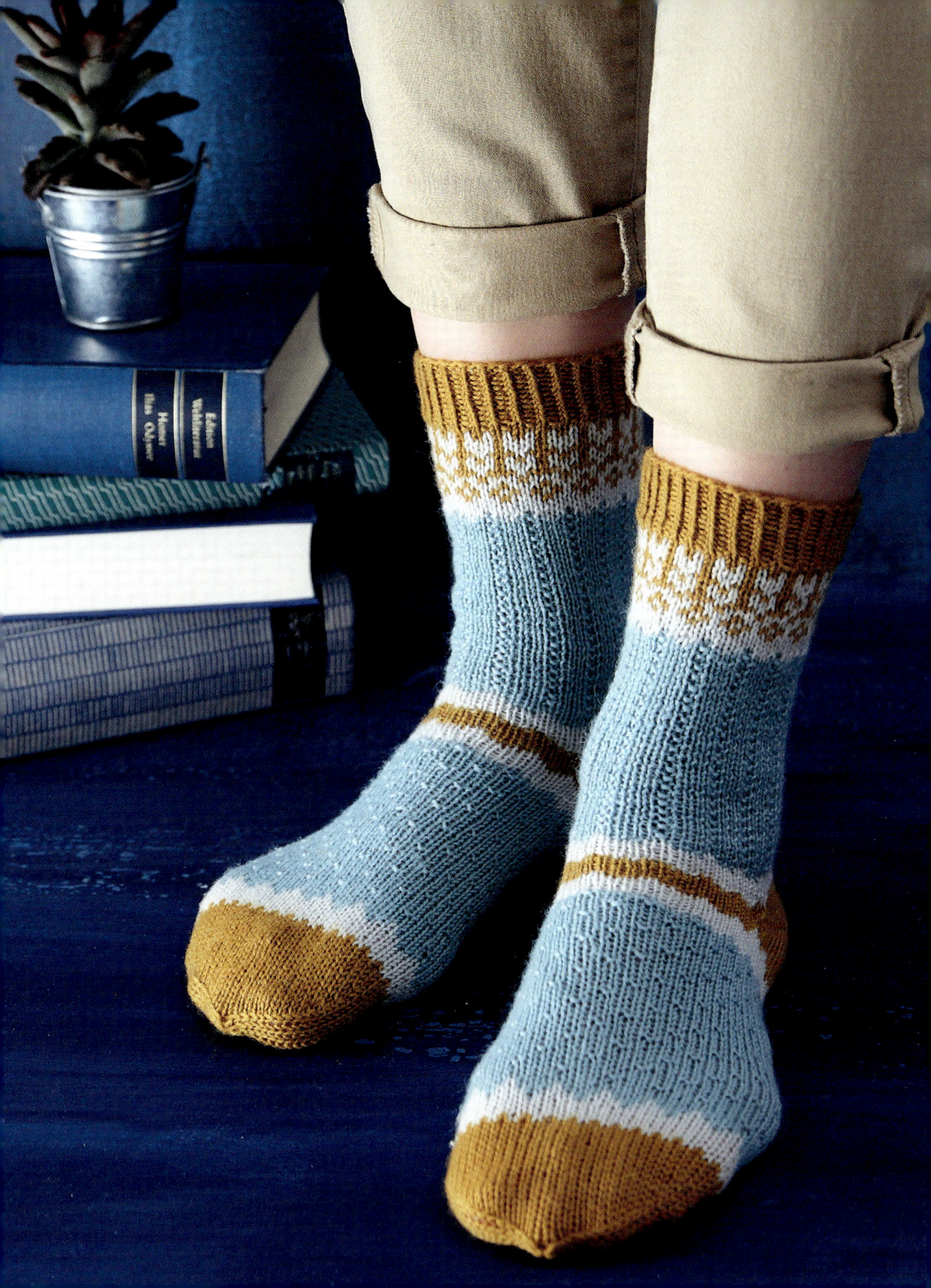

Glatt rechts

In Hinr rechte M, in Rückr linke M str, bzw. in Rd alle M rechts str.

Rechts verschränkte Maschen

In das hintere M-Glied von rechts nach links einstechen und die M rechts abstr, sodass sich die M verdreht.

Bündchenmuster

1 M rechts verschränkt, 1 M links im Wechsel str.

Jacquardmuster A, B, C und D

M-Zahl jeweils teilbar durch 4.
In allen Rd glatt rechts nach dem jeweiligen Zählmuster str. Den Rapport von 4 M fortlaufend wdh.

Rechts-Links-Muster 1

1. Rd: Alle M rechts str.
2. Rd: * 1 M links, 3 M rechts str, ab * fortlaufend wdh.

Die 1. und 2. Rd fortlaufend wdh.

Rechts-Links-Muster 2

1. Rd: * 1 M links, 3 M rechts str, ab * fortlaufend wdh.
2.+3. Rd: Alle M rechts str.
4. Rd: * 2 M rechts, 1 M links, 1 M rechts str, ab * fortlaufend wdh.
5.+6. Rd: Alle M rechts str.

Die 1.–6. Rd fortlaufend wdh.

Rechts-Links-Muster 1

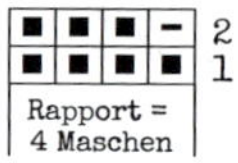

■ = 1 Masche rechts
– = 1 Masche links

Rechts-Links-Muster 2

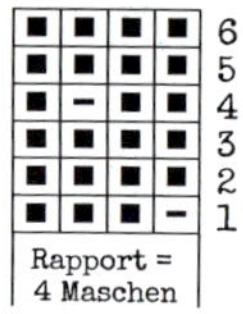

– = 1 Masche links
■ = 1 Masche rechts

Jacquardmuster A

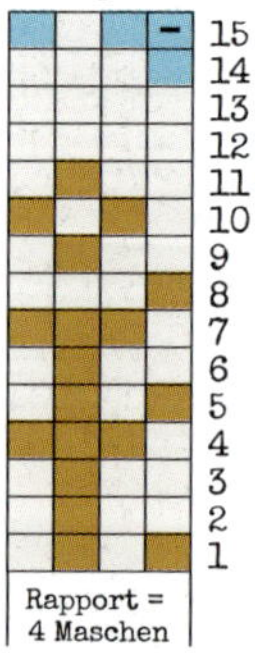

= Gold
= Beige
= Acqua
– = 1 Masche links

Jacquardmuster B

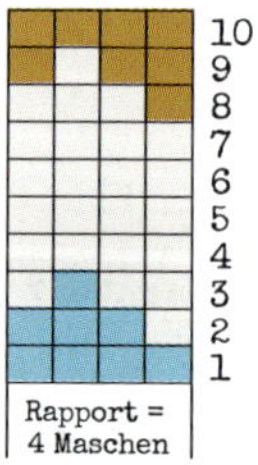

= Beige
= Acqua
= Gold

Jacquardmuster C

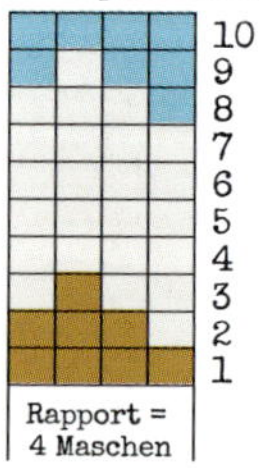

= Gold
= Beige
= Acqua

Jacquardmuster D

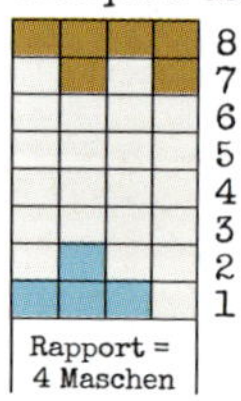

= Beige
= Acqua
= Gold

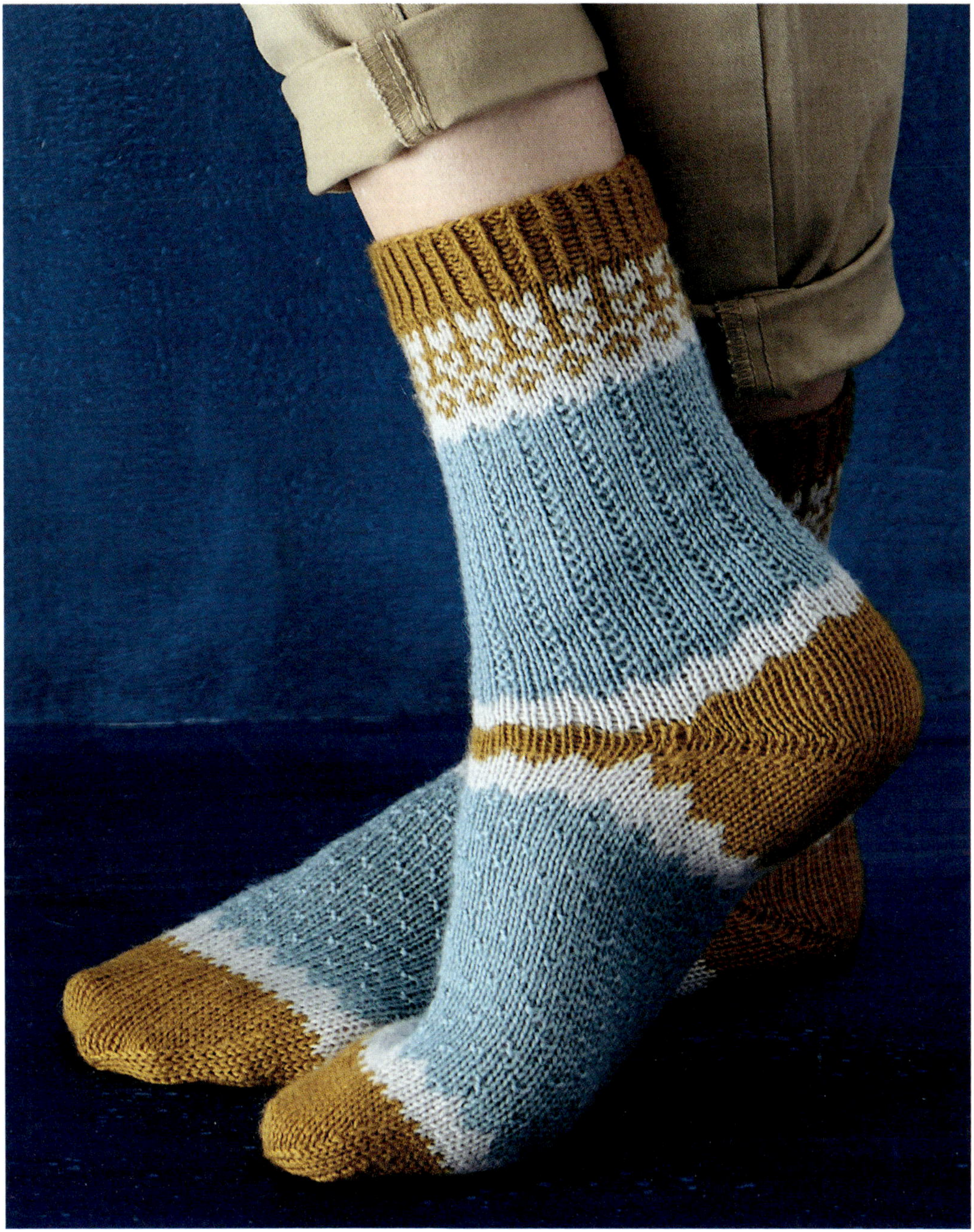

ANLEITUNG

60 M in Gold anschl, gleichmäßig auf 4 Spielnd verteilen (= 15 M pro Nd) und zur Rd schließen.

Für das BÜNDCHEN 12 Rd (= 2,5 cm) im Bündchenmuster str.

Den SCHAFT glatt rechts mit 1 Rd in Gold beginnen. Anschließend im Jacquardmuster A in Gold, Beige und Acqua weiterarb. Die 1.–15. Rd des Zählmusters 1x str. In der 15. Rd beachten, dass die 1. M des Rapports links gestrickt wird. Anschließend den Faden in Beige und den Faden in Gold abschneiden. Nun im Rechts-Links-Muster 1 weiterarb. Die 1. und 2. Rd der Strickschrift 20x str. Danach im Jacquardmuster B in Acqua, Beige und Gold weiterarb. Die 1.–10. Rd des Zählmusters 1x str. Den Faden in Acqua und den Faden in Beige abschneiden.

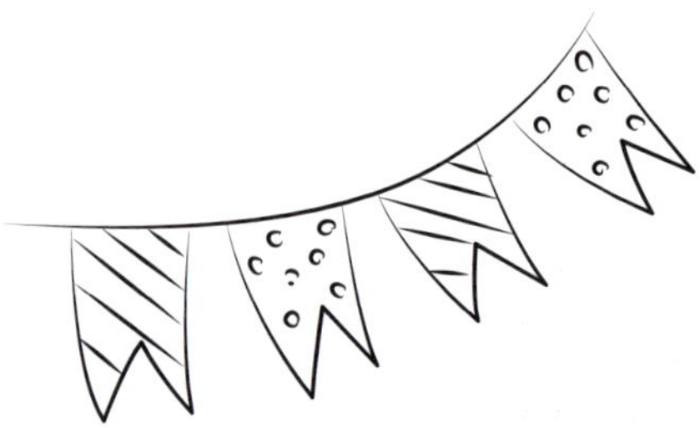

Nun die BUMERANGFERSE glatt rechts in Gold über die 30 M der 4. und 1. Nd nach der Grundanleitung arb (siehe Seite 182).

Den FUSS weiter über alle M der 4 Spielnd str. Im Jacquardmuster C in Gold, Beige und Acqua weiterarb. Die 1.–10. Rd des Zählmusters 1x str. Den Faden in Gold und den Faden in Beige abschneiden. Anschließend im Rechts-Links-Muster 2 in Acqua weiterarb. Die 1.–6. Rd der Strickschrift 6x str, dann noch 1x die 1.–3. Rd arb. Danach im Jacquardmuster D in Acqua, Beige und Gold weiterarb. Die 1.–8. Rd des Zählmusters 1x str. Den Faden in Acqua und den Faden in Beige abschneiden. Die Socke glatt rechts in Gold beenden und nach 17,5 cm ab Fersenmitte mit den Abnahmen für die Bandspitze beginnen.

Die BANDSPITZE in Gold nach der Grundanleitung str (siehe Seite 187). Den Faden abschneiden und nach innen ziehen. Alle Fäden vernähen.

Die zweite Socke genauso arb.

HINWEISE ZUM STRICKEN VON ANDEREN GRÖSSEN

GRÖSSE 36/37
60 M anschl (= 15 M pro Nd).
Fuß: Nach Anleitung arb. Rechts-Links-Muster 2: Die 1.–6. Rd der Strickschrift 5x und die 1.–3. Rd 1x str. Nach Anleitung weiterarb und nach 16 cm ab Fersenmitte mit den Abnahmen für die Bandspitze beginnen.

GRÖSSE 40/41
64 M anschl (= 16 M pro Nd).
Fuß: Nach Anleitung arb. Rechts-Links-Muster 2: Die 1.–6. Rd der Strickschrift 7x und die 1.–3. Rd 1x str. Nach Anleitung weiterarb und nach 19 cm ab Fersenmitte mit den Abnahmen für die Bandspitze beginnen.

GRÖSSE 42/43
64 M anschl (= 16 M pro Nd).
Fuß: Nach Anleitung arb. Rechts-Links-Muster 2: Die 1.–6. Rd der Strickschrift 8x und die 1.–3. Rd 1x str. Nach Anleitung weiterarb und nach 20,5 cm ab Fersenmitte mit den Abnahmen für die Bandspitze beginnen.

GRÖSSE 44/45
68 M anschl (= 17 M pro Nd).
Fuß: Nach Anleitung arb. Rechts-Links-Muster 2: Die 1.–6. Rd der Strickschrift 9x und die 1.–3. Rd 1x str. Nach Anleitung weiterarb und nach 22 cm ab Fersenmitte mit den Abnahmen für die Bandspitze beginnen.

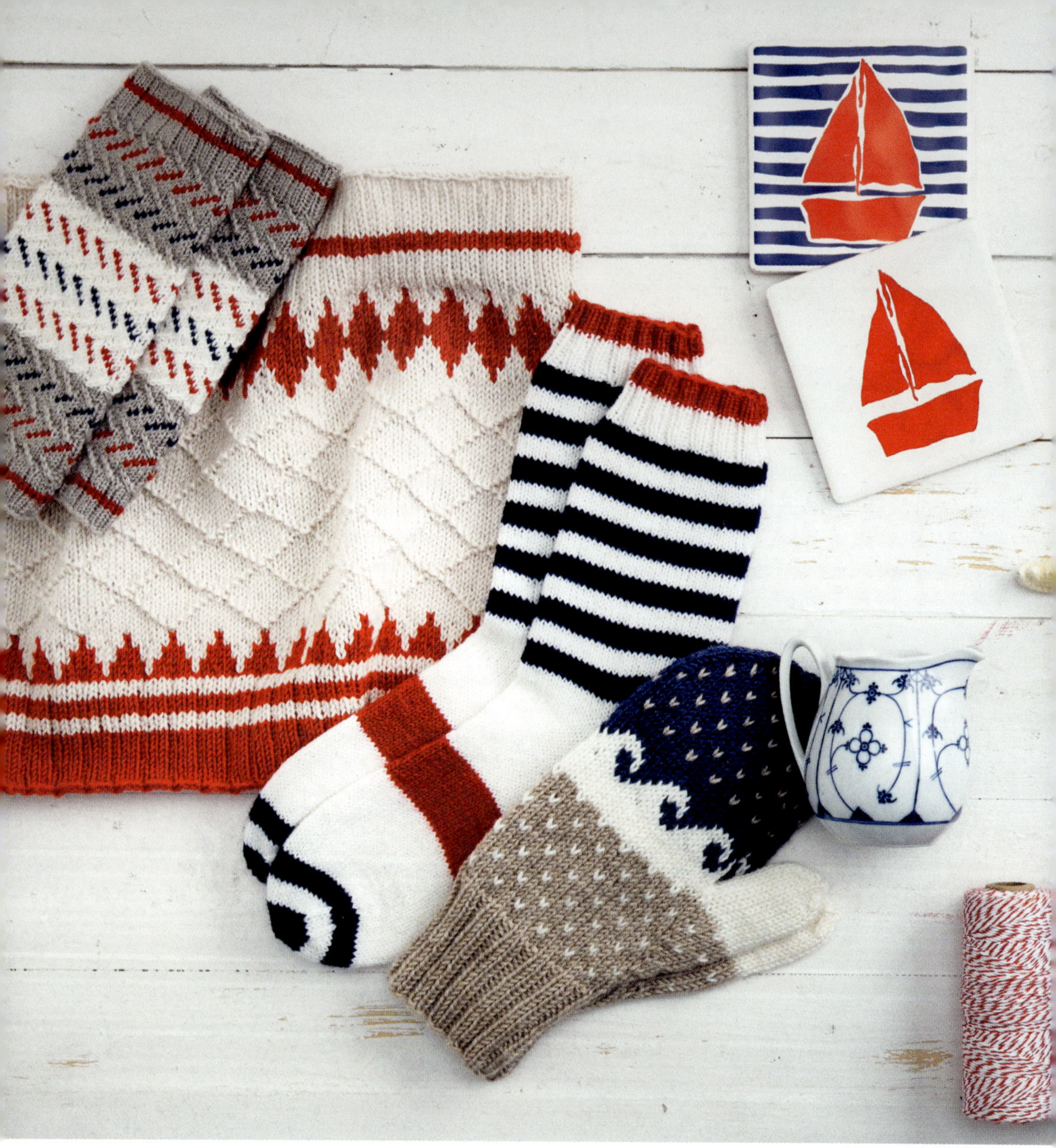

Soxx on the

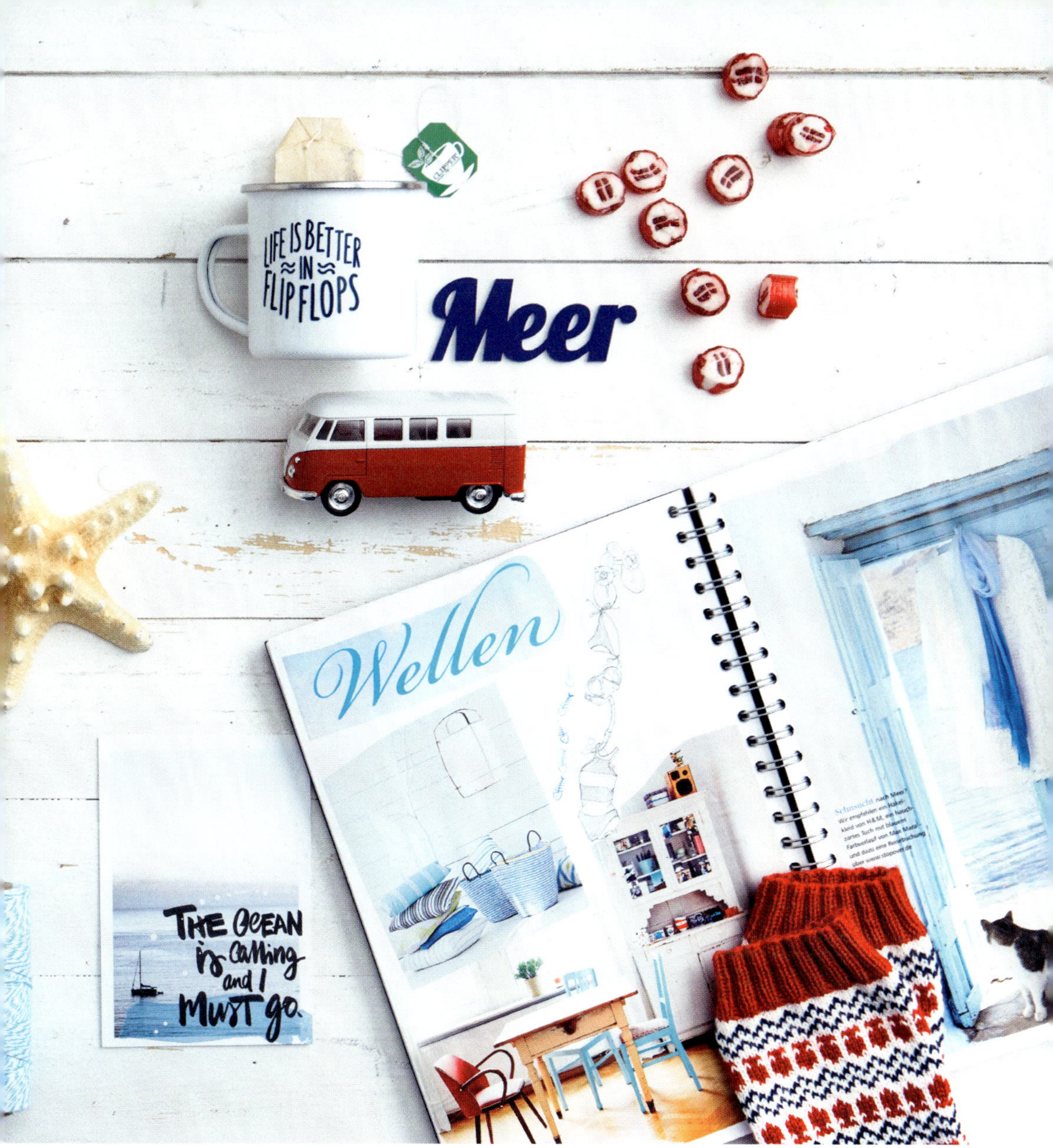
LIFE IS BETTER
IN
FLIP FLOPS
Meer
Wellen
THE OCEAN
is calling
and I
MUST go.

Beach

SOXXMIXX No. 12

SCHWIERIGKEITSGRAD 2

GRÖSSE

Umfang: ca. 71 cm
Höhe: 29 cm

MATERIAL

Lana Grossa Cool Wool (LL ca. 160 m/50 g) in Natur (Fb 590), 100 g, und in Karminrot (Fb 437), 50 g

Rundstricknadel 3,5 mm, 50 cm lang

Maschenmarkierer

MASCHENPROBE

Im Jacquardmuster mit Nd 3,5 mm
28 M und 32 Rd = 10 cm x 10 cm

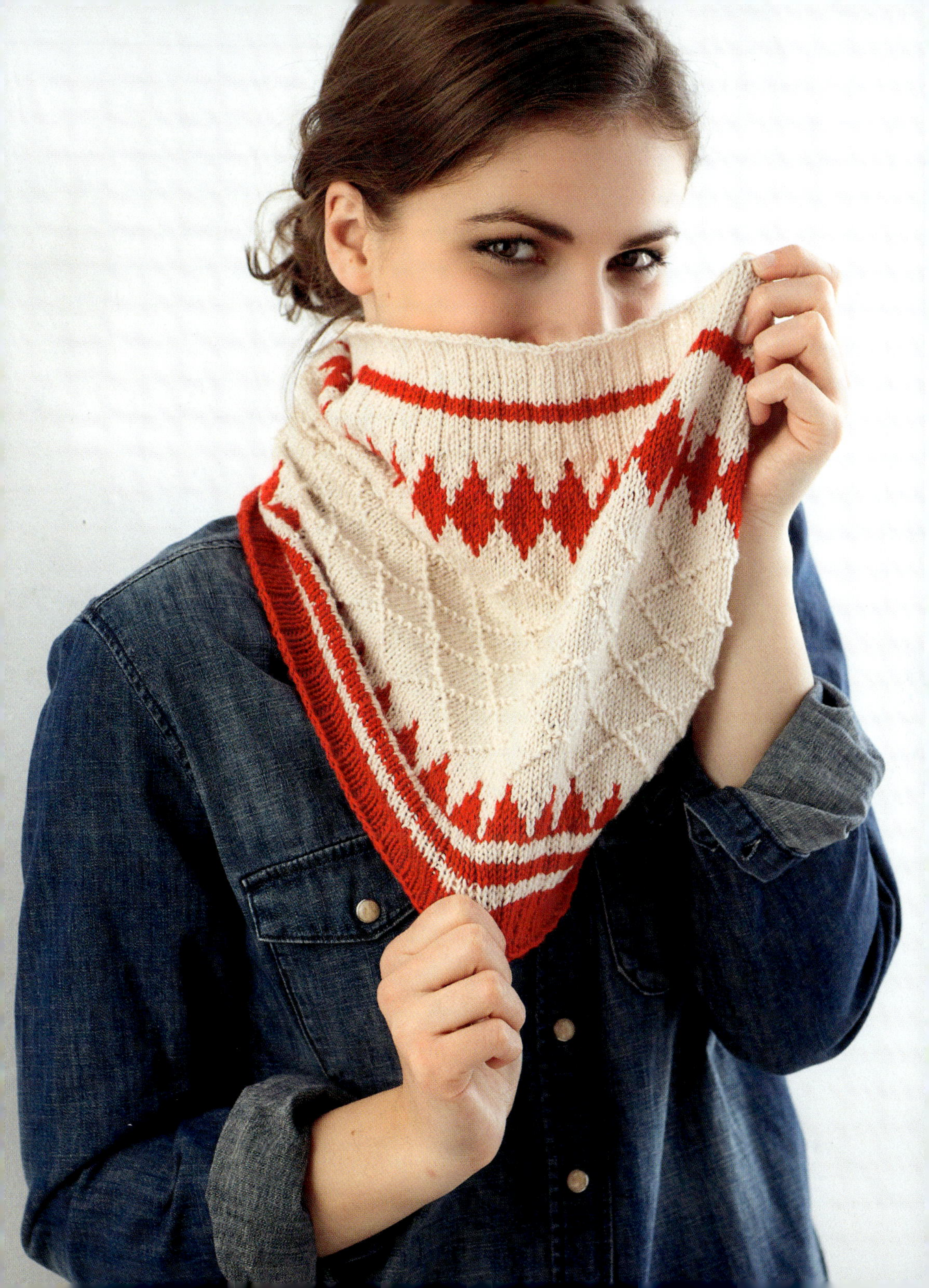

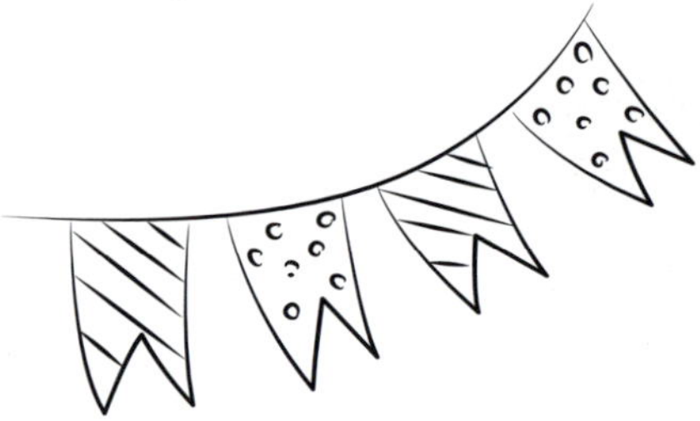

Glatt rechts

In Rd alle M rechts str.

Bündchenmuster

3 M rechts, 1 M links im Wechsel str.

Jacquardmuster A und B

M-Zahl jeweils teilbar durch 6.
In allen Rd glatt rechts nach dem jeweiligen Zählmuster str. Den Rapport von 6 M fortlaufend wdh.

Rautenmuster

M-Zahl teilbar durch 12.
In Rd nach der Strickschrift str. Den Rapport von 12 M fortlaufend wdh.

1. Rd: * 11 M rechts, 1 M links str, ab * fortlaufend wdh.
2. Rd: * 1 M links, 9 M rechts, 1 M links, 1 M rechts str, ab * fortlaufend wdh.
3. Rd: * 1 M rechts, 1 M links, 7 M rechts, 1 M links, 2 M rechts str, ab * fortlaufend wdh.
4. Rd: * 2 M rechts, 1 M links, 5 M rechts, 1 M links, 3 M rechts str, ab * fortlaufend wdh.
5. Rd: * 3 M rechts, 1 M links, 3 M rechts, 1 M links, 4 M rechts str, ab * fortlaufend wdh.
6. Rd: * 4 M rechts, 1 M links, 1 M rechts, 1 M links, 5 M rechts str, ab * fortlaufend wdh.
7. Rd: * 5 M rechts, 1 M links, 6 M rechts str, ab * fortlaufend wdh.

Jacquardmuster A

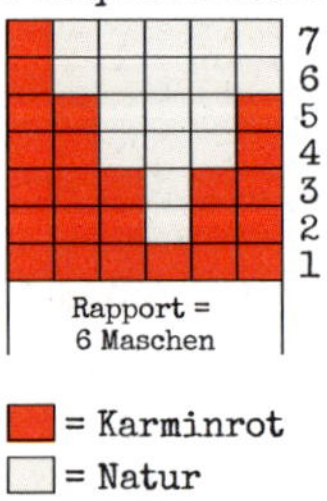

Jacquardmuster B

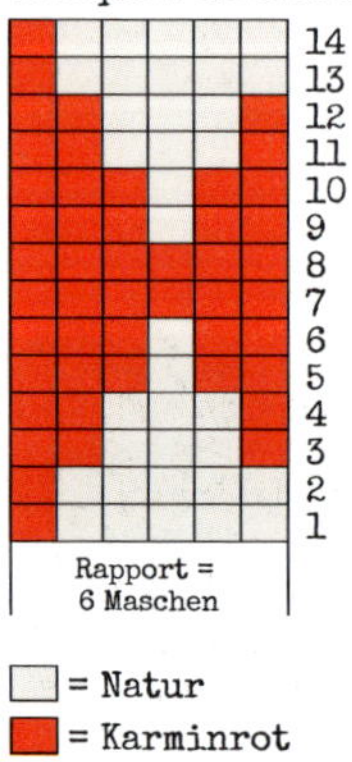

Rautenmuster

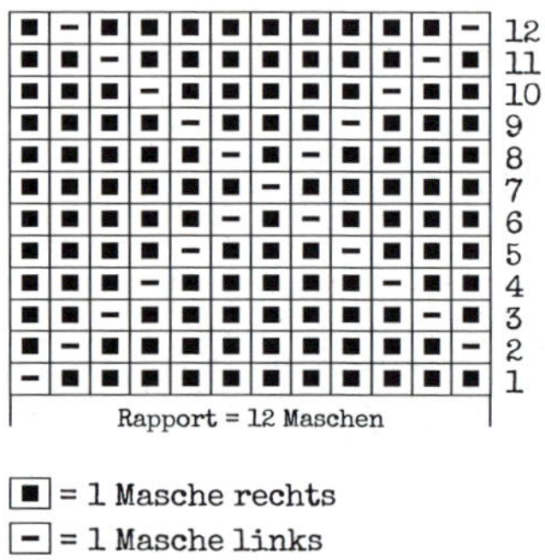

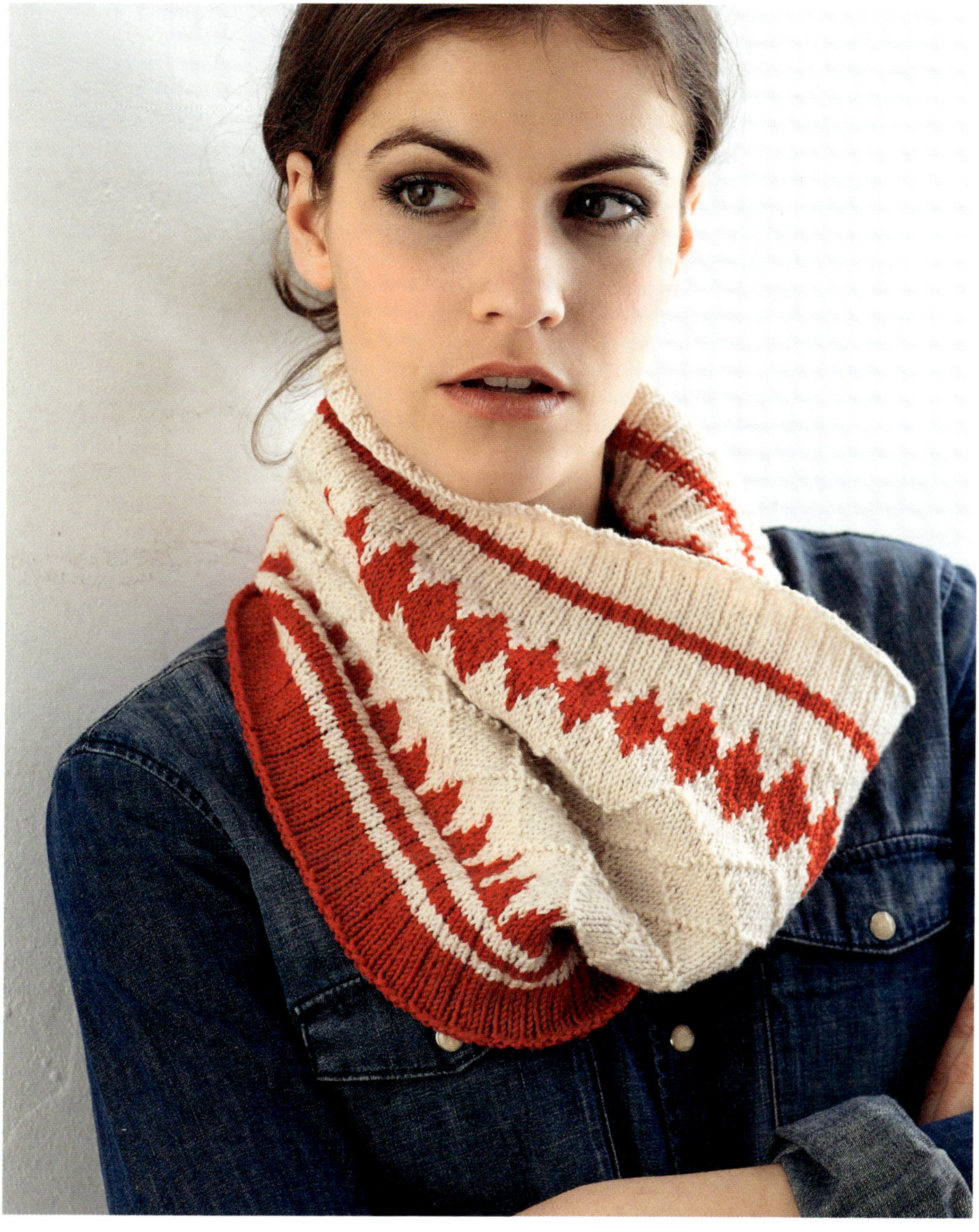

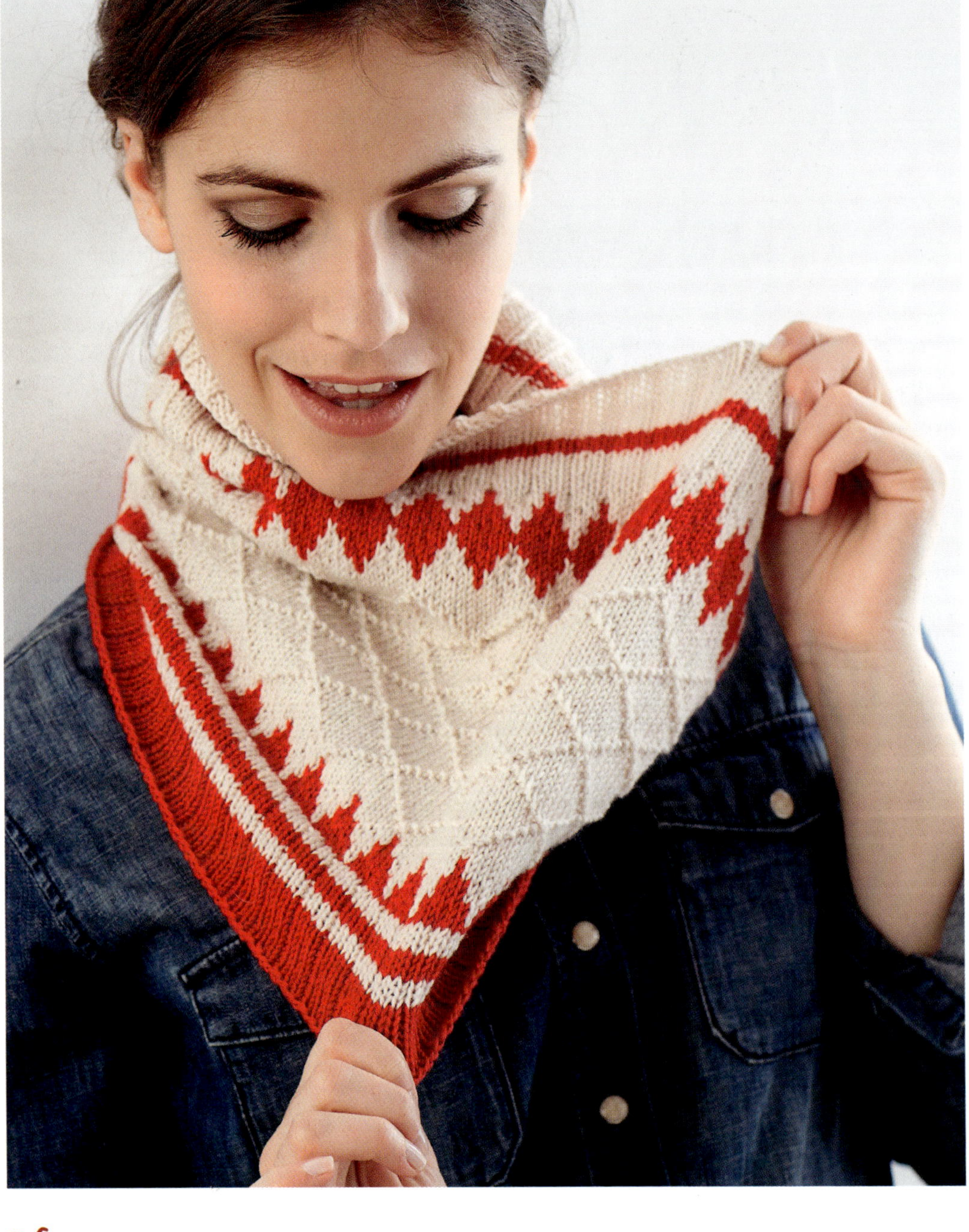

8. Rd: * 4 M rechts, 1 M links, 1 M rechts, 1 M links, 5 M rechts str, ab * fortlaufend wdh.
9. Rd: * 3 M rechts, 1 M links, 3 M rechts, 1 M links, 4 M rechts str, ab * fortlaufend wdh.
10. Rd: * 2 M rechts, 1 M links, 5 M rechts, 1 M links, 3 M rechts str, ab * fortlaufend wdh.
11. Rd: * 1 M rechts, 1 M links, 7 M rechts, 1 M links, 2 M rechts str, ab * fortlaufend wdh.
12. Rd: * 1 M links, 9 M rechts, 1 M links, 1 M rechts str, ab * fortlaufend wdh.
Die 1.–12. Rd fortlaufend wdh.

ANLEITUNG

192 M in Karminrot anschl und zur Rd schließen. Den Rd-Beginn mit einem M-Markierer kennzeichnen.
Für das BÜNDCHEN wie folgt im Bündchenmuster arb: 10 Rd in Karminrot, 3 Rd in Natur, 3 Rd in Karminrot und 3 Rd in Natur (= 5,5 cm). Anschließend im Jacquardmuster A in Karminrot und Natur weiterstr. Die 1.–7. Rd des Zählmusters 1x arb. Den Faden in Karminrot abschneiden. 2 Rd glatt rechts in Natur str. Danach im Rautenmuster weiterarb. Die 1.–12. Rd der Strickschrift 3x str, dann noch 1x die 1.–7. Rd str. 1 Rd in Natur arb. Nun im Jacquardmuster B in Natur und Karminrot weiterstr. Die 1.–14. Rd des Zählmusters 1x arb. Den Faden in Karminrot abschneiden. 2 Rd glatt rechts in Natur str. Danach für das abscließende BÜNDCHEN wie folgt im Bündchenmuster arb: 6 Rd in Natur, 3 Rd in Karminrot und 10 Rd in Natur (= 5,5 cm). Die M abk, wie sie erscheinen (siehe Seite 168).
Alle Fäden vernähen.

SOXXMIXX No. 13

SCHWIERIGKEITSGRAD 3

GRÖSSE

Umfang: 18 cm
Höhe: 24 cm

MATERIAL

Lang Yarns Merino 120 (LL ca. 120 m/50 g) in Offwhite Mélange (Fb 02), Beige Mélange (Fb 226) und Jeans Dunkel Mélange (Fb 234), je 50 g

Nadelspiel 3,5 mm

Maschenmarkierer

MASCHENPROBE

Im Jacquardmuster mit Nd 3,5 mm
26 M und 32 Rd = 10 cm x 10 cm

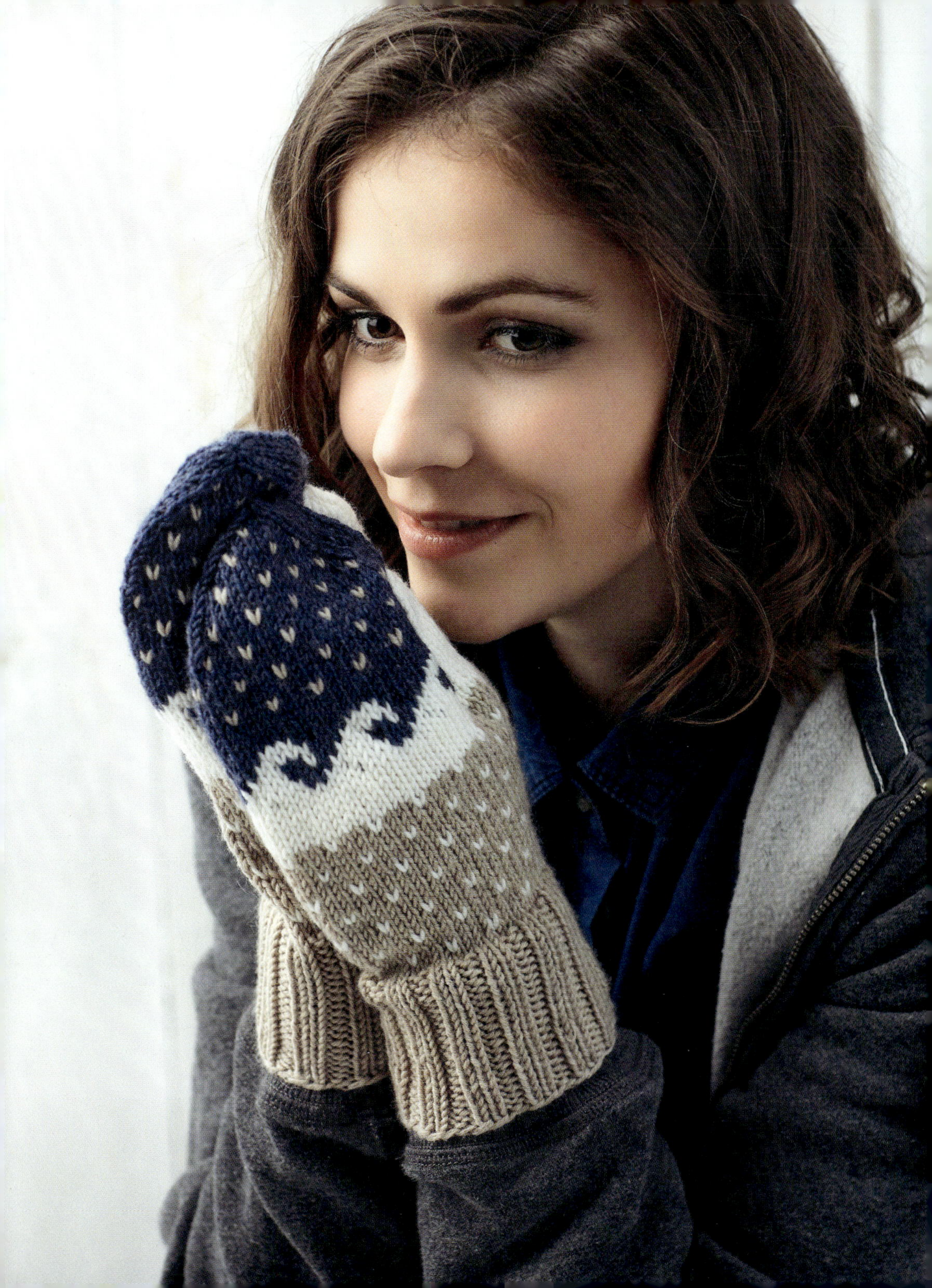

Glatt rechts

In Rd alle M rechts str.

Bündchenmuster

2 M rechts, 2 M links im Wechsel str.

Jacquardmuster A, B und C

M-Zahl teilbar durch 4 bzw. 8.

In allen Rd glatt rechts nach dem jeweiligen Zählmuster str. Den Rapport von 4 bzw. 8 M fortlaufend wdh.

Jacquardmuster A

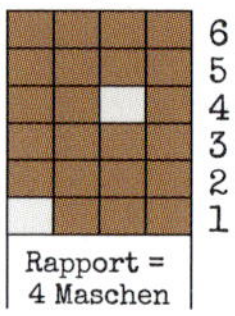

= Beige Mélange
= Offwhite

Jacquardmuster B

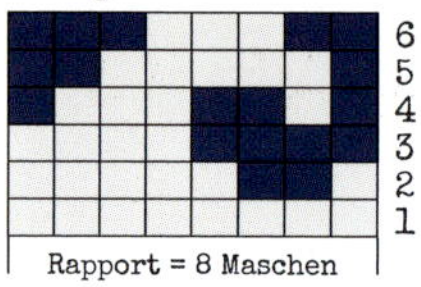

= Offwhite
= Jeans Dunkel Mélange

Jacquardmuster C

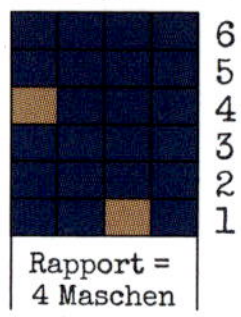

= Jeans Dunkel Mélange
= Beige Mélange

ANLEITUNG

48 M in Beige Mélange anschl, gleichmäßig auf 4 Spielnd verteilen (= 12 M pro Nd) und zur Rd schließen. Für das BÜNDCHEN 20 Rd (= 6,5 cm) im Bündchenmuster str.

Anschließend 2 Rd glatt rechts in Beige Mélange arb. Nun im Jacquardmuster A in Beige Mélange und Offwhite weiterstr. Die 1. Rd des Zählmusters 1x arb und vor der letzten M der 4. Nd einen M-Markierer setzen. Diese M ist die 1. M des Daumenkeils. In der nächsten Rd mit den Zunahmen für den DAUMENKEIL beginnen. Nach dem M-Markierer 1 M rechtsgeneigt aus dem Querfaden zunehmen (siehe Seite 163) und am Rd-Ende 1 M linksgeneigt aus dem Querfaden zunehmen (siehe Seite 163). Die Zunahmen in jeder 2. Rd wdh. Die 1.–18. Rd des Daumenkeilmusters 1x arb. Gleichzeitig das Jacquardmuster A in Beige Mélange und Offwhite über die M der 1.–4. Nd wie folgt fortführen: Die 2.–6. Rd des Zählmusters 1x arb, anschließend die 1.–6. Rd 2x und dann noch 1x die 1. Rd str. Wichtig, den Rapport von 4 M 11x wdh, anschließend 1x die 1.–3. M des Rapports arb. Den Faden in Beige Mélange abschneiden. 1 Rd in Offwhite str. Nun die 17 M des Daumenkeils auf einem Faden stilllegen und über die restlichen 47 M die Handpartie weiterarb. 4 Rd glatt rechts in Offwhite

Daumenkeilmuster

Nach dem Zählmuster arb. In jeder 2. Rd nach dem M-Markierer 1 M rechtsgeneigt aus dem Querfaden zunehmen (siehe Seite 163) und am Rd-Ende 1 M linksgeneigt aus dem Querfaden zunehmen (siehe Seite 163).

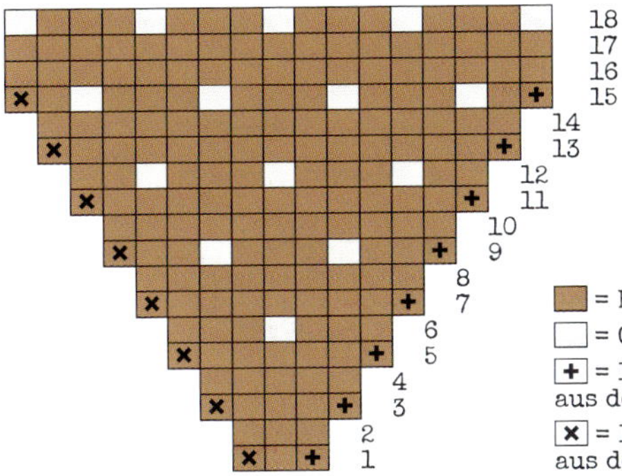

- = Beige Mélange
- = Offwhite
- + = 1 Masche rechtsgeneigt aus dem Querfaden zunehmen
- × = 1 Masche linksgeneigt aus dem Querfaden zunehmen

Spitzenmuster

Nach dem Zählmuster arb. Die Abnahmen wie bei einer Bandspitze arb (siehe Seite 187).

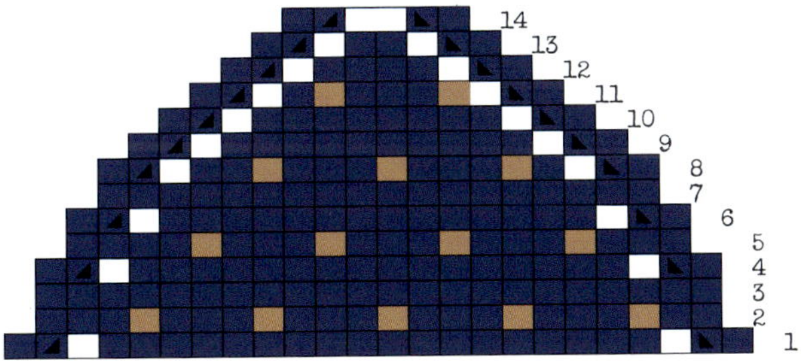

- = Jeans Dunkel Mélange
- = Beige Mélange
- = keine Bedeutung, dient nur der Übersicht
- ◣ = 2 Maschen linksgeneigt zusammenstricken (= 2 Maschen rechts überzogen zusammenstricken)
- ◢ = 2 Maschen rechtsgeneigt zusammenstricken (= 2 Maschen rechts zusammenstricken)

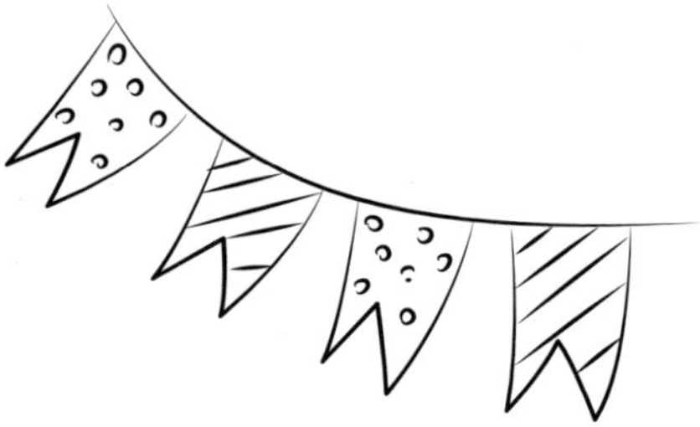

str. In der 1. Rd am Rd-Ende 1 M aufschlingen (siehe Seite 158) (= 48 M). Anschließend im Jacquardmuster B in Offwhite und Jeans Dunkel Mélange weiterarb. Die 1.–6. Rd des Zählmusters 1x str. Den Faden in Offwhite abschneiden. 4 Rd glatt rechts in Jeans Dunkel Mélange arb. Danach im Jacquardmuster C in Jeans Dunkel Mélange und Beige Mélange weiterstr. Die 1.–6. Rd des Zählmusters 1x str, dann noch 1x die 1. und 2. Rd arb. Nun im Spitzenmuster in Jeans Dunkel Mélange und Beige Mélange weiterstr. Die 1.–14. Rd des Zählmusters 1x arb. Den Faden in Beige Mélange abschneiden und nach innen ziehen. Danach den Faden in Jeans Dunkel Mélange abschneiden, durch die verbleibenden 8 M führen und fest zusammenziehen. Den Faden nach innen ziehen und vernähen.
Anschließend für den DAUMEN die stillgelegten 17 Daumenkeil-M wieder aufnehmen und auf 4 Nd verteilen (= 5-4-5-3 M). 16 Rd (= 4 cm) glatt rechts in Offwhite str, dabei in der 1. Rd am Ende der 4. Nd aus der aufgeschlungenen M 1 M auffassen und die Arbeit zur Rd schließen (= 5-4-5-4 M = 18 M). Danach mit den Abnahmen beginnen: * 1 M rechts, 2 M linksgeneigt zusammenstr (siehe Seite 164), 3 M rechts, 2 M rechtsgeneigt zusammenstr (siehe Seite 164), 1 M rechts str, ab * 1x wdh (= 14 M). Nun * 1 M rechts, 2 M linksgeneigt zusammenstr, 1 M rechts, 2 M rechtsgeneigt zusammenstr, 1 M rechts arb, ab * 1x wdh (= 10 M). Anschließend * 1 M rechts, 3 M rechts überzogen zusammenstr (= 1 M wie zum Rechtsstr abheben, 2 M rechts zusammenstr und die abgehobene M überziehen, siehe Seite 164), 1 M rechts arb, ab * 1x wdh (= 6 M). Den Faden abschneiden, durch die verbleibenden M führen und fest zusammenziehen. Den Faden nach innen ziehen.
Anschließend alle Fäden vernähen.
Den zweiten Handschuh genauso arb.

TIPP: Die Handpartie kann nach dem Jacquardmuster B verlängert werden, indem beliebig viele Runden glatt rechts in Jeans Dunkel Mélange gearbeitet werden. Auch der Daumen kann ohne Probleme verlängert werden, dazu beliebig viele Runden in Offwhite stricken.

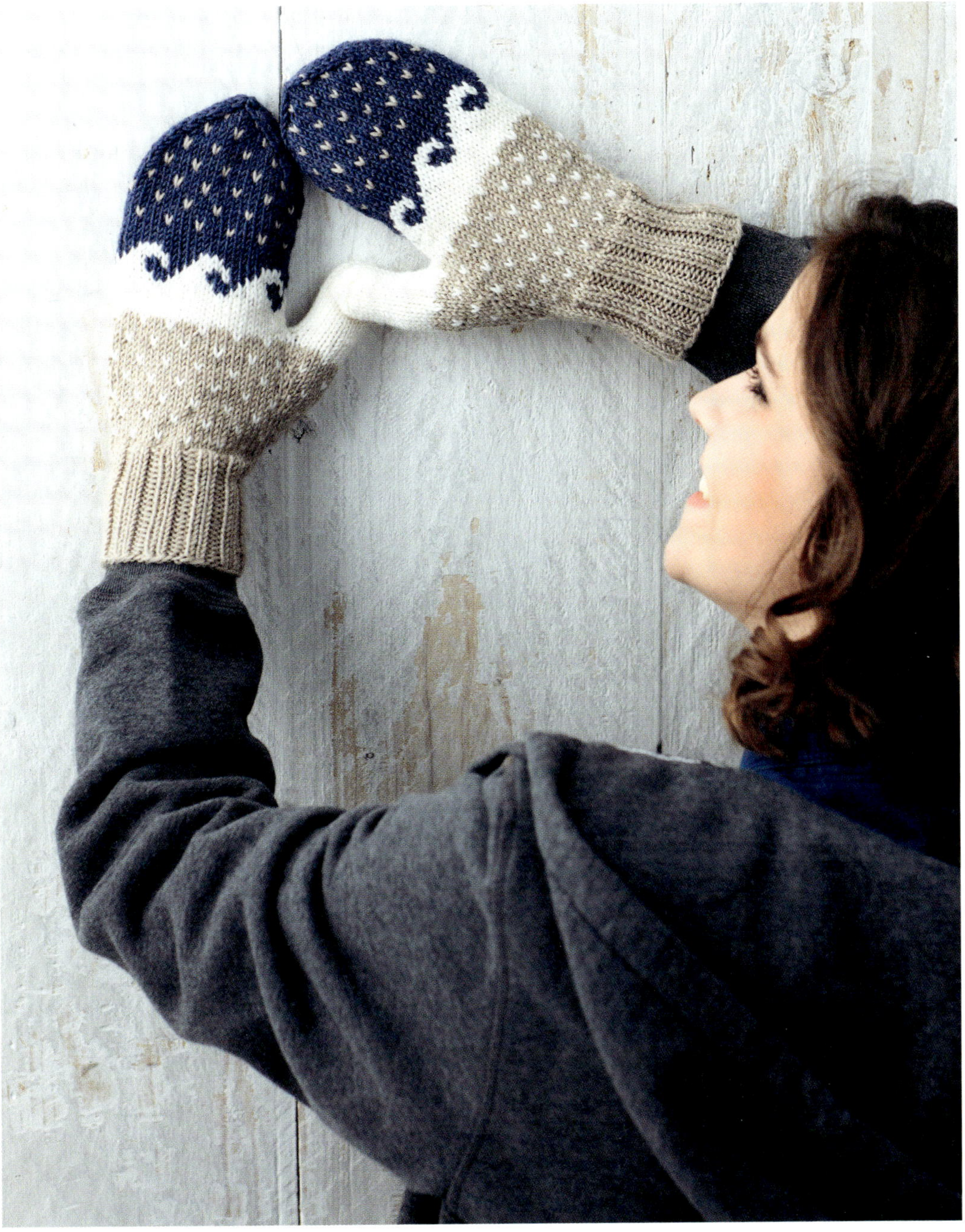

SOXXMIXX No. 14

SCHWIERIGKEITSGRAD 2

GRÖSSE

Umfang: 19 cm
Höhe: 21 cm

MATERIAL

Lana Grossa Meilenweit Cashmere (LL ca. 210 m/50 g) in Grège (Fb 13), Rot (Fb 06), Nachtblau (Fb 09) und Weiß (Fb 01), je 50 g

Nadelspiel 2,5–3,0 mm

Hilfs- oder Zopfnadel

MASCHENPROBE

Im Jacquardmuster mit Nd 2,5–3,0 mm
34 M und 42 Rd = 10 cm x 10 cm

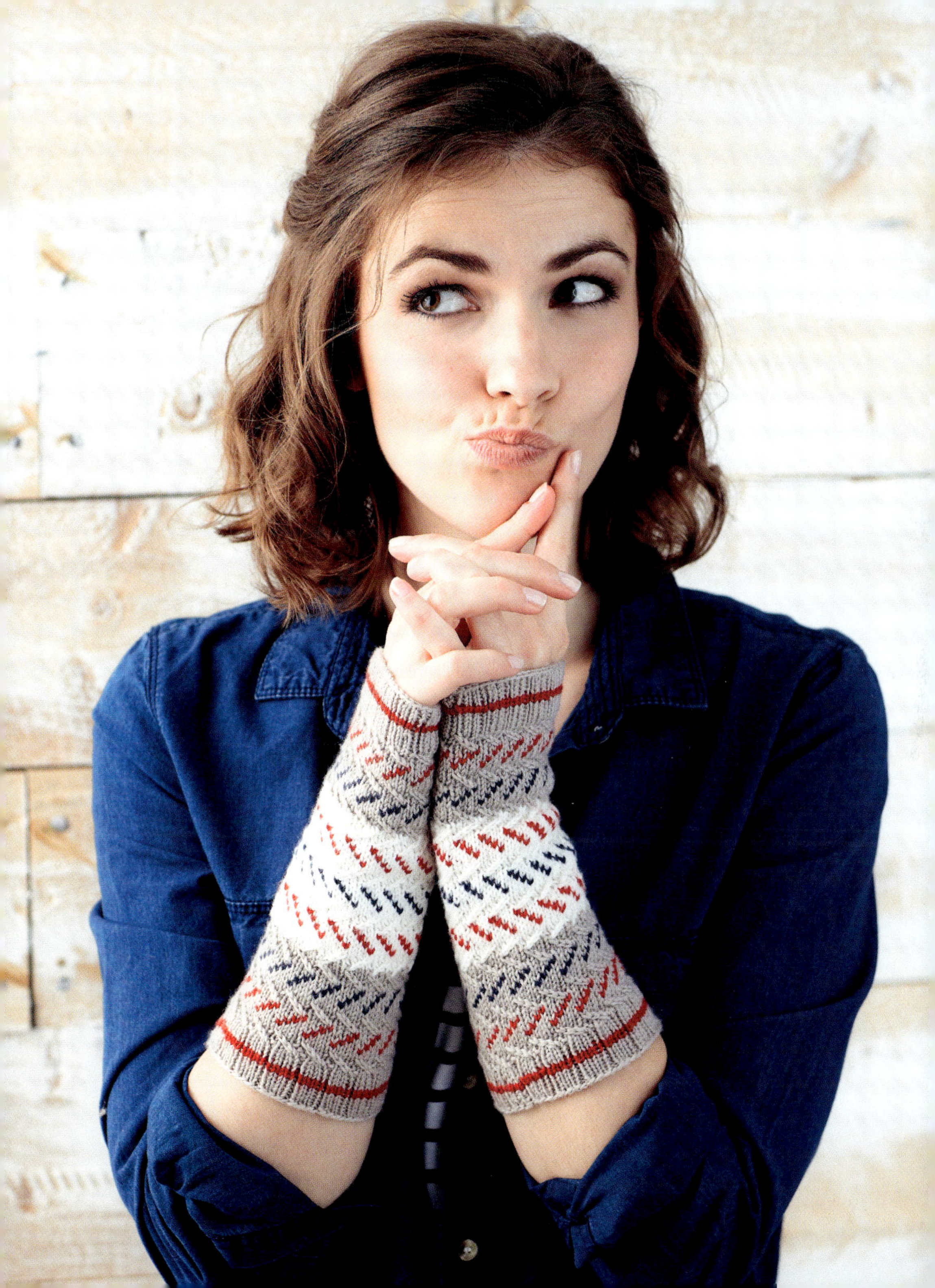

Glatt rechts

In Rd alle M rechts str.

Bündchenmuster

3 M rechts, 1 M links im Wechsel str.

Muster A, B und C

M-Zahl jeweils teilbar durch 4.
In allen Rd nach dem jeweiligen Zählmuster str. Den Rapport von 4 M fortlaufend wdh.

HINWEIS: Die Zöpfe können auch ohne Hilfsnd gestrickt werden (siehe Seite 170).

ANLEITUNG

64 M in Grège anschl, gleichmäßig auf 4 Spielnd verteilen (= 16 M pro Nd) und zur Rd schließen. Für das BÜNDCHEN 5 Rd in Grège, 2 Rd in Rot und weitere 5 Rd in Grège (= 2,5 cm) im Bündchenmuster str.

Muster A

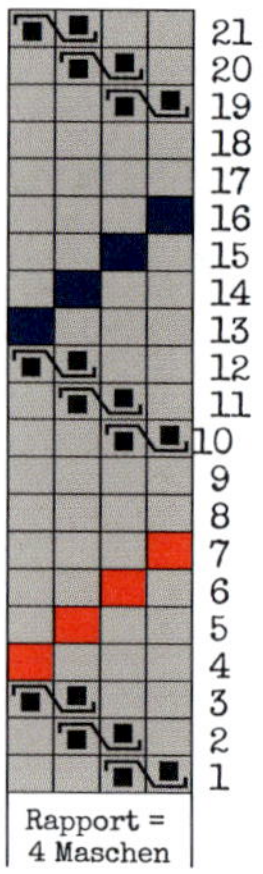

= Grège
= Rot
= Nachtblau
= 1 Masche auf einer Hilfsnadel vor die Arbeit legen, 1 Masche rechts stricken, dann die 1 Masche der Hilfsnadel rechts stricken

Muster B

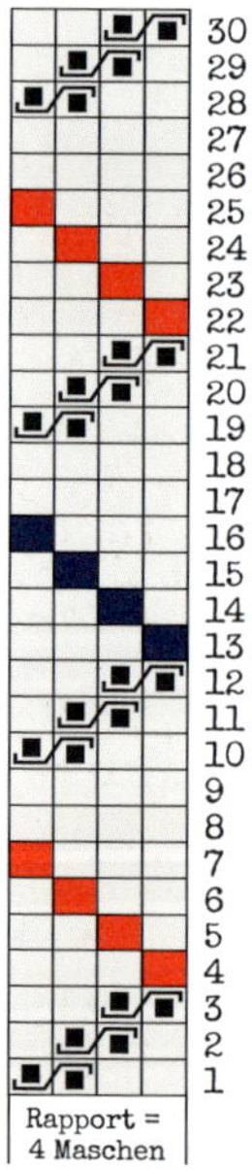

= Weiß
= Rot
= Nachtblau
= 1 Masche auf einer Hilfsnadel hinter die Arbeit legen, 1 Masche rechts stricken, dann die 1 Masche der Hilfsnadel rechts stricken

Muster C

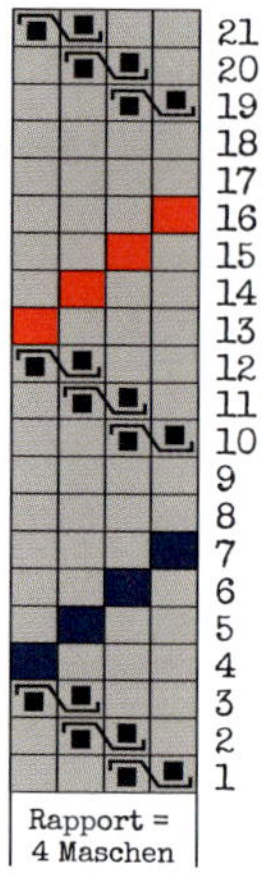

= Grège
= Nachtblau
= Rot
= 1 Masche auf einer Hilfsnadel vor die Arbeit legen, 1 Masche rechts stricken, dann die 1 Masche der Hilfsnadel rechts stricken

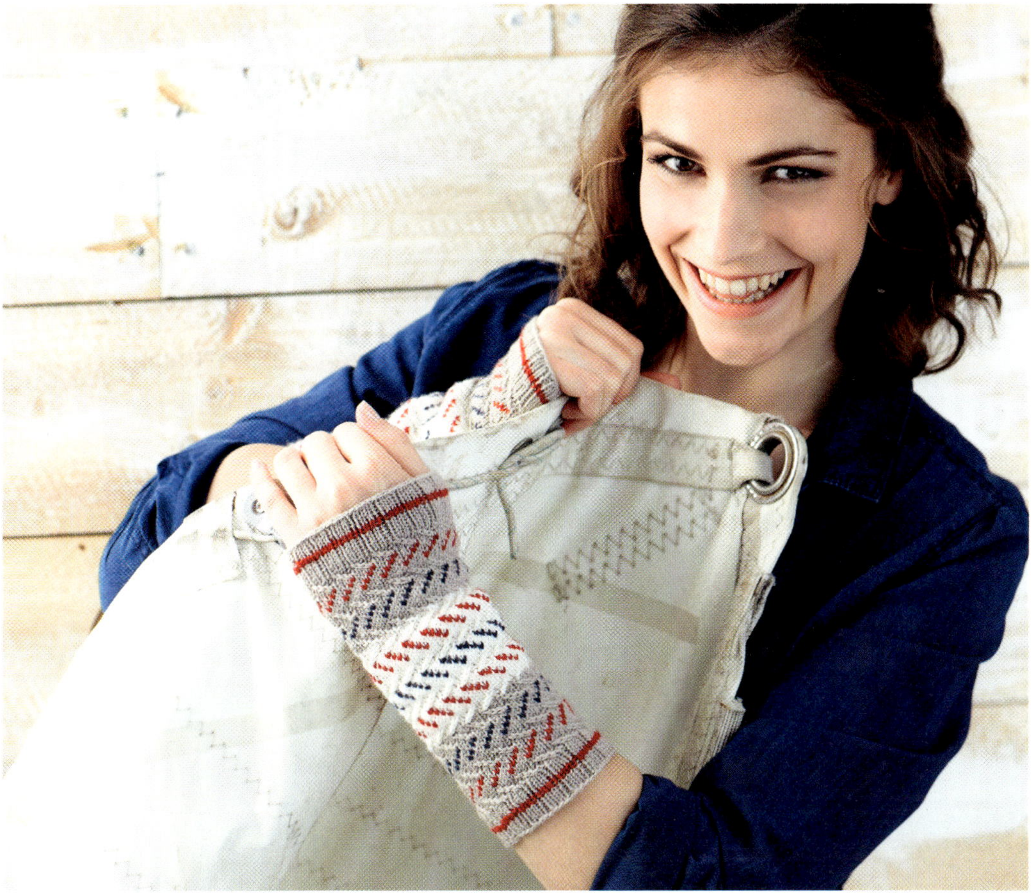

Anschließend 1 Rd glatt rechts in Grège arb. Im Muster A in Grège, Rot und Nachtblau weiterstr. Die 1.–21. Rd des Zählmusters 1x arb. Den Faden in Grège abschneiden und 1 Rd glatt rechts in Weiß str. Danach im Muster B in Weiß, Rot und Nachtblau weiterarb. Die 1.–30. Rd des Zählmusters 1x str. Den Faden in Weiß abschneiden und 1 Rd glatt rechts in Grège arb. Nun im Muster C in Grège, Nachtblau und Rot weiterstr. Die 1.–21. Rd des Zählmusters 1x arb. Den Faden in Nachtblau abschneiden und die Stulpe im Büdchenmuster wie folgt beenden: 5 Rd in Grège, 2 Rd in Rot und weitere 5 Rd in Grège (= 2,5 cm). Die M abk, wie sie erscheinen (siehe Seite 168).

Anschließend alle Fäden vernähen.

Die zweite Stulpe genauso arb.

SOXXMIXX NO. 15

SCHWIERIGKEITSGRAD 3

GRÖSSE

38/39

MATERIAL

Lana Grossa Meilenweit Cashmere (LL ca. 210 m/50 g) in Weiß (Fb 01), Rot (Fb 06) und Nachtblau (Fb 09), je 50 g

Nadelspiel 2,5–3,0 mm

MASCHENPROBE

Im Jacquardmuster mit Nd 2,5–3,0 mm
36 M und 44 Rd = 10 cm x 10 cm

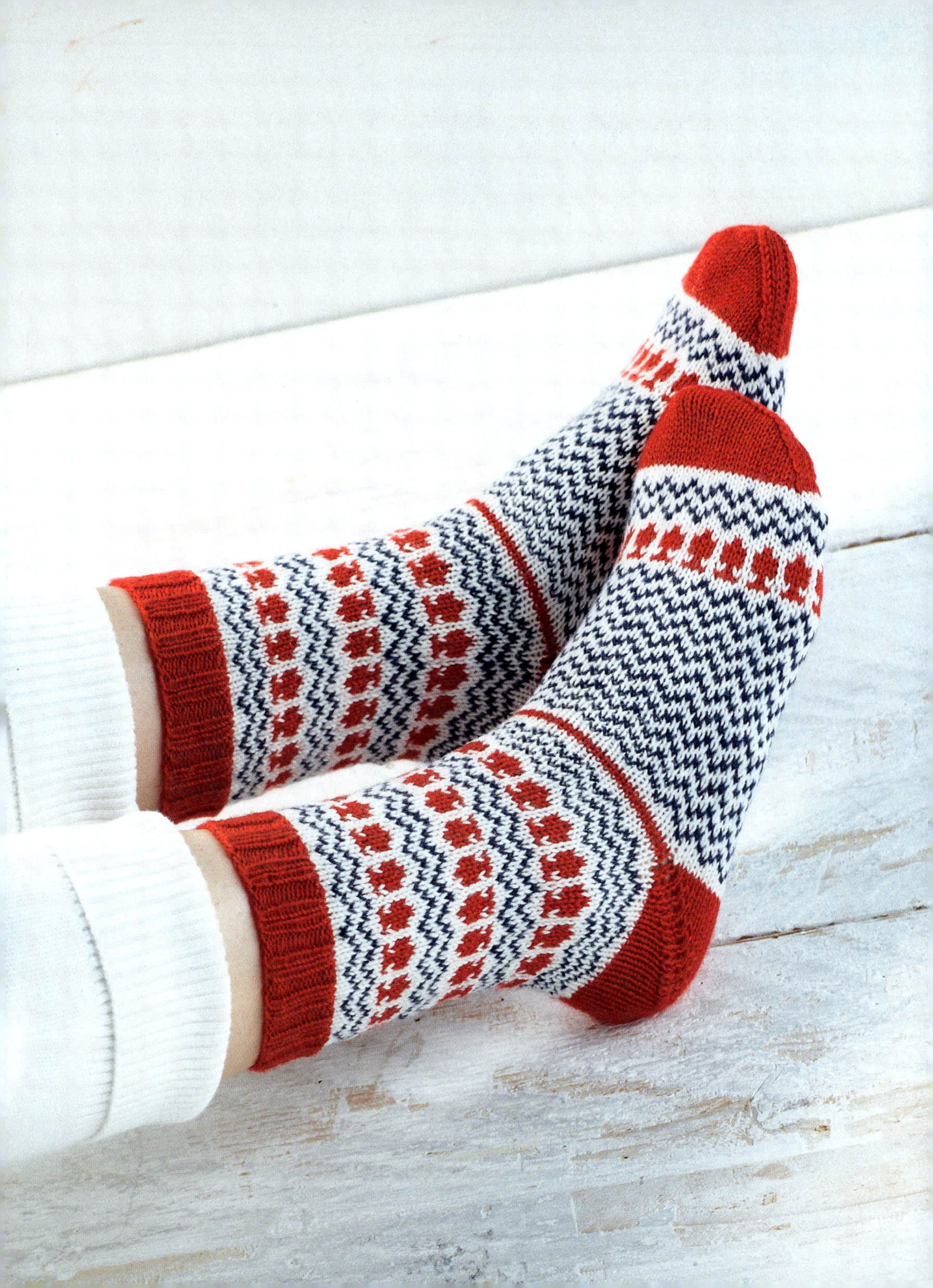

Glatt rechts

In Hinr rechte M, in Rückr linke M str, bzw. in Rd alle M rechts str.

Bündchenmuster

2 M rechts, 2 M links im Wechsel str.

Jacquardmuster A, B, C und D

M-Zahl jeweils teilbar durch 4. In allen Rd glatt rechts nach dem jeweiligen Zählmuster str. Den Rapport von 4 M fortlaufend wdh.

Jacquardmuster A

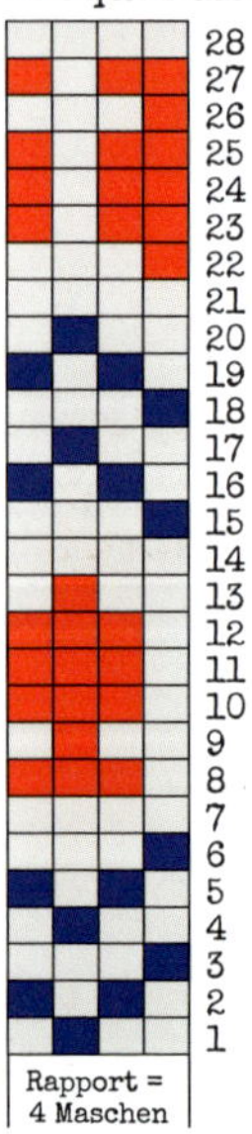

= Weiß
= Nachtblau
= Rot

Jacquardmuster B

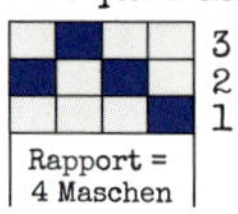

= Nachtblau
= Weiß

Jacquardmuster C

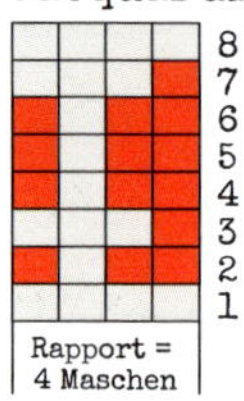

= Weiß
= Rot

Jacquardmuster D

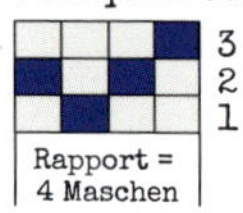

= Weiß
= Nachtblau

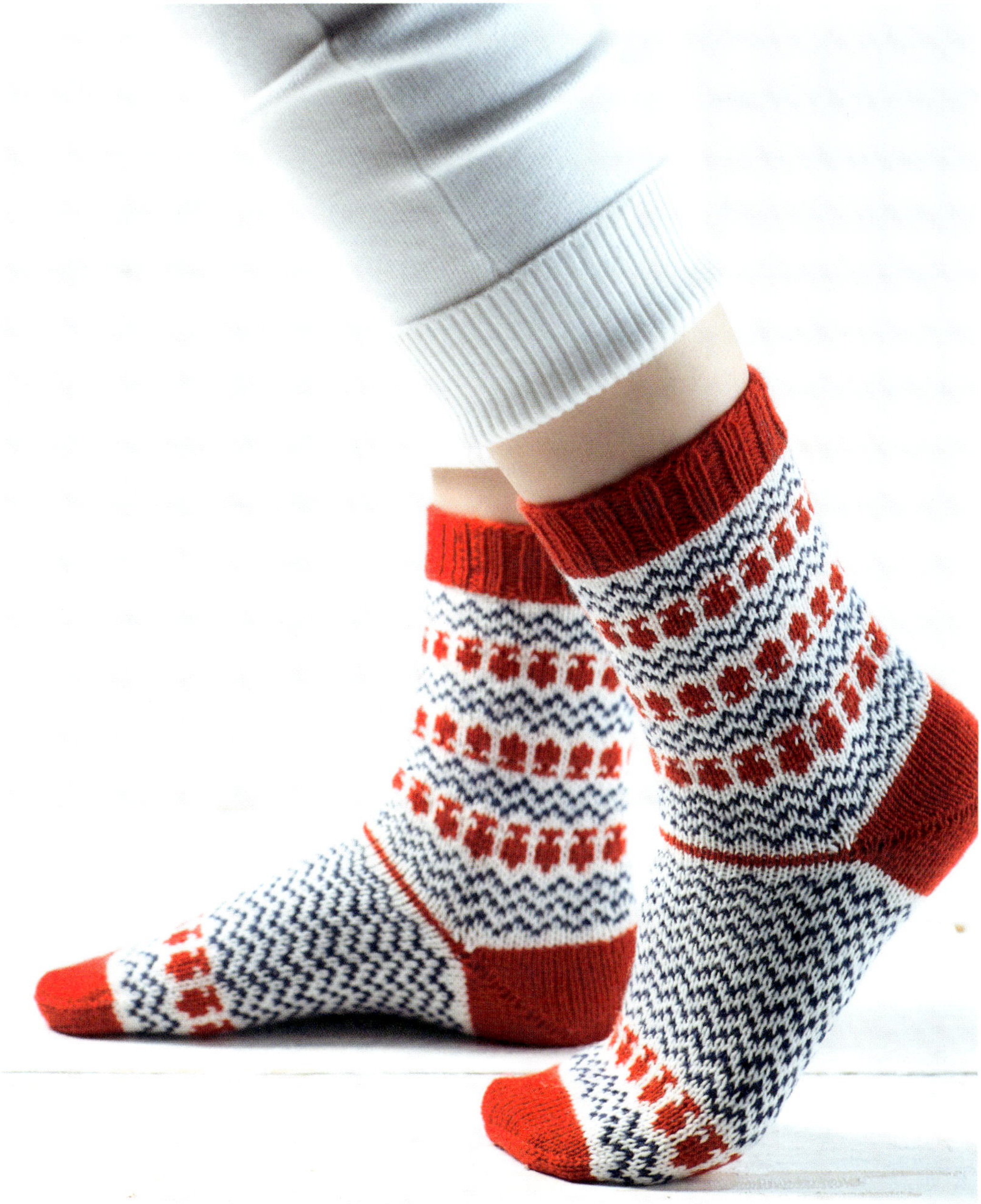

ANLEITUNG

64 M in Rot anschl, gleichmäßig auf 4 Spielnd verteilen (= 16 M pro Nd) und zur Rd schließen.
Für das BÜNDCHEN 15 Rd (= 3 cm) im Bündchenmuster str.
Den SCHAFT glatt rechts mit 2 Rd in Weiß beginnen. Danach im Jacquardmuster A in Weiß, Nachtblau und Rot weiterarb. Die 1.–28. Rd des Zählmusters 1x str, dann noch 1x die 1.–20. Rd arb. Den Faden in Rot abschneiden. Anschließend im Jacquardmuster B in Weiß und Nachtblau weiterarb. Die 1.–3. Rd des Zählmusters 1x str. 2 Rd in Weiß arb. Die Fäden in Weiß und Nachtblau abschneiden.
Nun die BUMERANGFERSE glatt rechts in Rot über die 32 M der 4. und 1. Nd nach der Grundanleitung str (siehe Seite 182).
Den FUSS weiter glatt rechts über alle M der 4 Spielnd arb. Mit 2 Rd in Weiß beginnen und anschließend im Jacquardmuster B in Nachtblau und Weiß weiterarb. Die 1.–3. Rd des Zählmusters 10x str. Danach im Jacquardmuster C in Weiß und Rot weiterarb. Die 1.–8. Rd des Zählmusters 1x str. Nun im Jacquardmuster D in Weiß und Nachtblau weiterarb. Die 1.–3. Rd des Zählmusters 2x str. Anschließend 2 Rd glatt rechts in Weiß arb. Die Fäden in Weiß und Nachtblau abschneiden und die Socke glatt rechts in Rot beenden. Dabei nach 17,5 cm ab Fersenmitte mit den Abnahmen für die Bandspitze beginnen.
Die BANDSPITZE in Rot nach der Grundanleitung str (siehe Seite 187). Den Faden abschneiden und nach innen ziehen. Alle Fäden vernähen.
Die zweite Socke genauso arb.

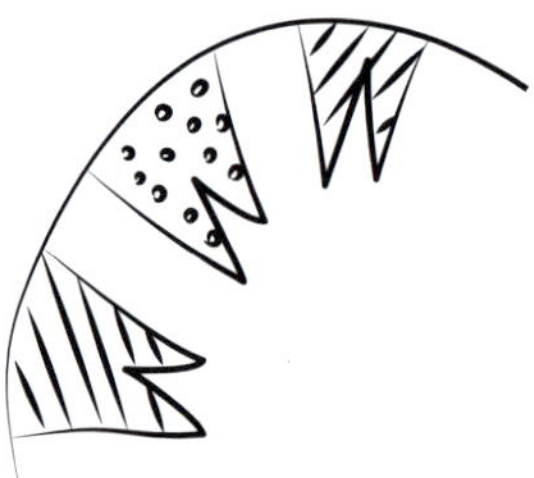

HINWEISE ZUM STRICKEN VON ANDEREN GRÖSSEN

GRÖSSE 36/37
64 M anschl (= 16 M pro Nd).
Fuß: Jacquardmuster B: Die 1.–3. Rd 8x str.
Nach Anleitung weiterarb und nach 16 cm ab Fersenmitte mit den Abnahmen für die Bandspitze beginnen.

GRÖSSE 40/41
68 M anschl (= 17 M pro Nd).
Fuß: Jacquardmuster B: Die 1.–3. Rd 11x str.
Nach Anleitung weiterarb und nach 19 cm ab Fersenmitte mit den Abnahmen für die Bandspitze beginnen.

GRÖSSE 42/43
68 M anschl (= 17 M pro Nd).
Fuß: Jacquardmuster B: Die 1.–3. Rd 13x str.
Nach Anleitung weiterarb und nach 20,5 cm ab Fersenmitte mit den Abnahmen für die Bandspitze beginnen.

GRÖSSE 44/45
72 M anschl (= 18 M pro Nd).
Fuß: Jacquardmuster B: Die 1.–3. Rd 15x str.
Nach Anleitung weiterarb und nach 22 cm ab Fersenmitte mit den Abnahmen für die Bandspitze beginnen.

SOXXMIXX No. 16

SCHWIERIGKEITSGRAD I

GRÖSSE

38/39

MATERIAL

Schachenmayr Regia 4-fädig
(LL 210 m/50 g) in Superweiß (Fb 2080),
Kirsche (Fb 2002) und Marine (Fb 324),
je 50 g

Nadelspiel 2,5–3,0 mm

MASCHENPROBE

Glatt rechts mit Nd 2,5–3,0 mm
32 M und 48 Rd = 10 cm x 10 cm

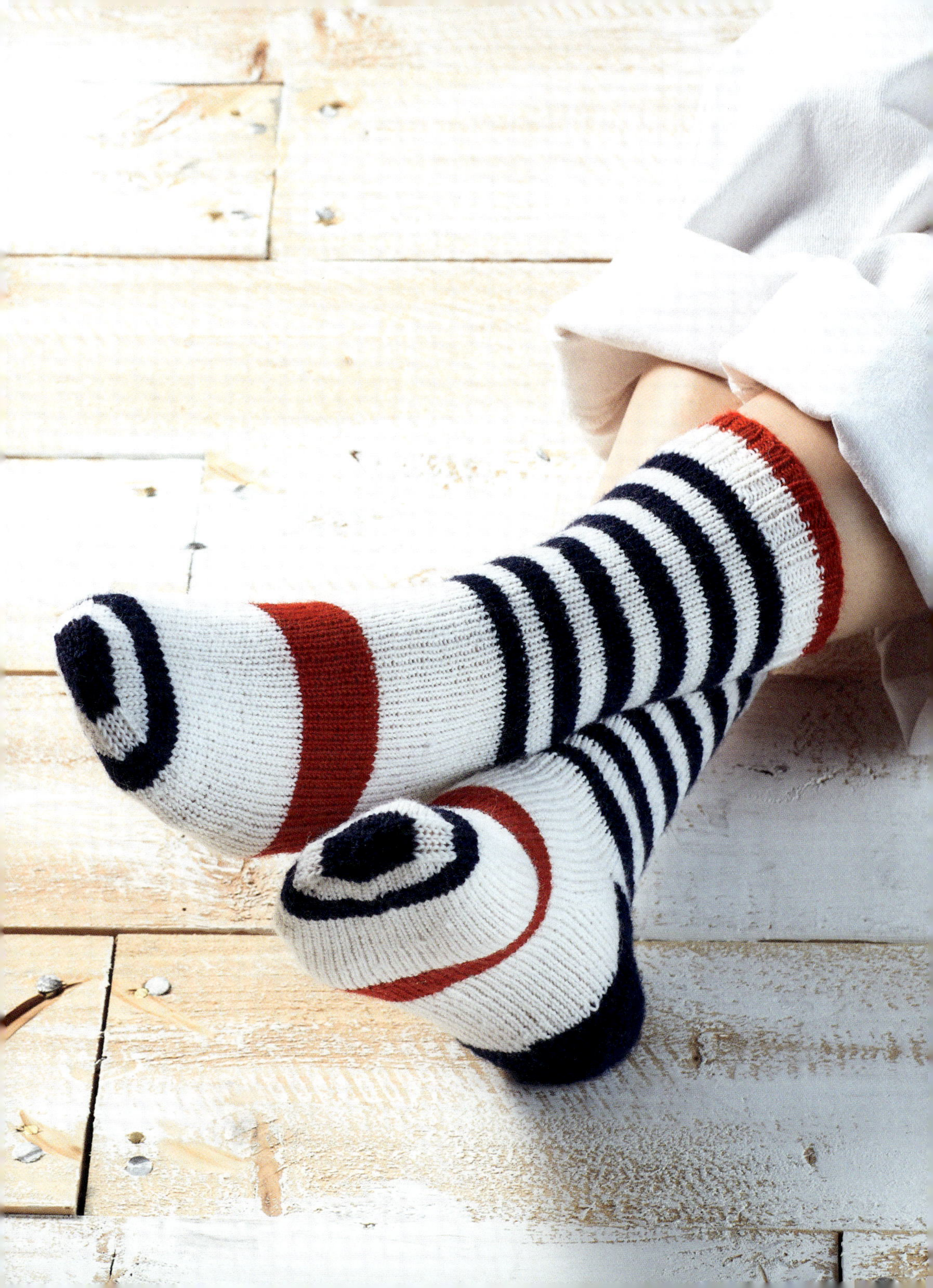

Glatt rechts

In Hinr rechte M, in Rückr linke M str, bzw. in Rd alle M rechts str.

Bündchenmuster

2 M rechts, 2 M links im Wechsel str.

ANLEITUNG

60 M in Kirsche anschl, gleichmäßig auf 4 Spielnd verteilen (= 15 M pro Nd) und zur Rd schließen.
Für das BÜNDCHEN 5 Rd in Kirsche und 10 Rd in Superweiß (= 3 cm) im Bündchenmuster str. Den Faden in Kirsche abschneiden.
Den SCHAFT glatt rechts mit * 5 Rd in Marine, 5 Rd in Superweiß str, ab * 5x wdh. Die Fäden in Marine und Superweiß abschneiden.
Nun die HERZCHENFERSE glatt rechts in Marine über die 30 M der 4. und 1. Nd nach der Grundanleitung str (siehe Seite 185).
Den FUSS weiter glatt rechts über alle M der 4 Spielnd arb. 25 Rd in Superweiß str. Den Faden in Superweiß abschneiden. Danach 15 Rd in Kirsche arb. Den Faden in Kirsche abschneiden. Nun 25 Rd in Superweiß, 5 Rd in Marine und 5 Rd in Superweiß str. Gleichzeitig nach 17,5 cm ab Fersenmitte mit den Abnahmen für die Bandspitze beginnen. Den Faden in Superweiß abschneiden und die Socke in Marine beenden.
Die BANDSPITZE nach der Grundanleitung str (siehe Seite 187). Den Faden abschneiden und nach innen ziehen.
Alle Fäden vernähen.
Die zweite Socke genauso arb.

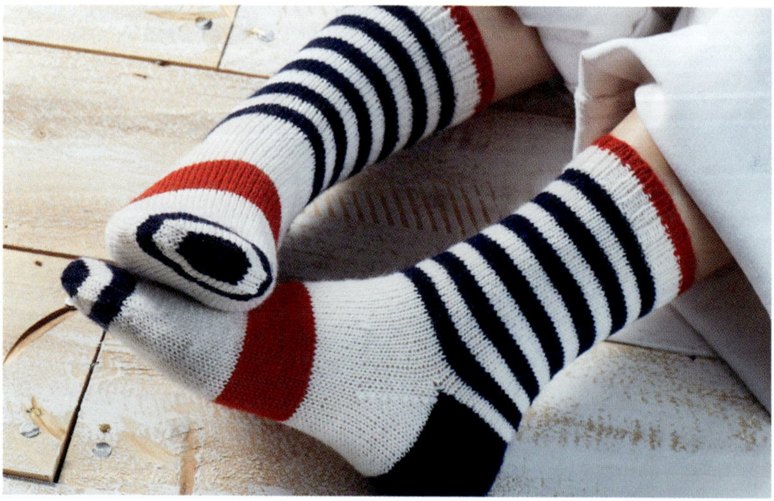

HINWEISE ZUM STRICKEN VON ANDEREN GRÖSSEN

GRÖSSE 36/37
60 M anschl (= 15 M pro Nd).
Fuß: 23 Rd in Superweiß, 13 Rd in Rot, 23 Rd in Superweiß str. Nach Anleitung weiterarb und nach 16 cm ab Fersenmitte mit den Abnahmen für die Bandspitze beginnen.

GRÖSSE 40/41
64 M anschl (= 16 M pro Nd).
Fuß: 27 Rd in Superweiß, 17 Rd in Rot, 27 Rd in Superweiß str. Nach Anleitung weiterarb und nach 19 cm ab Fersenmitte mit den Abnahmen für die Bandspitze beginnen.

GRÖSSE 42/43
64 M anschl (= 16 M pro Nd).
Fuß: 29 Rd in Superweiß, 19 Rd in Rot, 29 Rd in Superweiß str. Nach Anleitung weiterarb und nach 20,5 cm ab Fersenmitte mit den Abnahmen für die Bandspitze beginnen.

GRÖSSE 44/45
68 M anschl (= 17 M pro Nd).
Fuß: 31 Rd in Superweiß, 21 Rd in Rot, 31 Rd in Superweiß str. Nach Anleitung weiterarb und nach 22 cm ab Fersenmitte mit den Abnahmen für die Bandspitze beginnen.

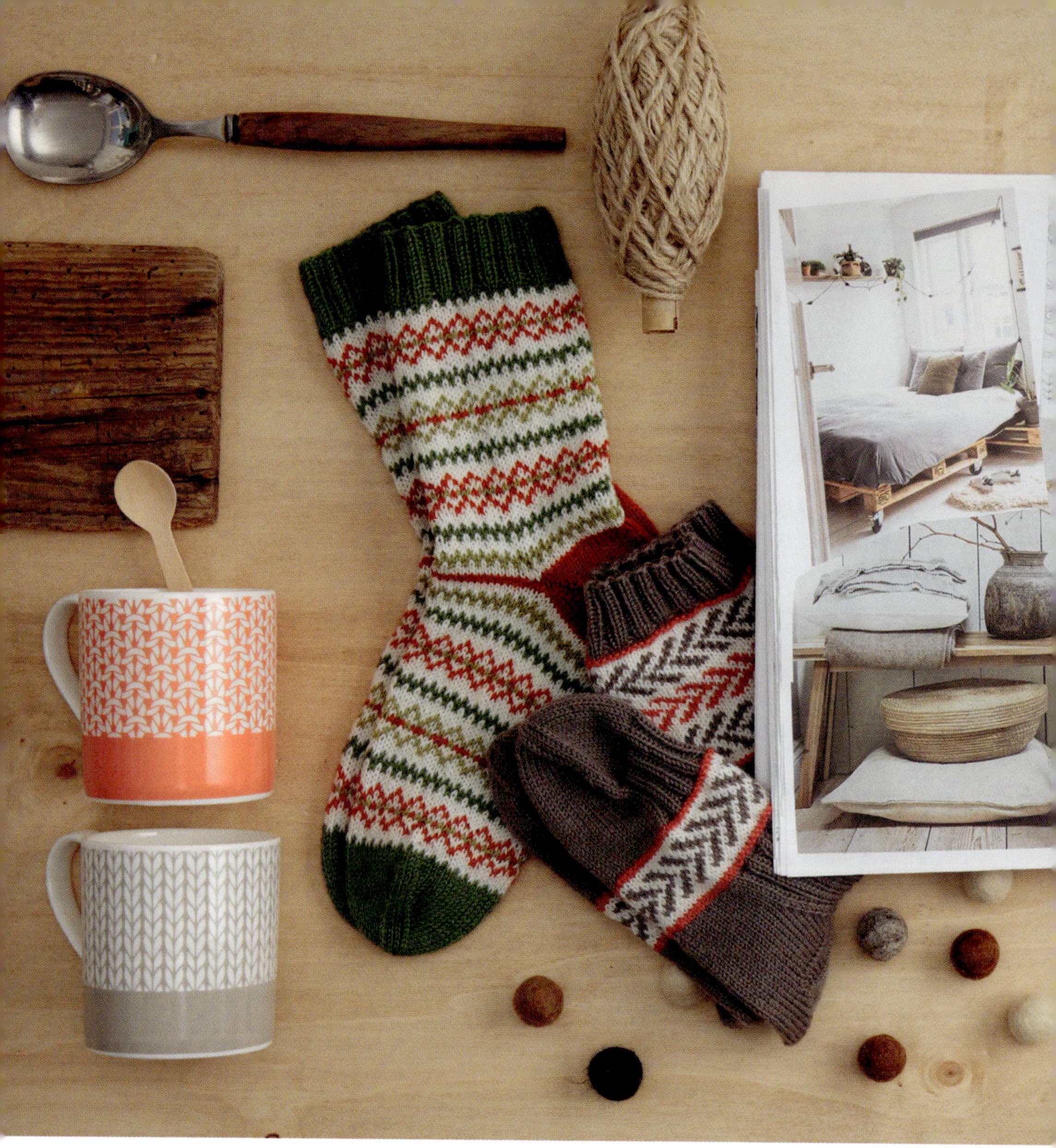

Long Island

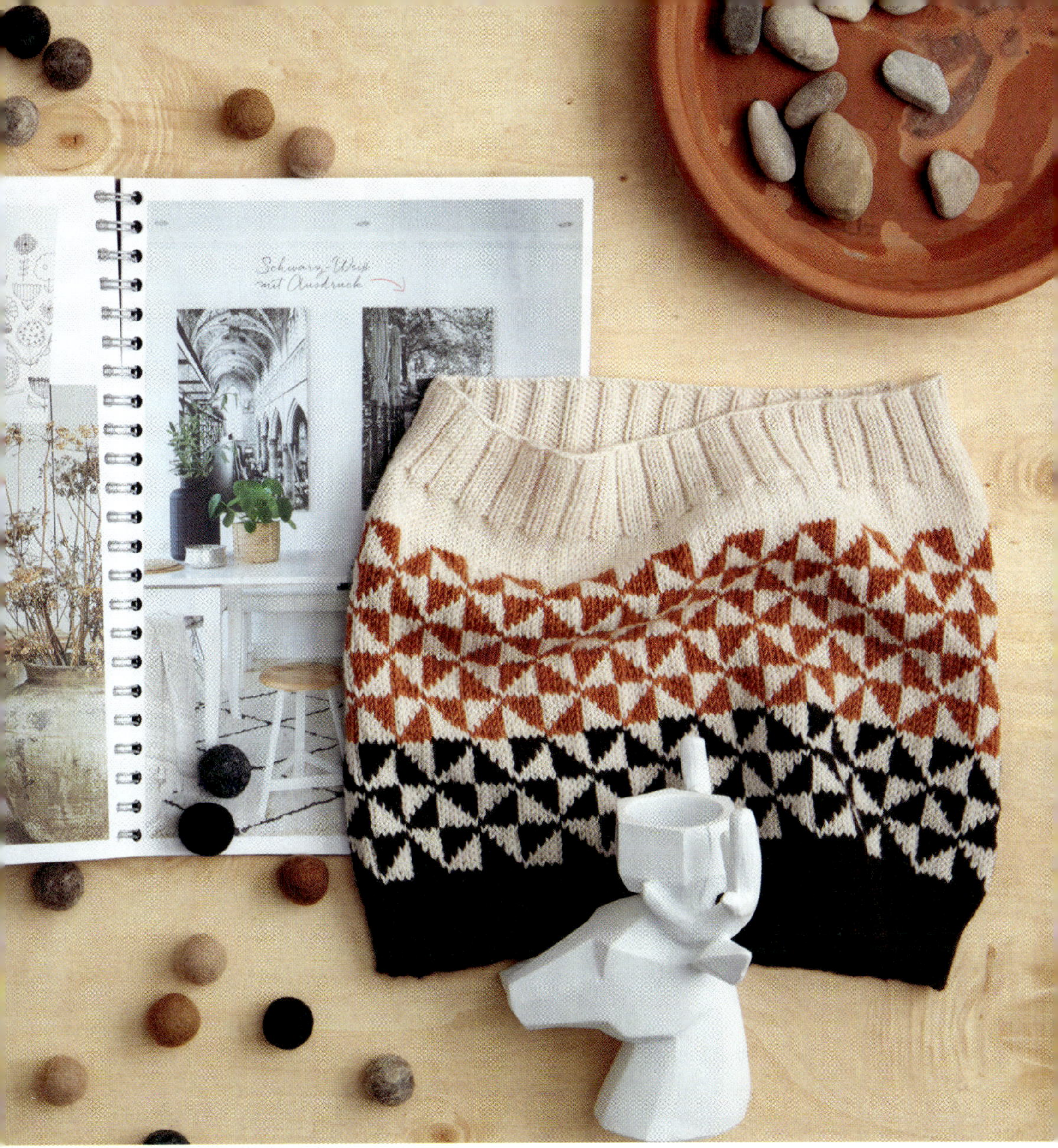

Soxx

SOXXMIXX NO. 17

SCHWIERIGKEITSGRAD 2

GRÖSSE

Umfang: ca. 63 cm
Höhe: ca. 25,5 cm

MATERIAL

Lana Grossa Cool Wool (LL ca. 160 m/50 g) in Natur (Fb 590), 50 g

Lana Grossa Cool Wool Melange (LL ca. 160 m/50 g) in Mokka meliert (Fb 149) und Terracotta meliert (Fb 148), je 50 g

Rundstricknadeln 3,0 mm und 3,5 mm, 50 cm lang

Maschenmarkierer

MASCHENPROBE

Im Jacquardmuster mit Nd 3,5 mm
28 M und 32 Rd = 10 cm x 10 cm

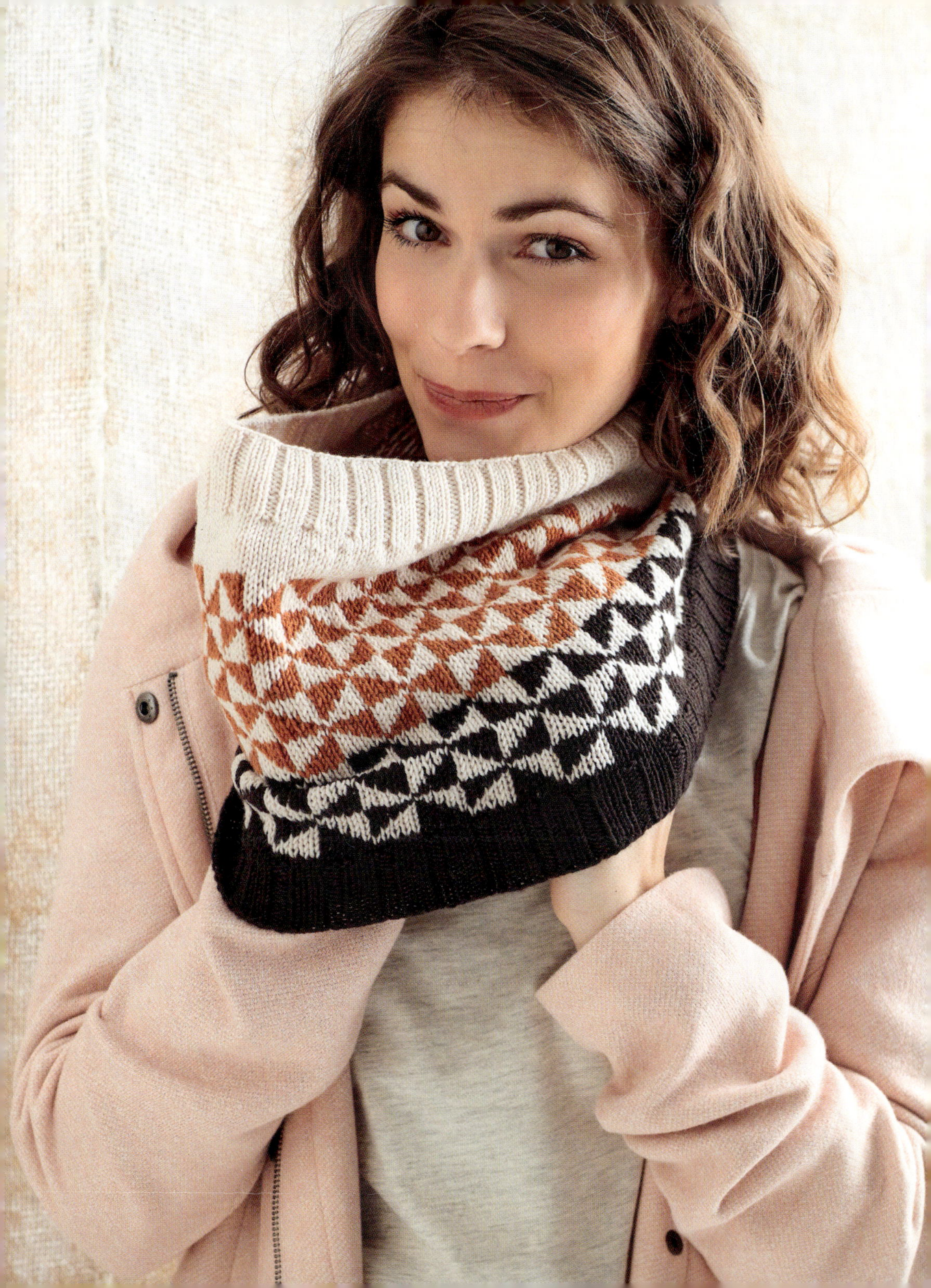

Glatt rechts

In Rd alle M rechts str.

Bündchenmuster

3 M rechts, 2 M links im Wechsel str.

Jacquardmuster A und B

M-Zahl jeweils teilbar durch 10.
In allen Rd glatt rechts nach dem jeweiligen Zählmuster str. Den Rapport von 10 M fortlaufend wdh.

Jacquardmuster A

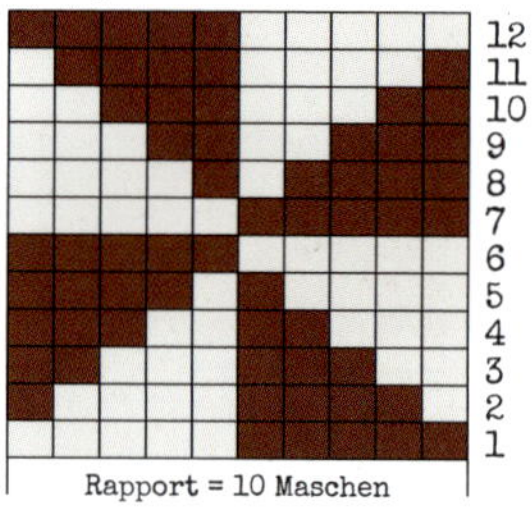

■ = Mokka meliert
□ = Natur

Jacquardmuster B

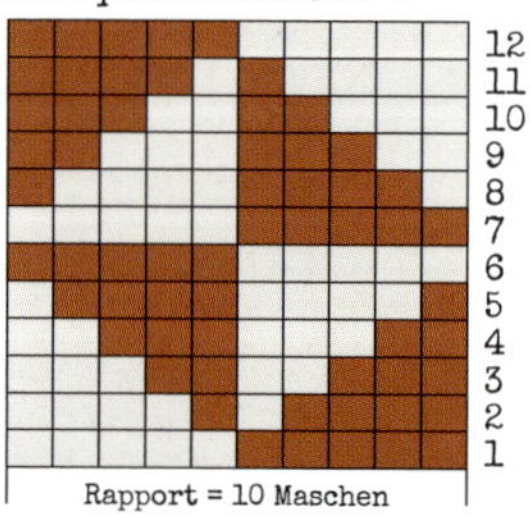

■ = Terracotta meliert
□ = Natur

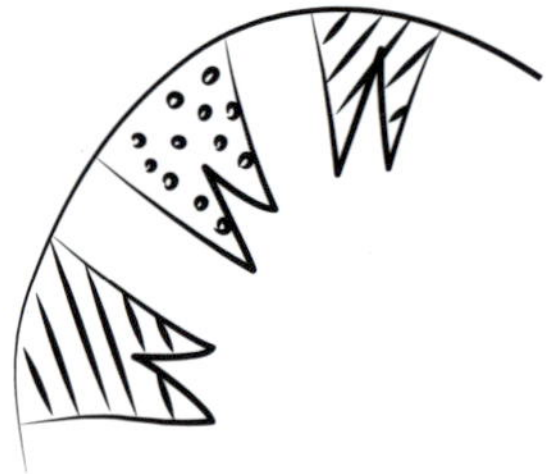

ANLEITUNG

180 M mit Rundstricknd 3,0 mm in Mokka meliert anschl und zur Rd schließen. Den Rd-Beginn mit einem M-Markierer kennzeichnen.
Für das BÜNDCHEN 15 Rd in im Bündchenmuster arb (= 3,5 cm). Zu Nd 3,5 mm wechseln. 1 Rd glatt rechts in Mokka meliert arb. Nun im Jacquardmuster A in Mokka meliert und Natur weiterstr. Die 1.-12. Rd des Zählmusters 1x str, dann noch 1x die 1.-6. Rd arb. Den Faden in Mokka meliert abschneiden. Danach im Jacquardmuster B in Terracotta meliert und Natur weiterarb. Die 1.-12. Rd des Zählmusters 2x str, anschließend noch 1x die 1.-6. Rd str. Den Faden in Terracotta meliert abschneiden und 10 Rd glatt rechts in Natur arb. Wieder zu Nd 3,0 mm wechseln und für das abschließende BÜNDCHEN 15 Rd im Bündchenmuster arb. Die M abk, wie sie erscheinen (siehe Seite 168).
Alle Fäden vernähen.

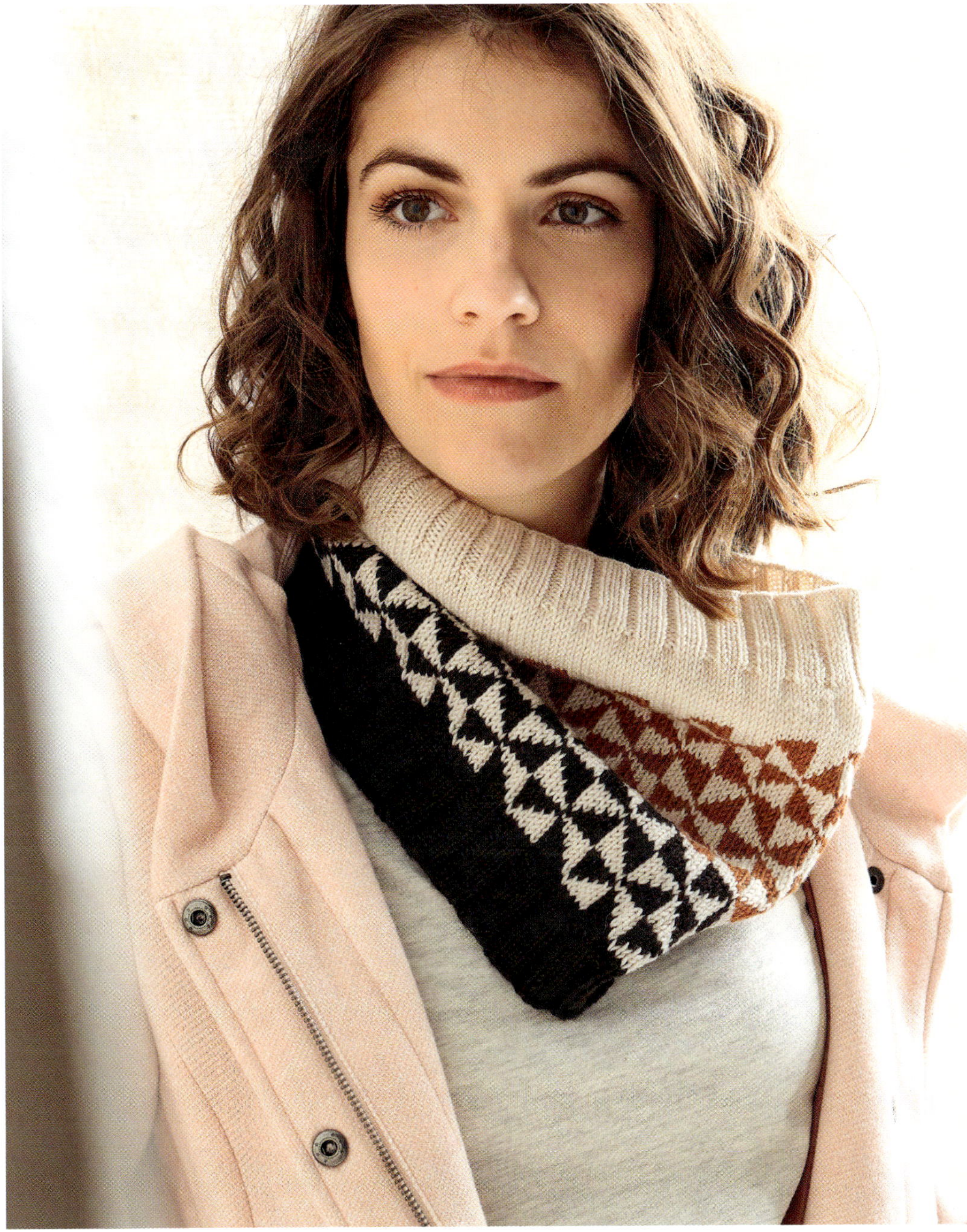

SOXXMIXX NO. 18

SCHWIERIGKEITSGRAD 2

GRÖSSE

S/M/L/XL/XXL
Die Angaben für die verschiedenen Größen sind durch Schrägstriche getrennt. Steht nur eine Angabe, gilt diese für alle Größen.

MATERIAL

Lang Yarns Wooladdicts AIR (LL 125 m/50 g) in Offwhite (Fb 94), 250/250/300/300/350 g, in Beige (Fb 26), 150/150/150/200/250 g, und in Amber Mélange (Fb 15), 50 g

Rundstricknadeln 4,0 mm, 5,5 mm und 6,0 mm, 40 cm und 80 cm lang (ab Größe XL 100 cm lang)

Nadelspiele 6,0 mm und 5,5 mm, 20 cm lang

Maschenmarkierer

MASCHENPROBEN

Glatt rechts mit einer Fb mit Nd 6,0 mm nach dem Waschen und Spannen 17 M und 26 Rd = 10 cm x 10 cm

Im Jacquardmuster mit Nd 6,0 mm nach dem Waschen und Spannen 18 M und 28 Rd = 10 cm x 10 cm

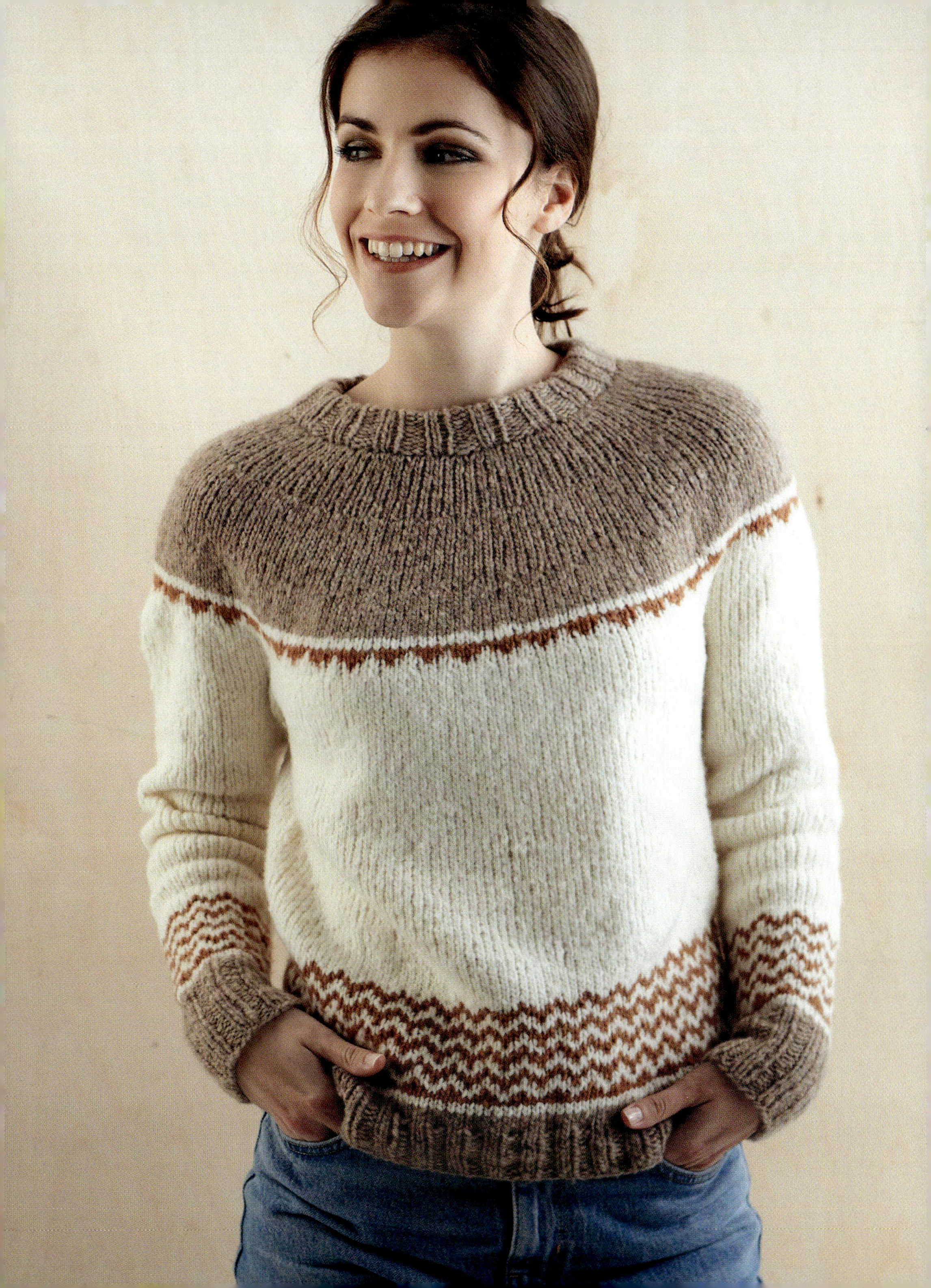

Glatt rechts

In Rd alle M rechts str.

Bündchenmuster

2 M rechts, 2 M links im Wechsel str.

Abnahmen Ärmel

Abnahme-Rd: 1 M rechts, 2 M rechtsgeneigt zusammenstr (= 2 M rechts zusammenstr, siehe Seite 164), bis 3 M vor Rd-Ende rechte M str, 2 M linksgeneigt zusammenstr (= 2 M rechts überzogen zusammenstr, siehe Seite 164), 1 M rechts str (= 2 M abgenommen).

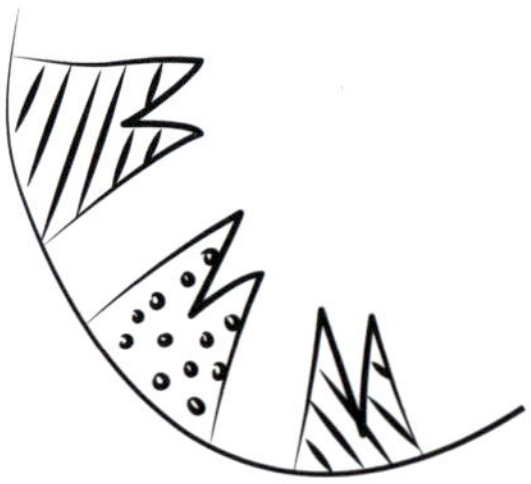

Jacquardmuster A, B, C, D und E

M-Zahl jeweils teilbar durch 4. In allen Rd glatt rechts nach dem jeweiligen Zählmuster str. Den Rapport von 4 M fortlaufend wdh.

Jacquardmuster A

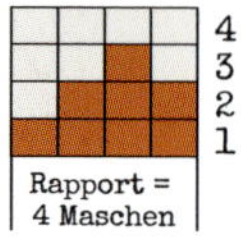

= Amber Mélange
= Offwhite

Jacquardmuster B

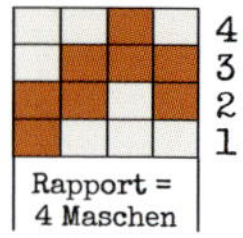

= Offwhite
= Amber Mélange

Jacquardmuster C

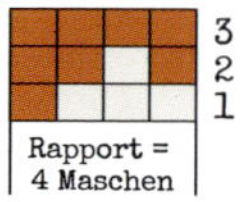

= Offwhite
= Amber Mélange

Jacquardmuster D

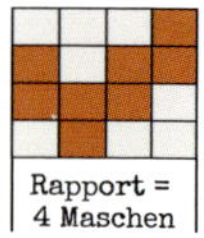

= Offwhite
= Amber Mélange

Jacquardmuster E

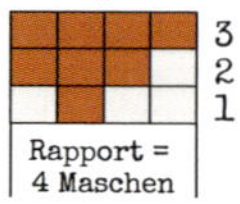

= Offwhite
= Amber Mélange

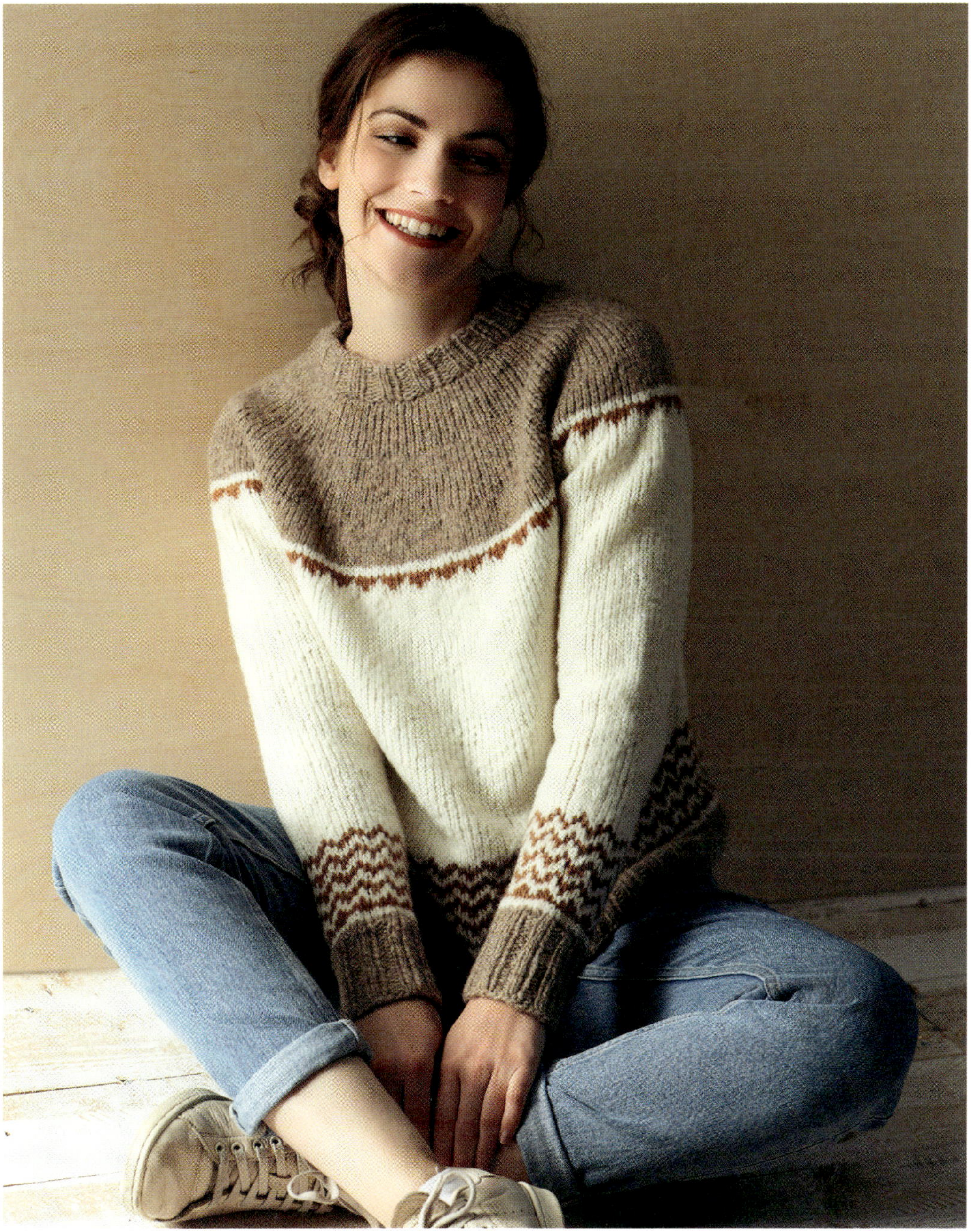

ANLEITUNG

HINWEIS: Der Pullover wird mit einer Rundpasse von oben nach unten gestrickt. So kann er jederzeit anprobiert werden, um Länge und Passform zu kontrollieren.

68/72/76/80/84 M in Beige mit Rundstricknd 5,5 mm anschl und zur Rd schließen. Den Rd-Beginn mit einem M-Markierer kennzeichnen. Für das Halsbündchen 20 Rd (= 7 cm) im Bündchenmuster str. Die M der Anschlagkante mit Rundstricknd 4,0 mm auffassen. Das Bündchen doppelt nehmen, die rechte Seite liegt außen. In der nächsten Rd jeweils 1 M des Bündchens mit 1 M der Anschlagkante rechts zusammenstr. Anschließend mit Rundstricknd 6,0 mm glatt rechts weiterarb. In der 1. Rd der Passe * 2 M rechts str, 1 M linksgeneigt aus dem Querfaden zunehmen (siehe Seite 163), ab * fortlaufend wdh (= 102/108/114/120/126 M).
13/14/15/15/16 Rd glatt rechts arb. In der nächsten Rd * 2 M rechts str, 1 M linksgeneigt aus dem Querfaden zunehmen, ab * fortlaufend wdh (= 153/162/171/180/189 M).
14/15/16/17/17 Rd glatt rechts arb. In der nächsten Rd * 3 M rechts str, 1 M linksgeneigt aus dem Querfaden zunehmen, ab * fortlaufend wdh (= 204/216/228/240/252 M).
Weitere 7/7/8/8/9 Rd in Beige arb. Den Faden abschneiden. 2 Rd glatt rechts in Offwhite str. Danach im Jacquardmuster A in Amber Mélange und Offwhite weiterarb. Die 1.–4. Rd des Zählmusters 1x str. Den Faden in Amber Mélange abschneiden. 2/3/3/3/4 Rd glatt rechts in Offwhite arb. In der nächsten Rd * 4 M rechts str, 1 M linksgeneigt aus dem Querfaden zunehmen, ab * fortlaufend wdh (= 255/270/285/300/315 M).
12/12/12/13/14 Rd glatt rechts in Offwhite arb.
Weiter in Offwhite arb, dabei in der nächsten Rd wie folgt zunehmen:
Größe S: Am Rd-Ende 1 M linksgeneigt aus dem Querfaden zunehmen (= 256 M).
Größe M: * 27 M rechts str, 1 M linksgeneigt aus dem Querfaden zunehmen, ab * fortlaufend wdh (= 280 M).
Größe L: * 19 M rechts, 1 M linksgeneigt aus dem Querfaden zunehmen, ab * fortlaufend wdh (= 300 M).
Größe XL: * 15 M rechts, 1 M linksgeneigt aus dem Querfaden zunehmen, ab * fortlaufend wdh (= 320 M).
Größe XXL: * 15 M rechts, 1 M linksgeneigt aus dem Querfaden zunehmen, ab * fortlaufend wdh (=336 M).
Es sind nun 256/280/300/320/336 M vorhanden.
Weiter für alle Größen 0/2/4/7/6 Rd glatt rechts in Offwhite arb. Für Größe XXL weitere 2 Rd glatt rechts str, dabei in der 1. Rd * 84 M rechts str, 1 M links-

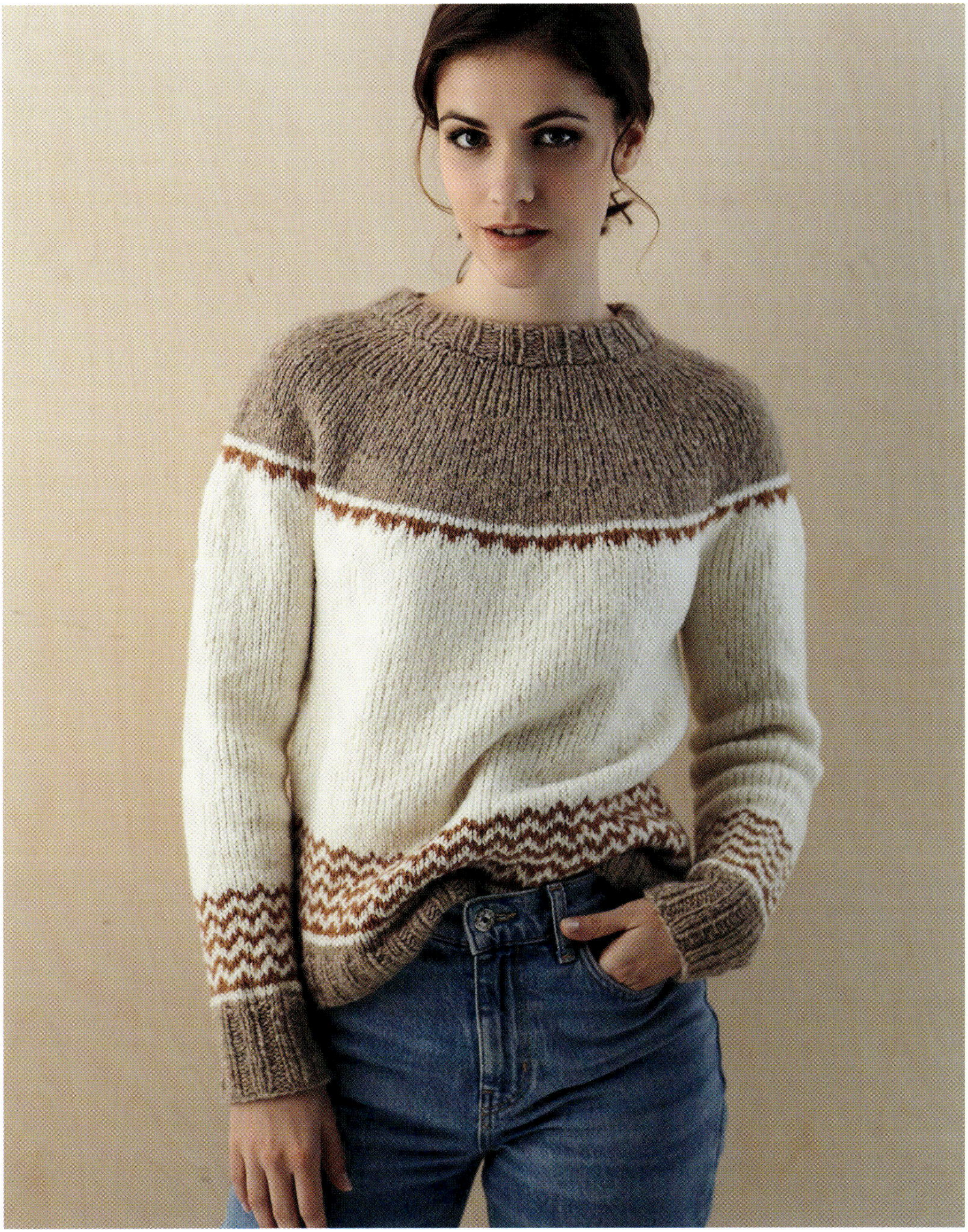

geneigt aus dem Querfaden zunehmen, ab * fortlaufend wdh (= 256/280/300/320/340 M).
Es ergibt sich eine Passenlänge von ca. 21/23/25/27/29 cm.
Nun werden die M der Passe in Rumpf-M und Ärmel-M aufgeteilt.
50/58/60/64/66 M (= rechter Ärmel) auf einem Faden oder einer Rundstricknd stilllegen. 3/3/5/6/6 M aufschlingen (siehe Seite 158), 1 M-Markierer setzen, 3/3/5/6/6 weitere M aufschlingen.
78/82/90/96/104 M rechts str (= Vorderteil), 50/58/60/64/66 M stilllegen (= linker Ärmel), 6/6/10/12/12 M aufschlingen, 78/82/90/96/104 M rechts str (= Rückenteil), bis zum M-Markierer rechts str.

Rumpf

Den Rumpf über 168/176/200/216/232 M glatt rechts str. Der M-Markierer kennzeichnet den Rd-Beginn.
19/20/21/21/22 cm glatt rechts in Offwhite arb. Anschließend im Jacquardmuster B in Offwhite und Amber Mélange weiterstr. Die 1.–4. Rd des Zählmusters 4x arb. Nun im Jacquardmuster C in Offwhite und Amber Mélange weiterstr.
Die 1.–3. Rd des Zählmusters 1x arb.

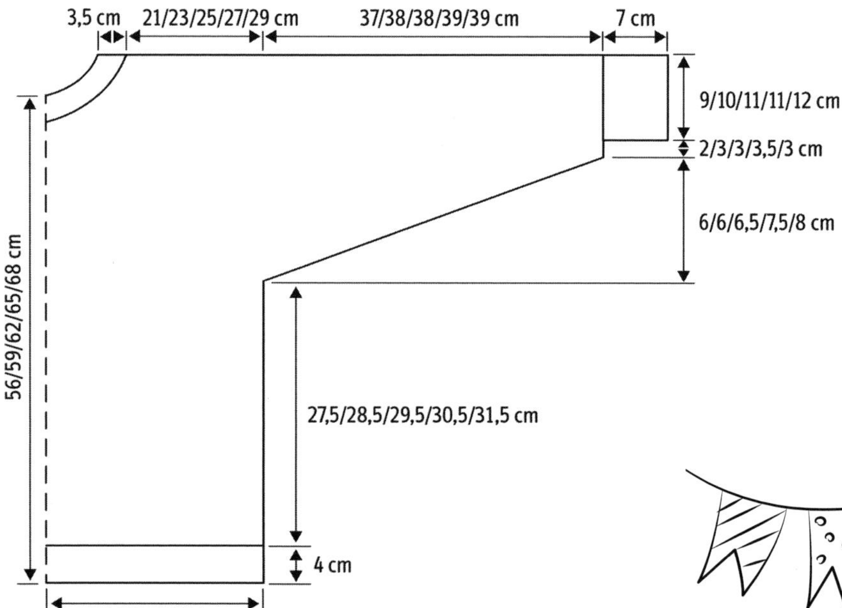

Den Faden in Amber Mélange abschneiden und 2 Rd glatt rechts in Offwhite str. Den Faden in Offwhite abschneiden. 4 Rd glatt rechts in Beige arb. Danach mit Nd 5,5 mm 10 Rd (= 4 cm) im Bündchenmuster str. Die M abk, wie sie erscheinen (siehe Seite 168).

Ärmel

Aus den aufgeschlungenen M des Rumpfes jeweils 3/3/5/6/6 M auffassen, M-Markierer setzen, 3/3/5/6/6 weitere M auffassen (= 56/64/70/76/78 M). Den Ärmel glatt rechts mit Nd-Spiel 6,0 mm in Rd str, der M-Markierer kennzeichnet den Rd-Beginn.

1 Rd glatt rechts str, dabei für Größe S und XL 2 M abnehmen (= 54/64/70/74/78 M); siehe Abnahmen Ärmel (siehe Seite 116).

Anschließend weiter wie folgt abnehmen:

Größe S: In jeder 10. Rd 7x 2 M abnehmen (= 40 M).

Größe M: In jeder 10. Rd 4x 2 M und in jeder 8. Rd 4x 2 M abnehmen (= 48 M).

Größe L: In jeder 8. Rd 9x 2 M abnehmen (= 52 M).

Größe XL: In jeder 8. Rd 4x 2 M und in jeder 6. Rd 7x 2 M abnehmen (= 52 M).

Größe XXL: In jeder 8. Rd 4x 2 M und in jeder 6. Rd 7x 2 M abnehmen (= 56 M).

Anschließend im Jacquardmuster D in Offwhite und Amber Mélange weiterarb. Die 1.-4. Rd des Zählmusters 4x str. Danach im Jacquardmuster E in Offwhite und Amber Mélange weiterarb. Die 1.-3. Rd des Zählmusters 1x str. Den Faden in Amber Mélange abschneiden. 2 Rd glatt rechts in Offwhite arb. Den Faden in Offwhite abschneiden. 2 Rd glatt rechts in Beige arb, dabei in der 2. Rd gleichmäßig verteilt 8/12/12/12/12 M abnehmen (= 32/36/40/40/44 M). Danach zu Nd 5,5 mm wechseln und 20 Rd (= 7 cm) im Bündchenmuster str.

Die M abk, wie sie erscheinen.

Den zweiten Ärmel genauso arb.

Die Fäden vernähen. Den Pullover waschen und spannen.

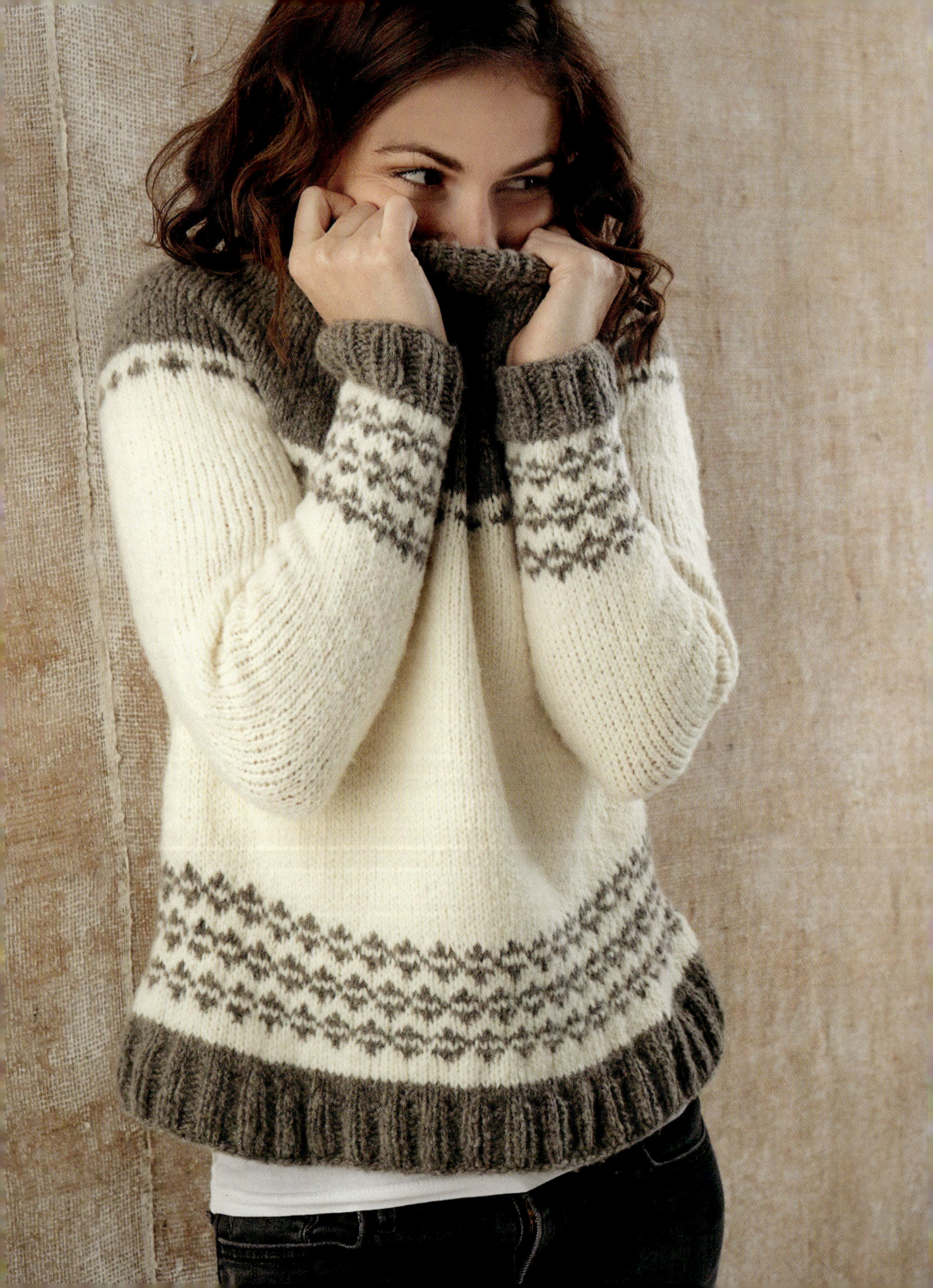

SOXX MIXX No. 19

SCHWIERIGKEITSGRAD 2

GRÖSSE

S, M, L, XL, XXL

Die Angaben für die verschiedenen Größen sind durch Schrägstriche getrennt. Steht nur eine Angabe, gilt diese für alle Größen.

MATERIAL

Lang Yarns Wooladdicts AIR (LL 125 m/50 g) in Offwhite (Fb 94), 250/250/300/300/350 g, und in Sand (Fb 96), 200/200/250/300/300 g

Rundstricknadeln 4,0 mm, 5,5 mm und 6,0 mm, 40 cm und 80 cm lang (ab Größe XL 100 cm lang)

Nadelspiele 6,0 mm und 5,5 mm, 20 cm lang

Maschenmarkierer

MASCHENPROBE

Glatt rechts mit einer Fb mit Nd 6,0 mm nach dem Waschen und Spannen
17 M und 26 Rd = 10 cm x 10 cm

Im Jacquardmuster mit Nd 6,0 mm nach dem Waschen und Spannen
18 M und 28 Rd = 10 cm x 10 cm

ANLEITUNG

68/72/76/80/84 M in Sand mit Rundstricknd 5,5 mm anschl und zur Rd schließen. Den Rd-Beginn mit einem M-Markierer kennzeichnen.
Anschließend das Halsbündchen und die Passe in Sand und Offwhite nach der Anleitung von SoxxMixx No. 18 (siehe Seite 118) arb. Im Anschluss an die 2 Rd in Offwhite im Jacquardmuster A in Sand und Offwhite weiterarb. Die 1.–4. Rd des Zählmusters 1x str. Danach die Passe nach der Anleitung von SoxxMixx No. 18 beenden (siehe Seite 120).

Jacquardmuster A und B

M-Zahl jeweils teilbar durch 4.
In allen Rd glatt rechts nach dem jeweiligen Zählmuster str. Den Rapport von 4 M fortlaufend wdh.

Jacquardmuster A

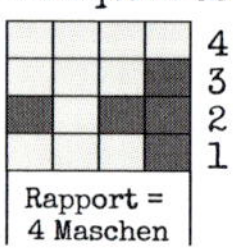

■ = Sand
□ = Offwhite

Jacquardmuster B

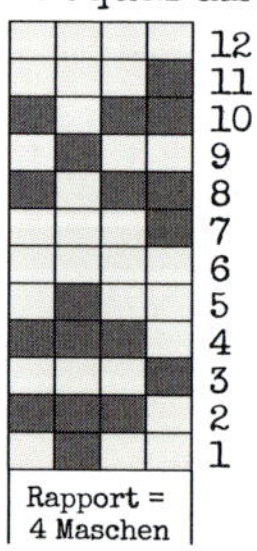

□ = Offwhite
■ = Sand

Rumpf

Den Rumpf über 168/176/200/216/232 M glatt rechts str. Der M-Markierer kennzeichnet den Rd-Beginn.
19/20/21/21/22 cm glatt rechts in Offwhite arb. Anschließend im Jacquardmuster B in Offwhite und Sand weiterstr. Die 1.–12. Rd des Zählmusters 1x str, dann noch 1x die 1.–6. Rd arb. 3 Rd glatt rechts in Offwhite str. Den Faden in Offwhite abschneiden. 4 Rd glatt rechts in Sand arb. Danach mit Nd 5,5 mm 10 Rd (= 4 cm) im Bündchenmuster str. Die M abk, wie sie erscheinen (siehe Seite 168).

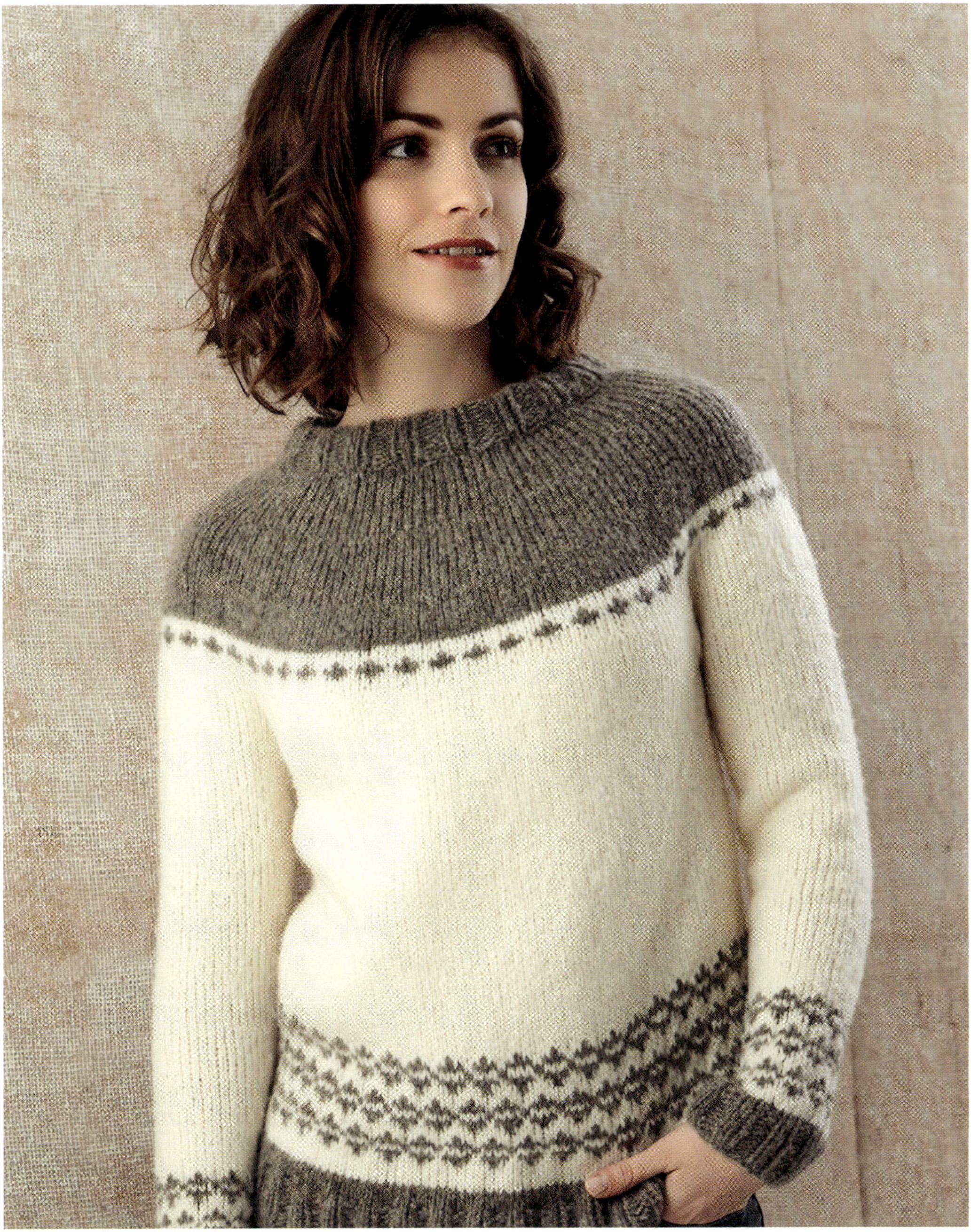

Ärmel

Aus den aufgeschlungenen M des Rumpfes jeweils 3/3/5/6/6 M auffassen, M-Markierer setzen, 3/3/5/6/6 weitere M auffassen (= 56/64/70/76/78 M). Den Ärmel glatt rechts mit Ndspiel 6,0 mm in Rd str, der M-Markierer kennzeichnet den Rd-Beginn.

Die Abnahmen nach der Anleitung von SoxxMixx No. 18 arb (siehe Seite 121).

Anschließend 10 Rd in Offwhite str. Danach im Jacquardmuster B in Offwhite und Sand weiterarb. Die 1.–12. Rd des Zählmusters 1x str, dann noch 1x die 1.–6. Rd arb. 1 Rd glatt rechts in Offwhite arb. Den Faden in Offwhite abschneiden. 1 Rd glatt rechts in Sand str, dabei gleichmäßig verteilt 8/12/12/12/12 M abnehmen (= 32/36/40/40/44 M).

Danach zu Nd 5,5 mm wechseln und 10 Rd (= 4 cm) im Bündchenmuster str.

Die M abk, wie sie erscheinen.

Den zweiten Ärmel genauso arb.

Die Fäden vernähen. Den Pullover waschen und spannen.

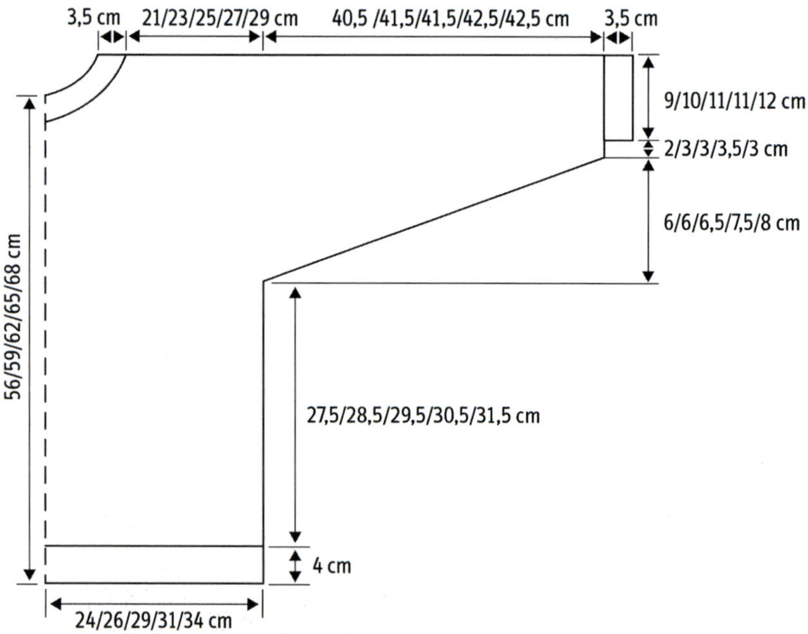

TIPP: SoxxMixx No. 19 ist eine Variante von SoxxMixx No. 18 mit einem Jacquardmuster von SoxxMixx No. 8. Wenn der Musterrapport mit der Maschenzahl vereinbar ist, können unzählig viele Varianten gestrickt werden.

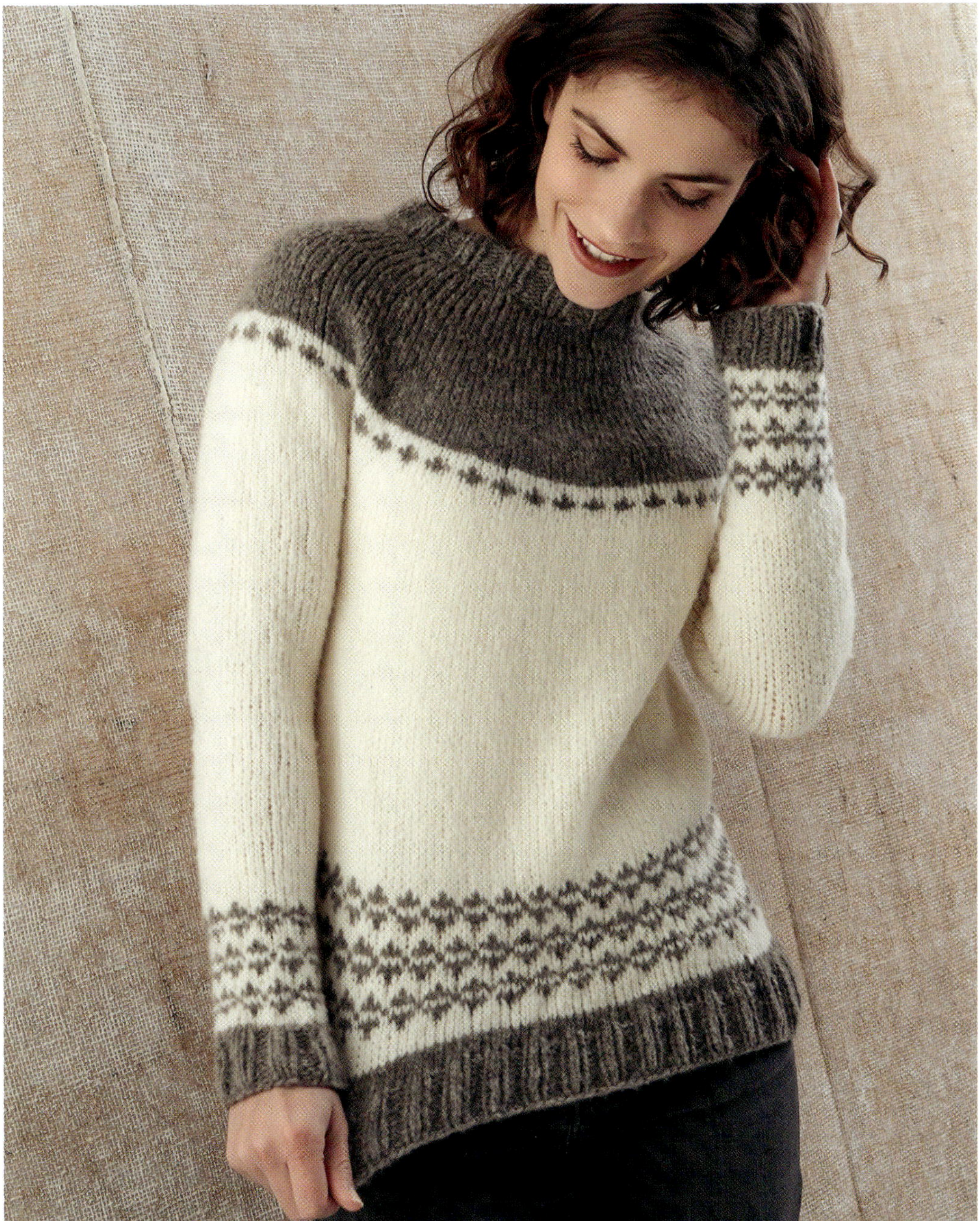

SOXXMIXX No. 20

SCHWIERIGKEITSGRAD 2

GRÖSSE

38/39

MATERIAL

Lana Grossa Meilenweit Cashmere (LL ca. 210 m/50 g) in Graubraun (Fb 14), 100 g, und in Weiß (Fb 01) und Rot (Fb 06), je 50 g

Nadelspiel 2,5–3,0 mm

MASCHENPROBE

Im Jacquardmuster mit Nd 2,5–3,0 mm
32 M und 42 Rd = 10 cm x 10 cm

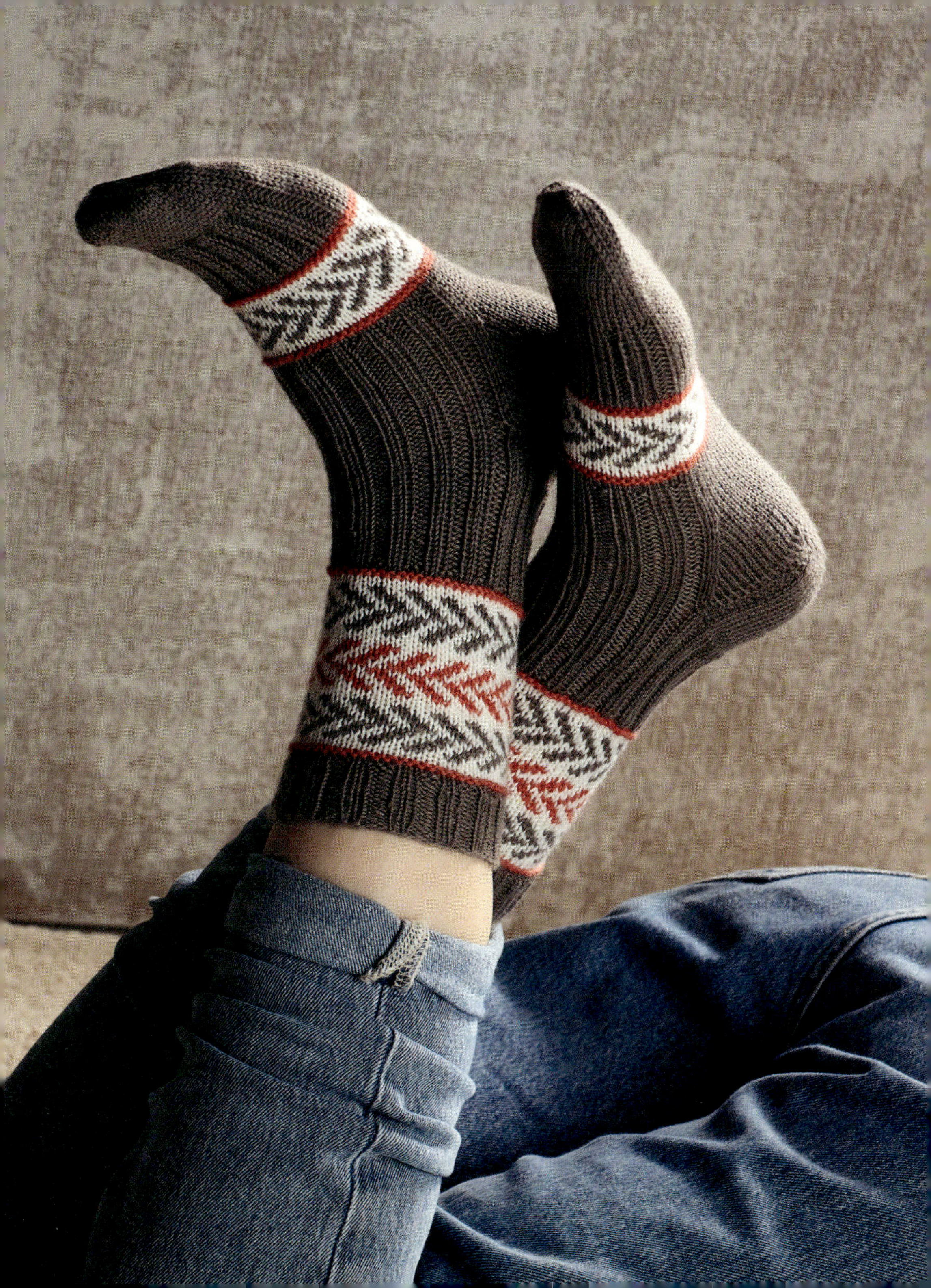

Glatt rechts

In Hinr rechte M, in Rückr linke M str, bzw. in Rd alle M rechts str.

Bündchenmuster

* 1 M links, 2 M rechts, 1 M links, ab * fortlaufend wdh.

Jacquardmuster

M-Zahl teilbar durch 4.
In allen Rd glatt rechts nach dem Zählmuster str. Den Rapport von 4 M fortlaufend wdh.

Jacquardmuster

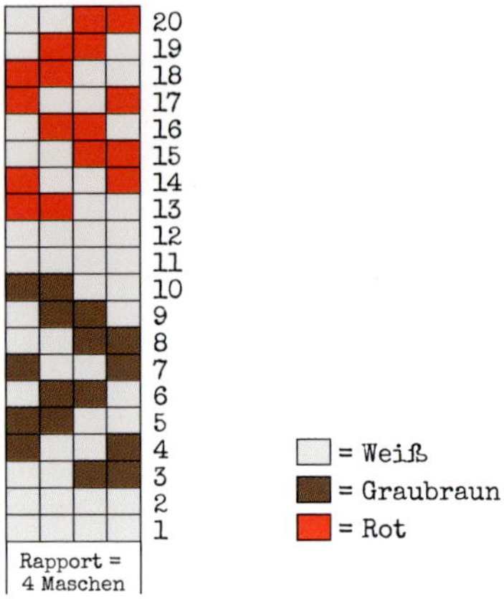

ANLEITUNG

60 M in Graubraun anschl, gleichmäßig auf 4 Spielnd verteilen (= 15 M pro Nd) und zur Rd schließen.
Für das BÜNDCHEN 15 Rd (= 3 cm) im Bündchenmuster str.
Den SCHAFT glatt rechts mit 1 Rd in Graubraun und 1 Rd in Rot beginnen. Anschließend 1 Rd linke M in Rot str. Danach im Jacquardmuster in Weiß, Graubraun und Rot weiterarb. Die 1.-20. Rd des Zählmusters 1x str, dann noch 1x die 1.-12. Rd arb. Den Faden in Weiß abschneiden. 1 Rd rechte M in Rot und 1 Rd linke M in Rot arb. Den Faden in Rot abschneiden. 2 Rd glatt rechts in Graubraun str. Dann 25 Rd im Bündchenmuster arb.
Nun die HERZCHENFERSE glatt rechts in Graubraun über die 30 M der 4. und 1. Nd nach der Grundanleitung str (siehe Seite 185).
Den FUSS weiter über alle M der 4 Spielnd arb. Über die M der 1. und 4. Nd die Sohle bis zum Ende glatt rechts str. Das Bündchenmuster auf dem Oberfuß über die M der 2. und 3. Nd fortführen. Nach 9 cm ab Fersenmitte glatt rechts 1 Rd in Graubraun und 1 Rd in Rot arb. Anschließend noch 1 Rd in Rot arb, dabei rechte M über die M der Sohle str und linke M über die M des Oberfußes arb. Den Faden in Rot abschneiden. Danach im Jacquardmuster in Weiß und Graubraun weiterstr. Die 1.-12. Rd des Zählmusters 1x arb. Den Faden in Weiß abschneiden. 1 Rd rechte M in Rot arb. Anschließend noch 1 Rd in Rot arb, dabei rechte M über die M der Sohle str und über linke M über die M

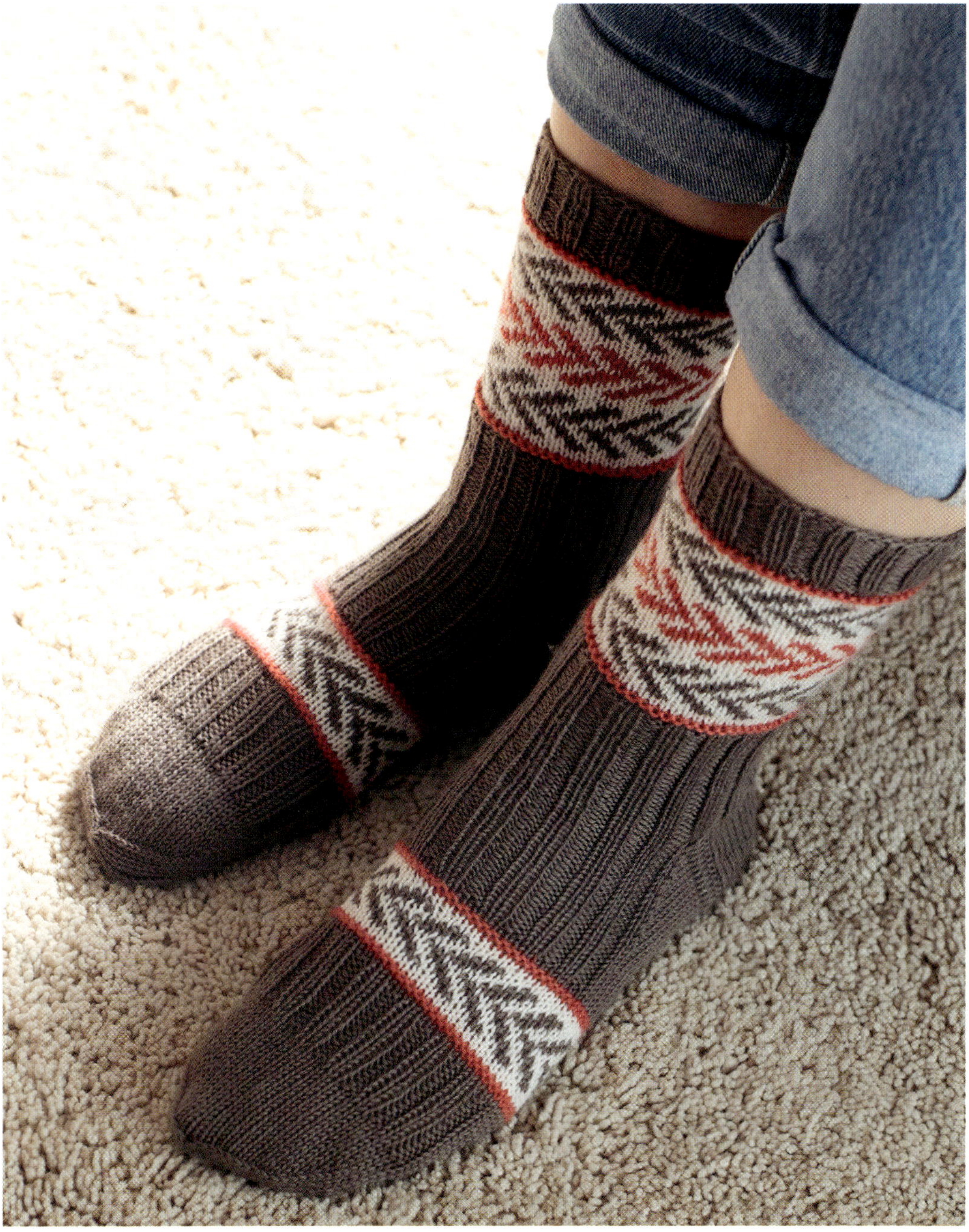

des Oberfußes arb. Den Faden in Rot abschneiden. 2 Rd glatt rechts in Graubraun arb. Anschließend das Bündchenmuster auf dem Oberfuß fortsetzen. Nach 16,5 cm ab Fersenmitte glatt rechts über alle M der 4 Spielnd str und nach 17,5 cm ab Fersenmitte mit den Abnahmen für die Bandspitze beginnen.

Die BANDSPITZE in Graubraun nach der Grundanleitung str (siehe Seite 187). Den Faden abschneiden und nach innen ziehen.

Alle Fäden vernähen.

Die zweite Socke genauso arb.

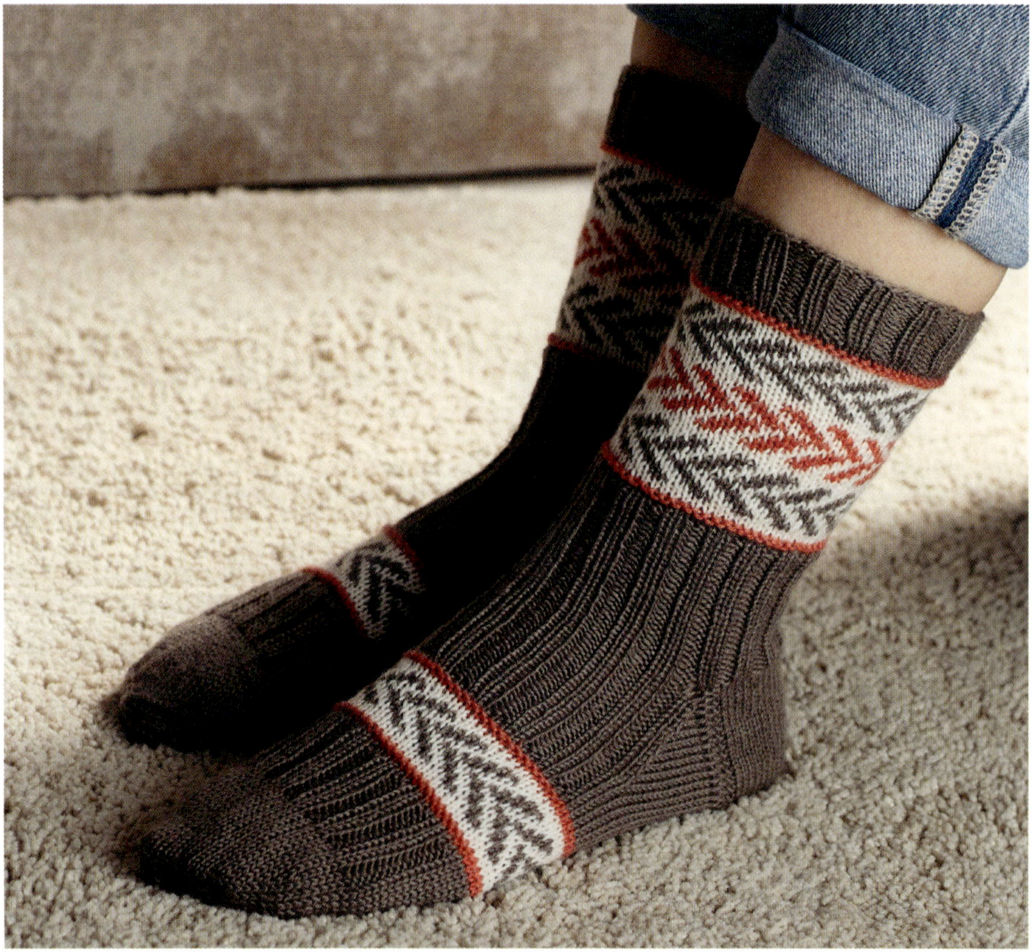

HINWEISE ZUM STRICKEN VON ANDEREN GRÖSSEN

GRÖSSE 36/37
60 M anschl (= 15 M pro Nd).
Fuß: Nach 7,5 cm ab Fersenmitte nach Anleitung weiterarb. Nach 15 cm glatt rechts str und nach 16 cm ab Fersenmitte mit den Abnahmen für die Bandspitze beginnen.

GRÖSSE 40/41
64 M anschl (= 16 M pro Nd).
Fuß: Nach 10,5 cm ab Fersenmitte nach Anleitung weiterarb. Nach 18 cm glatt rechts str und nach 19 cm ab Fersenmitte mit den Abnahmen für die Bandspitze beginnen.

GRÖSSE 42/43
64 M anschl (= 16 M pro Nd).
Fuß: Nach 12 cm ab Fersenmitte nach Anleitung weiterarb. Nach 19,5 cm glatt rechts str und nach 20,5 cm ab Fersenmitte mit den Abnahmen für die Bandspitze beginnen.

GRÖSSE 44/45
68 M anschl (= 17 M pro Nd).
Fuß: Nach 13,5 cm ab Fersenmitte nach Anleitung weiterarb. Nach 21 cm glatt rechts str und nach 22 cm ab Fersenmitte mit den Abnahmen für die Bandspitze beginnen.

SOXXMIXX No. 21

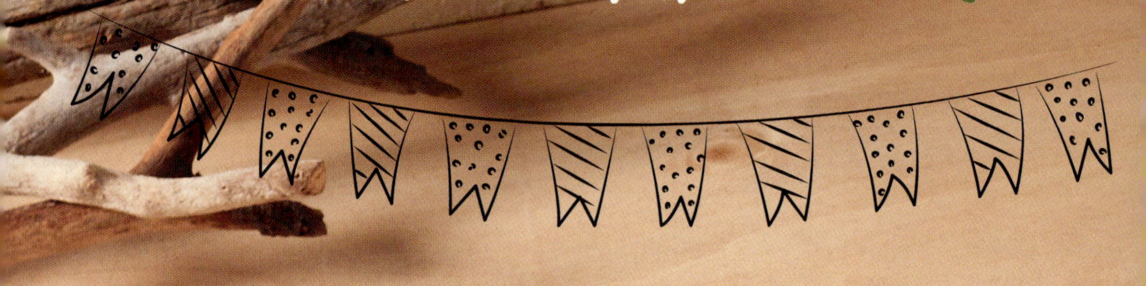

SCHWIERIGKEITSGRAD 3

GRÖSSE

38/39

MATERIAL

Lang Yarns Jawoll (LL ca. 210 m/50 g) in Offwhite (Fb 94), Braunorange (Fb 275), Farn (Fb 198) und Kiwi (Fb 116), je 50 g

Nadelspiel 2,5–3,0 mm

MASCHENPROBE

Glatt rechts mit Nd 2,5–3,0 mm
36 M und 38 Rd = 10 cm x 10 cm

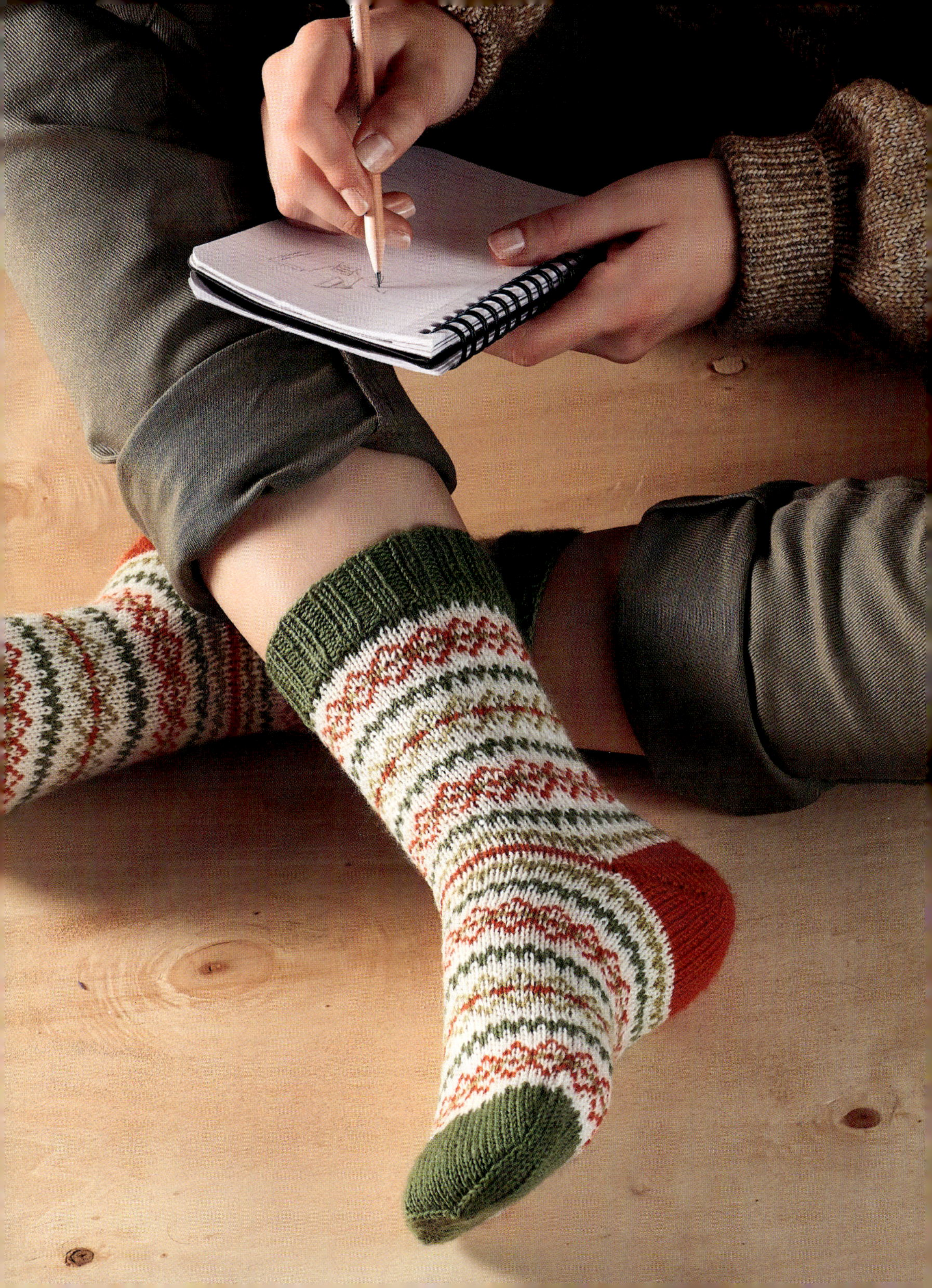

Glatt rechts

In Hinr rechte M, in Rückr linke M str, bzw. in Rd alle M rechts str.

Bündchenmuster

2 M rechts, 2 M links im Wechsel str.

Jacquardmuster A, B, C und D

M-Zahl jeweils teilbar durch 2 bzw. 4.
In allen Rd glatt rechts nach dem jeweiligen Zählmuster str.
Den Rapport von 2 bzw. 4 M fortlaufend wdh.

Jacquardmuster A

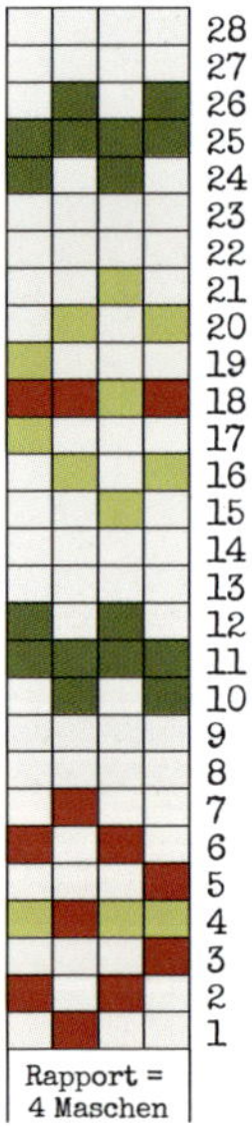

- = Offwhite
- = Braunorange
- = Kiwi
- = Farn

Jacquardmuster B

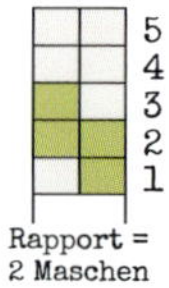

- = Offwhite
- = Kiwi

Jacquardmuster C

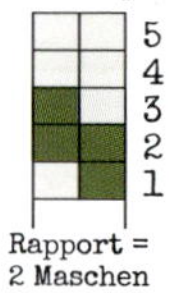

- = Offwhite
- = Farn

Jacquardmuster D

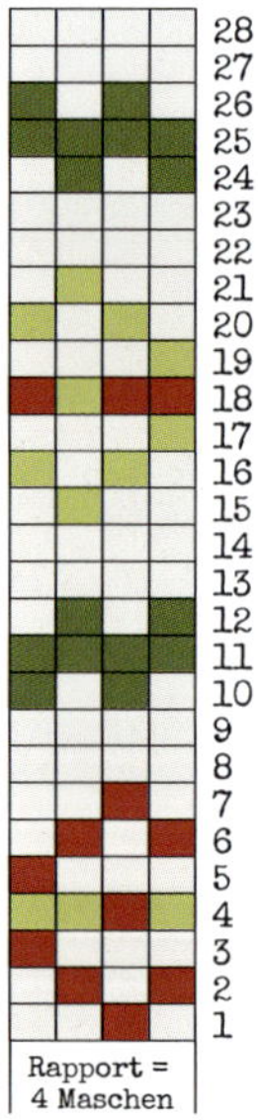

- = Offwhite
- = Braunorange
- = Kiwi
- = Farn

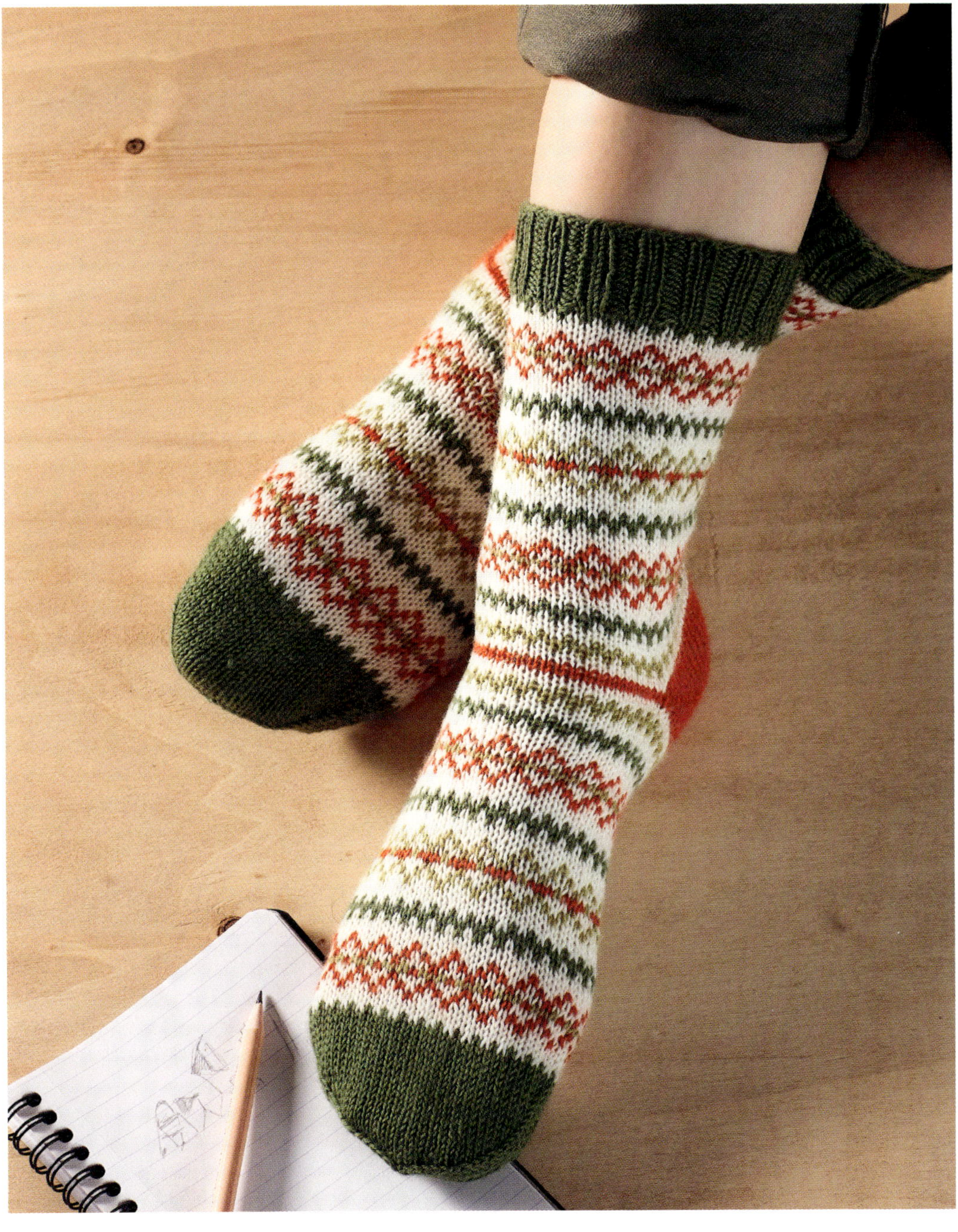

ANLEITUNG

64 M in Farn anschl, gleichmäßig auf 4 Spielnd verteilen (= 16 M pro Nd) und zur Rd schließen.

Für das BÜNDCHEN 15 Rd (= 3 cm) im Bündchenmuster str.

Den SCHAFT glatt rechts mit 1 Rd in Farn beginnen. Anschließend 1 Rd 1 M in Farn, 1 M in Offwhite im Wechsel str. 2 Rd in Offwhite arb. Danach im Jacquardmuster A in Offwhite, Braunorange, Kiwi und Farn weiterstr. Die 1.–28. Rd des Zählmusters 1x arb, dann noch 1x die 1.–14. Rd str. Den Faden in Braunorange und den Faden in Farn abschneiden. Nun im Jacquardmuster B in Offwhite und Kiwi weiterarb. Die 1.–5. Rd des Zählmusters 1x str. Den Faden in Offwhite und den Faden in Kiwi abschneiden.

Nun die BUMERANGFERSE glatt rechts in Braunorange über die 32 M der 4. und 1. Nd nach der Grundanleitung str (siehe Seite 182).

Den FUSS weiter glatt rechts über alle M der 4 Spielnd arb. 2 Rd in Offwhite str. Dann im Jacquardmuster B in Offwhite und Kiwi weiterarb. Die 1.–5. Rd des Zählmusters 1x str. Den Faden in Kiwi abschneiden. Danach im Jacquardmuster C in Offwhite und Farn weiterarb. Die 1.–5. Rd des Zählmusters 1x str. Anschließend im Jacquardmuster D in Offwhite, Braunorange, Kiwi und Farn weiterarb. Die 1.–28. Rd des Zählmusters 1x arb, dann noch 1x die 1.–10. Rd str. Die Fäden in Offwhite, Braunorange und Kiwi abschneiden. Die Socke glatt rechts in Farn beenden und nach 17,5 cm ab Fersenmitte mit den Abnahmen für die Bandspitze beginnen.

Die BANDSPITZE in Farn nach der Grundanleitung str (siehe Seite 187). Den Faden abschneiden und nach innen ziehen. Alle Fäden vernähen.

Die zweite Socke genauso arb.

HINWEISE ZUM STRICKEN VON ANDEREN GRÖSSEN

GRÖSSE 36/37
64 M anschl (= 16 M pro Nd).
Fuß: Jacquardmuster B: Die 1.–5. Rd 1x str. Nach Anleitung weiterarb und nach 16 cm ab Fersenmitte mit den Abnahmen für die Bandspitze beginnen.

GRÖSSE 40/41
68 M anschl (= 17 M pro Nd).
Fuß: Jacquardmuster B: Die 1.–5. Rd 1x str. Jacquardmuster C: Die 1.–5. Rd 1x str. Jacquardmuster B: Die 1.–5. Rd 1x str. Nach Anleitung weiterarb und nach 19 cm ab Fersenmitte mit den Abnahmen für die Bandspitze beginnen.

GRÖSSE 42/43
68 M anschl (= 17 M pro Nd).
Fuß: * Jacquardmuster B: Die 1.–5. Rd 1x str. Jacquardmuster C: Die 1.–5. Rd 1x str. Ab * 1x wdh. Nach Anleitung weiterarb und nach 20,5 cm ab Fersenmitte mit den Abnahmen für die Bandspitze beginnen.

GRÖSSE 44/45
72 M anschl (= 18 M pro Nd).
Fuß: * Jacquardmuster B: Die 1.–5. Rd 1x str. Jacquardmuster C: Die 1.–5. Rd 1x str. Ab * 1x wdh. Jacquardmuster B: Die 1.–5. Rd 1x str. Nach Anleitung weiterarb und nach 22 cm ab Fersenmitte mit den Abnahmen für die Bandspitze beginnen.

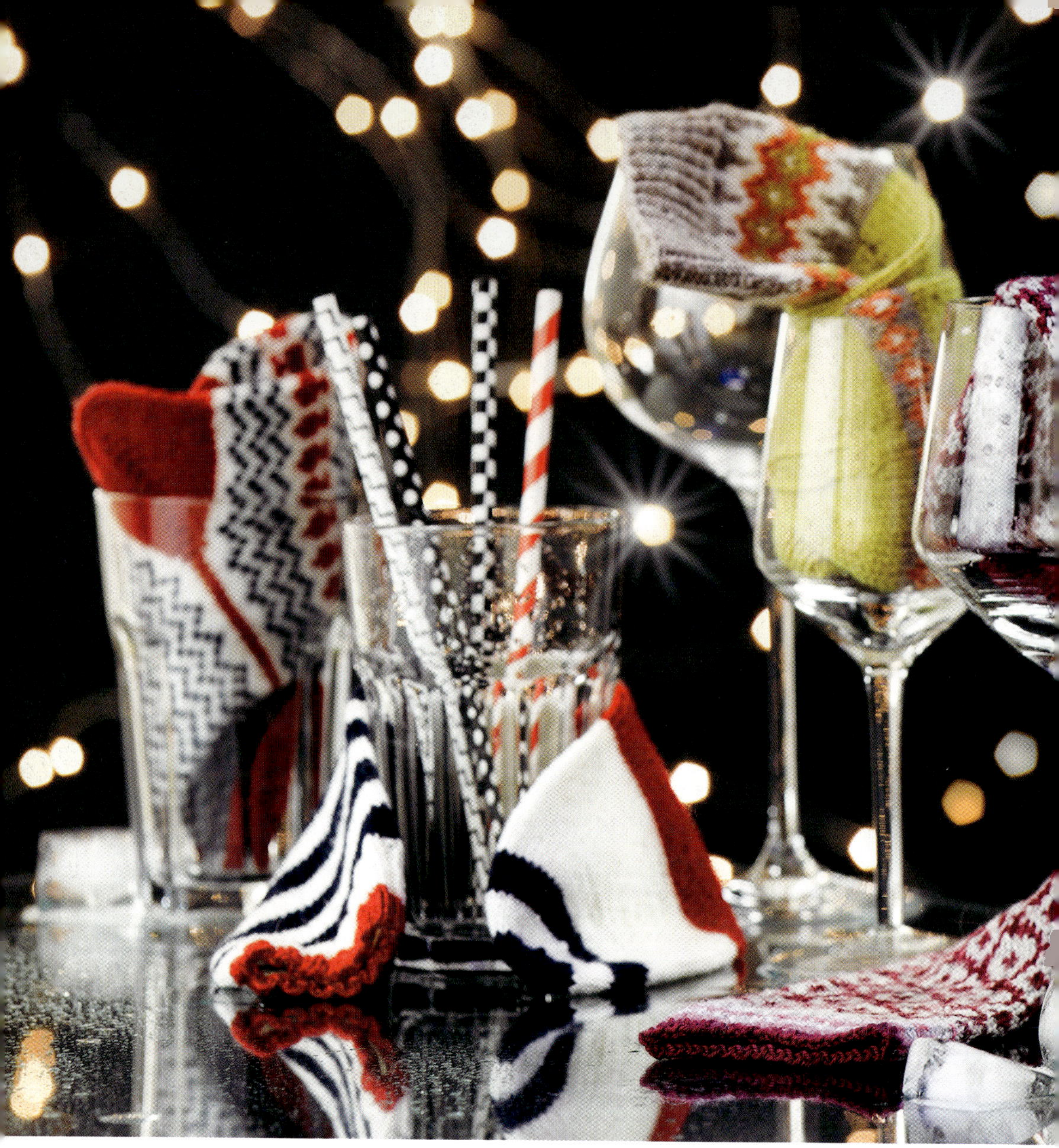

Soxxshaker

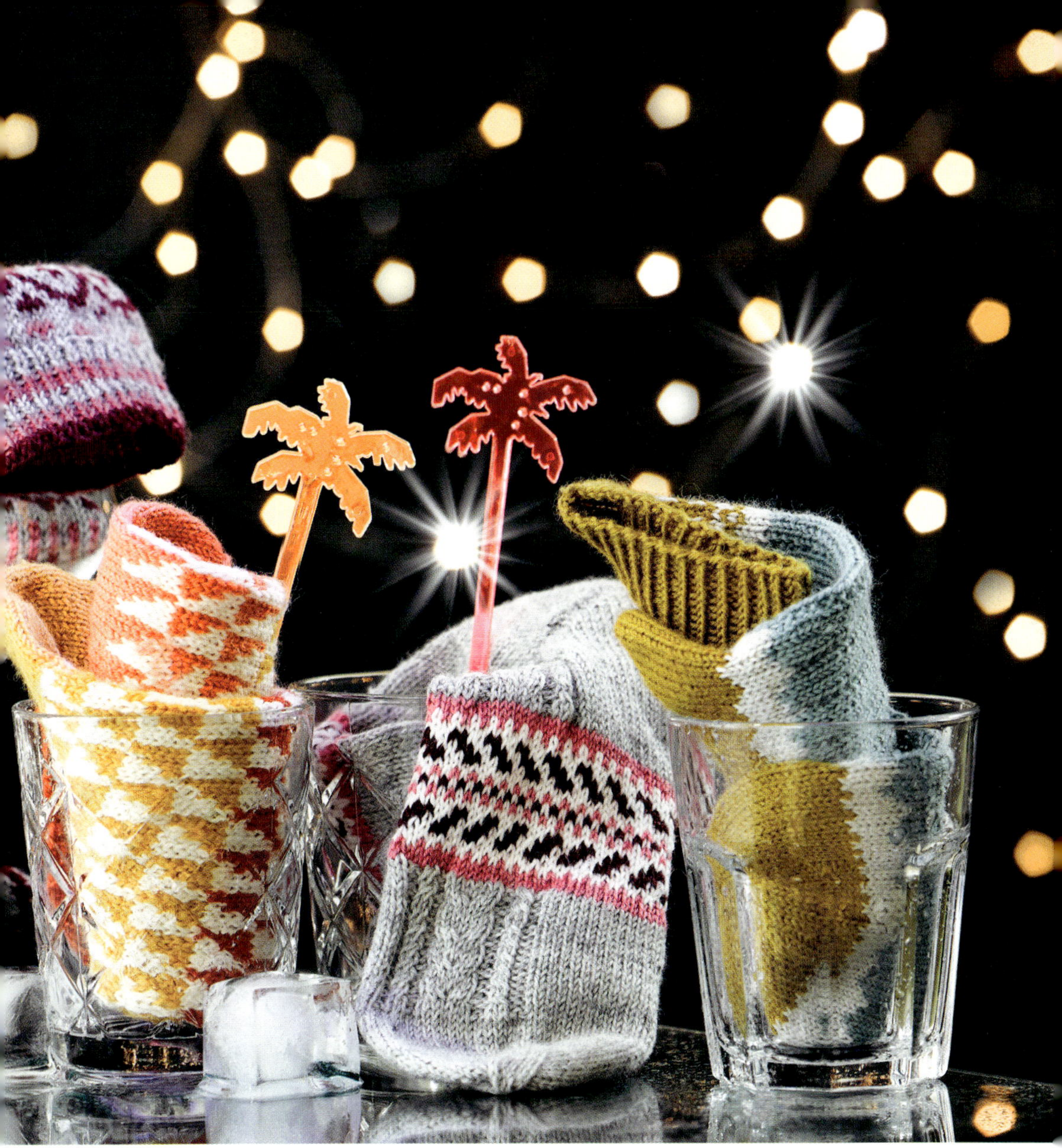

WERDE KREATIV

Muster mixen macht unheimlich viel Spaß. Ob bunte Jacquardmuster, Zopf- und Lochmuster oder Muster aus rechten und linken Maschen, alles lässt sich kombinieren.

Besonders wenn man noch keine Übung im Stricken von Jacquardmustern hat, ist eine bunte Bordüre, kombiniert mit einem größeren Teil in Uni, ein perfekter Einstieg in das Stricken mit mehreren Fäden. Damit es nicht zu langweilig wird, kann der einfarbige Teil zum Beispiel in einem Strukturmuster gestrickt werden. Lass deiner Fantasie freien Lauf, sei mutig und probiere einfach drauflos. Es ist spannend, was dabei entsteht.

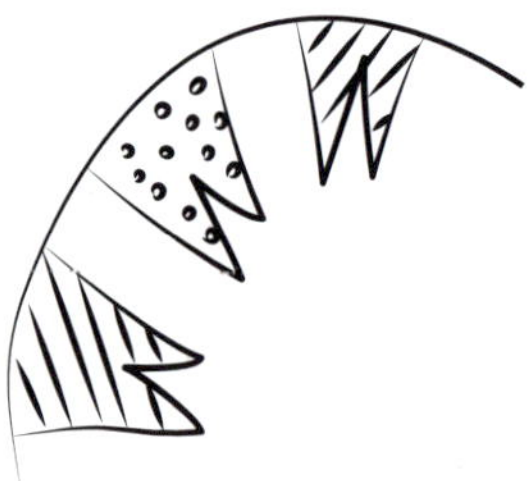

Eine besonders große Mustersammlung bietet dir der Schal SoxxMixx No. 8 (siehe Seite 54). Die 19 Muster mit kleinen Rapporten lassen sich vielseitig einsetzen und finden sich auch im Pullover SoxxMixx No. 19 (Seite 122) wieder. Ein Schal eignet sich übrigens auch hervorragend, um Reste zu verstricken. Denn wenn du erst einmal so süchtig nach bunten Socken bist wie ich, sammeln sich viele kleine Knäuel an, und wenn die Lauflängen übereinstimmen, können auch Garne verschiedener Qualitäten kombiniert werden.

Auch das Experimentieren mit Farben macht viel Spaß. Als Grundfarbe empfehle ich, eine neutrale Farbe wie Weiß, Offwhite, Beige oder Hellgrau zu verwenden. Durch sie kommen die anderen

Farben besonders gut zur Geltung und das Ergebnis ist nicht zu unruhig. Ich liebe Farbwelten wie Grau-Rosa-Pink, Rot-Weiß-Blau oder Petrol-Gold-Aqua. Ich erstelle für meine Entwürfe Moodboards mit Mustern, die ich in Wohnzeitschriften finde, Bildern aus Modemagazinen, Naturaufnahmen und Urlaubsfotos. Bevor ich anfange zu stricken, überlege ich, wozu das fertige Strickstück passen soll. Dabei spielt nicht nur die Farbe eine Rolle, sondern auch die Struktur. die entsteht, wenn ein Zopf- oder Lochmuster gestrickt wird. Im Sommer mag ich besonders gerne helle Farben und leichte Lochmuster, wenn es kälter wird, werden die Farben dunkler und ich stricke besonders gerne Zopfmuster, die mich an die Aranmuster der irischen Küste erinnern.

Auf den nächsten Seiten findest du einige Ideen, wie sich die Muster aus diesem Buch kombinieren lassen. Der Fantasie sind keine Grenzen gesetzt. Hauptsache, die Maschenzahl der einzelnen Rapporte und die Maschenzahl des Strickstücks lassen sich vereinbaren.

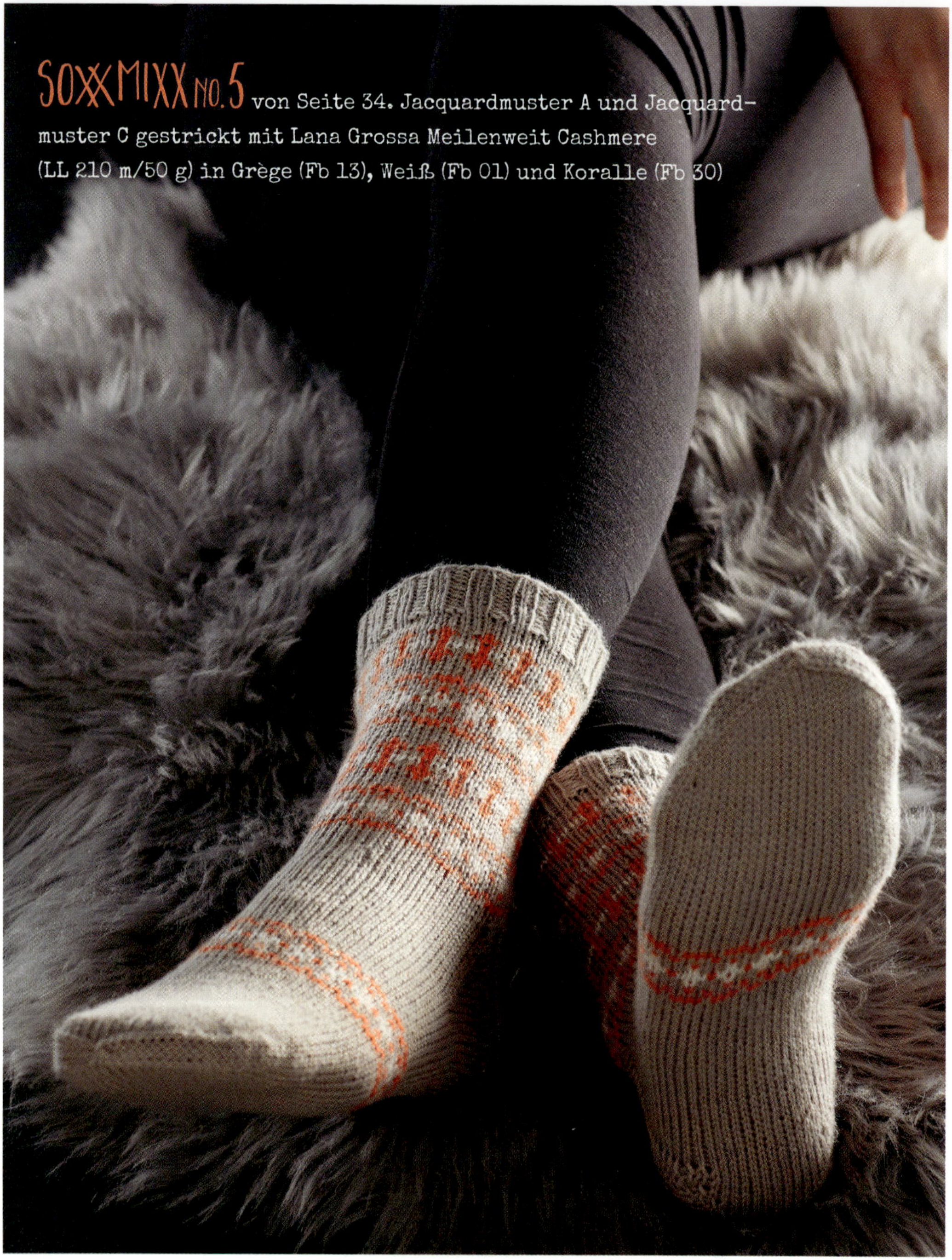

SOXXMIXX No. 5 von Seite 34. Jacquardmuster A und Jacquardmuster C gestrickt mit Lana Grossa Meilenweit Cashmere (LL 210 m/50 g) in Grège (Fb 13), Weiß (Fb 01) und Koralle (Fb 30)

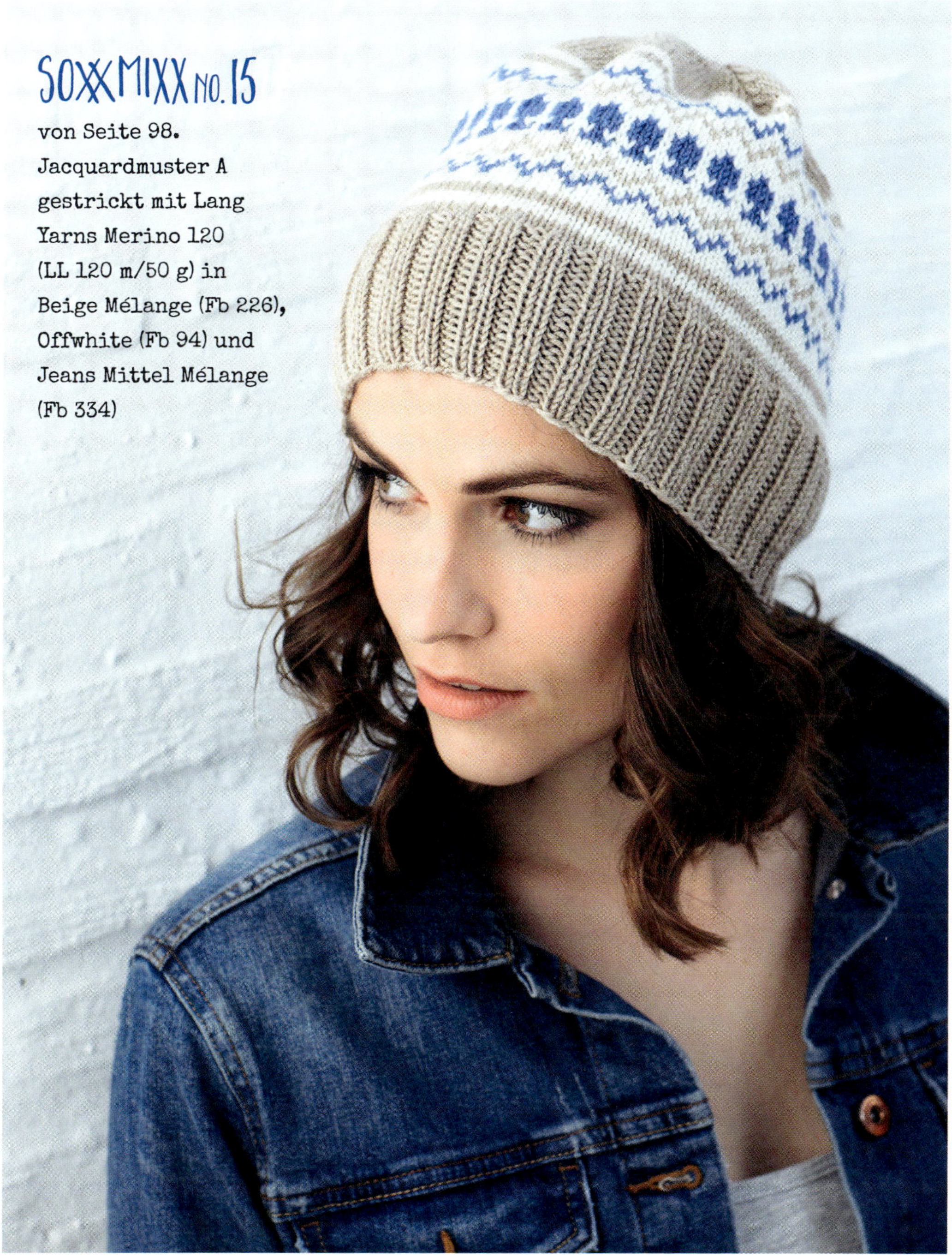

SOXXMIXX NO. 15

von Seite 98.
Jacquardmuster A gestrickt mit Lang Yarns Merino 120 (LL 120 m/50 g) in Beige Mélange (Fb 226), Offwhite (Fb 94) und Jeans Mittel Mélange (Fb 334)

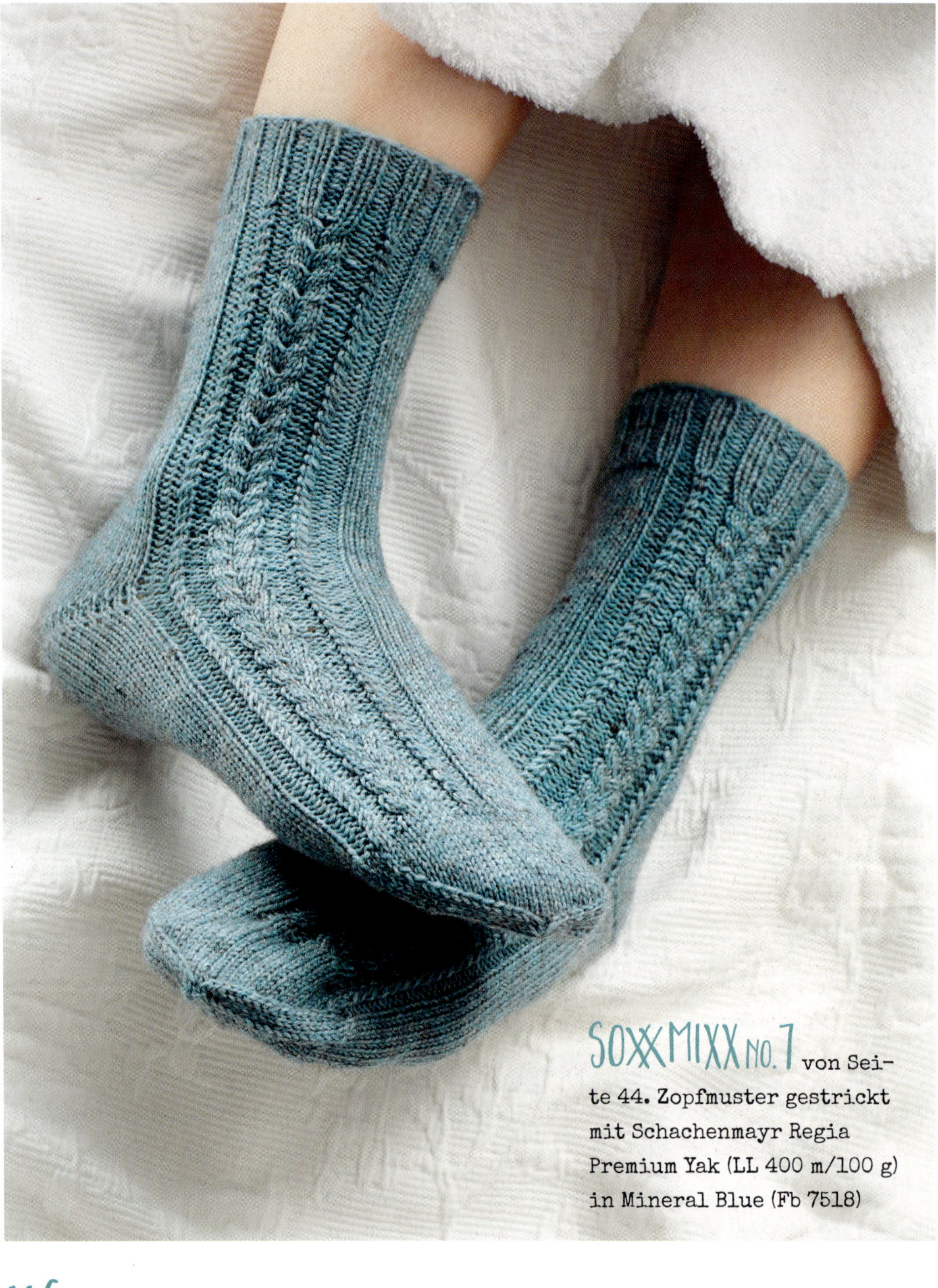

SOXXMIXX NO. 7 von Seite 44. Zopfmuster gestrickt mit Schachenmayr Regia Premium Yak (LL 400 m/100 g) in Mineral Blue (Fb 7518)

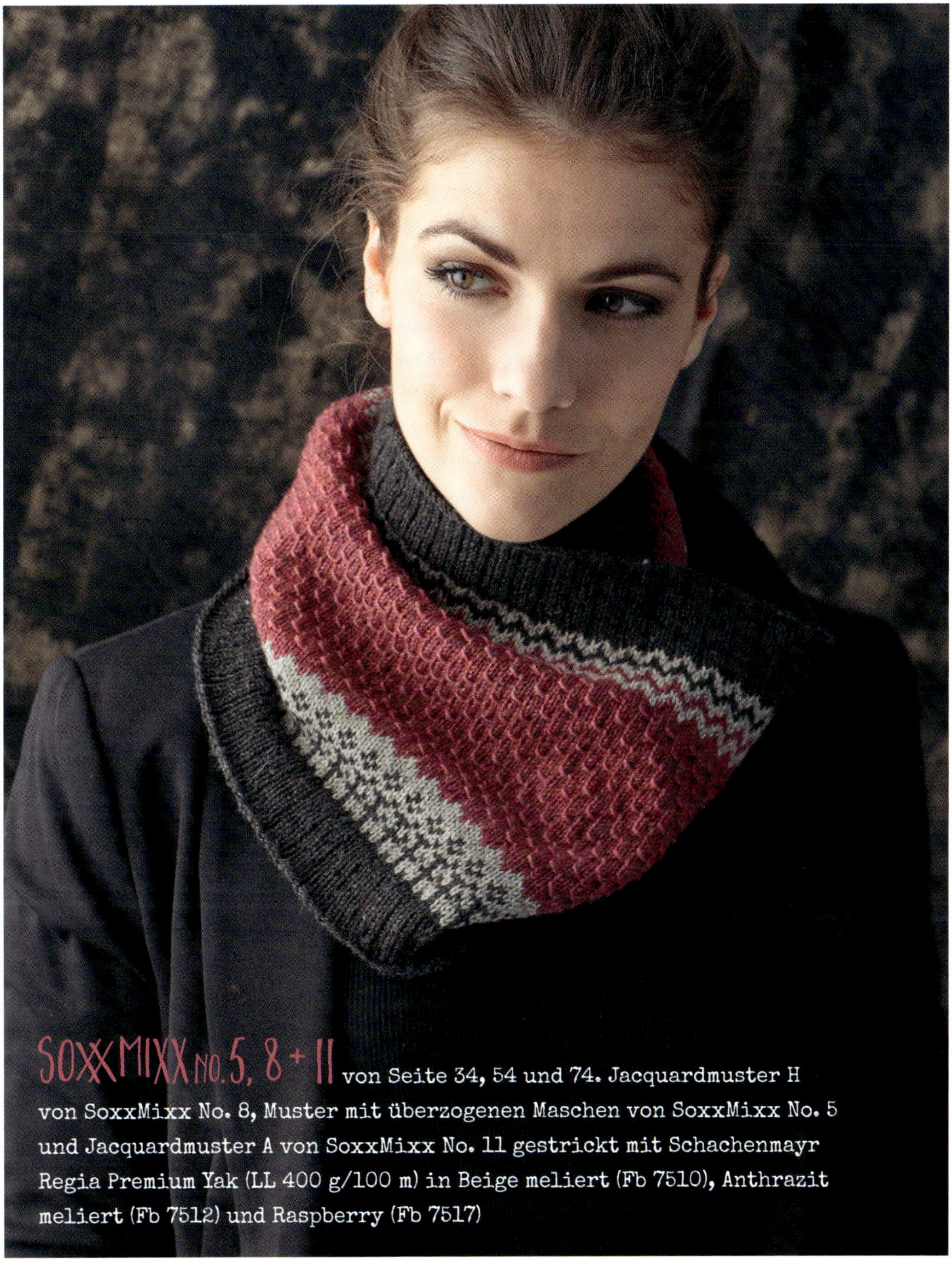

SOXXMIXX NO. 5, 8 + 11 von Seite 34, 54 und 74. Jacquardmuster H von SoxxMixx No. 8, Muster mit überzogenen Maschen von SoxxMixx No. 5 und Jacquardmuster A von SoxxMixx No. 11 gestrickt mit Schachenmayr Regia Premium Yak (LL 400 g/100 m) in Beige meliert (Fb 7510), Anthrazit meliert (Fb 7512) und Raspberry (Fb 7517)

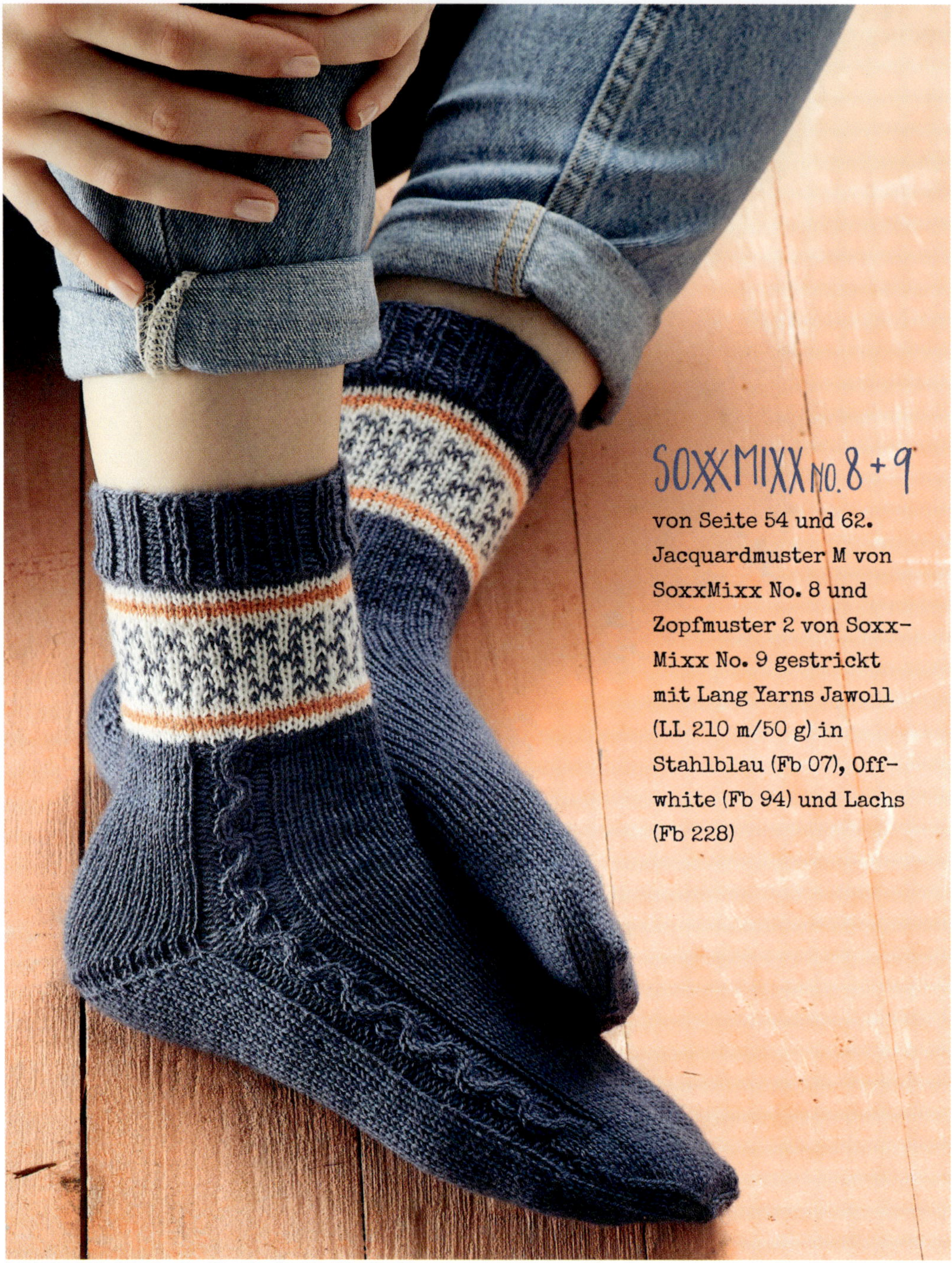

SoxxMixx No. 8 + 9

von Seite 54 und 62. Jacquardmuster M von SoxxMixx No. 8 und Zopfmuster 2 von SoxxMixx No. 9 gestrickt mit Lang Yarns Jawoll (LL 210 m/50 g) in Stahlblau (Fb 07), Offwhite (Fb 94) und Lachs (Fb 228)

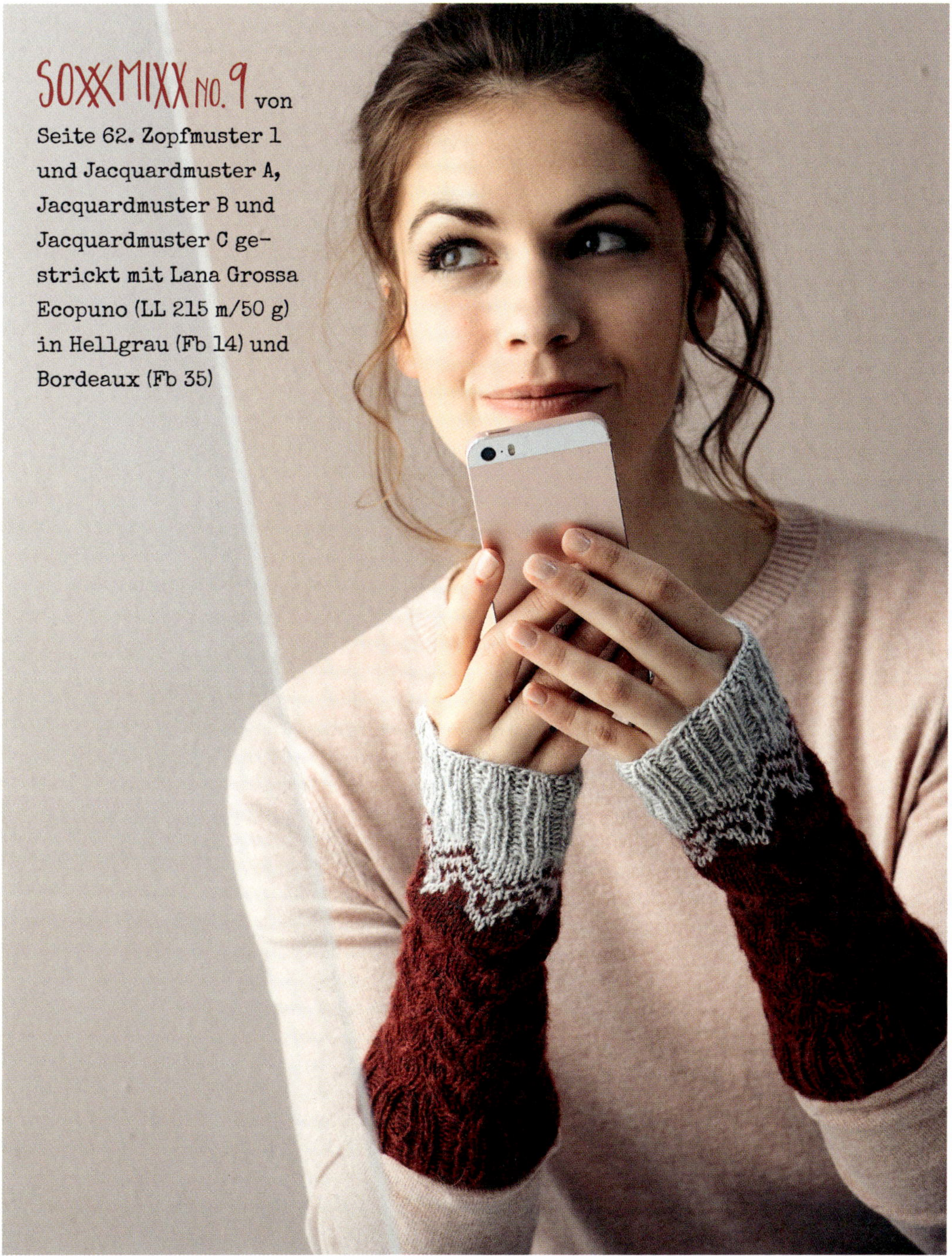

SOXXMIXX NO. 9 von Seite 62. Zopfmuster 1 und Jacquardmuster A, Jacquardmuster B und Jacquardmuster C gestrickt mit Lana Grossa Ecopuno (LL 215 m/50 g) in Hellgrau (Fb 14) und Bordeaux (Fb 35)

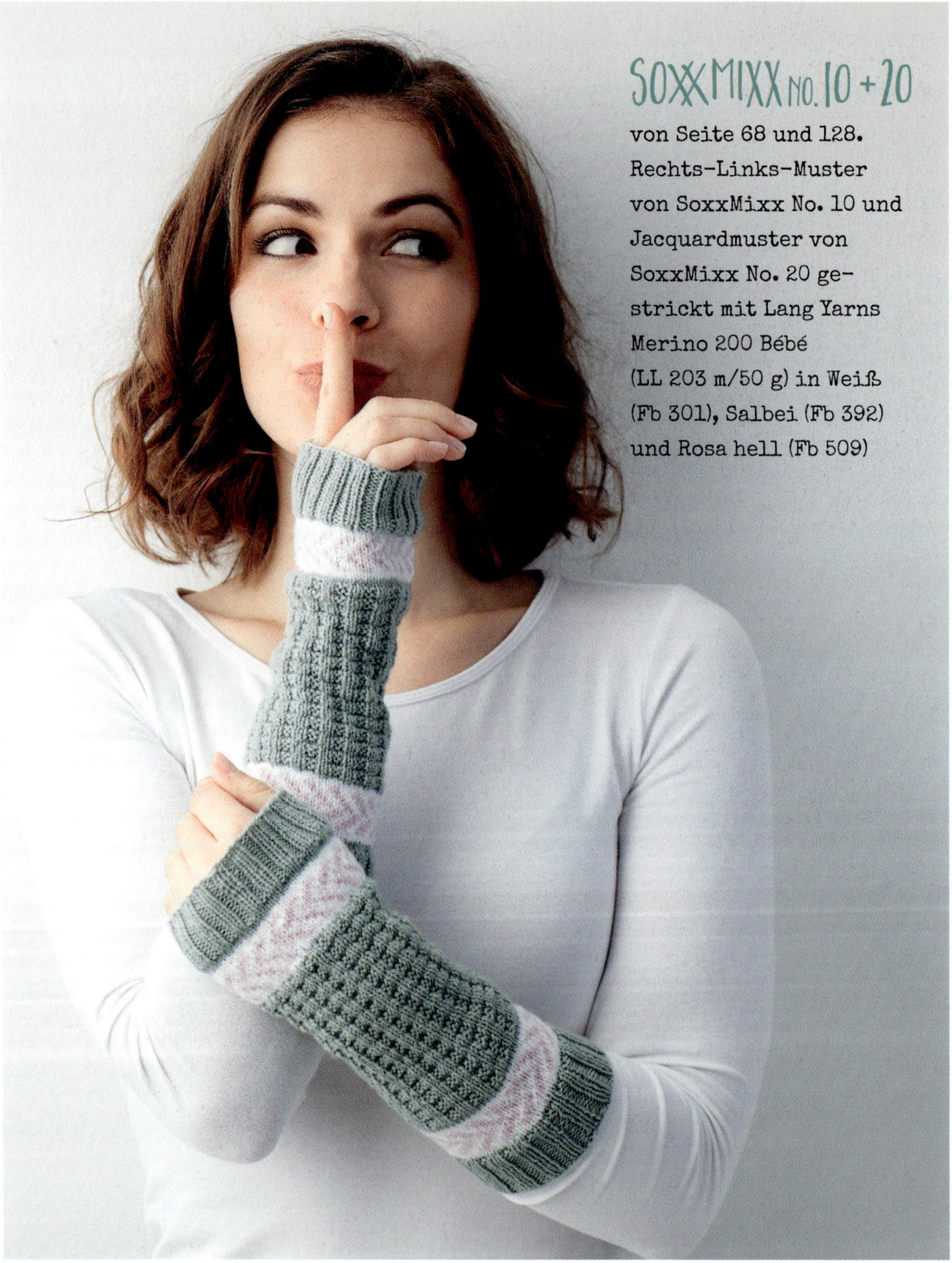

SOXXMIXX NO. 10 + 20

von Seite 68 und 128. Rechts-Links-Muster von SoxxMixx No. 10 und Jacquardmuster von SoxxMixx No. 20 gestrickt mit Lang Yarns Merino 200 Bébé (LL 203 m/50 g) in Weiß (Fb 301), Salbei (Fb 392) und Rosa hell (Fb 509)

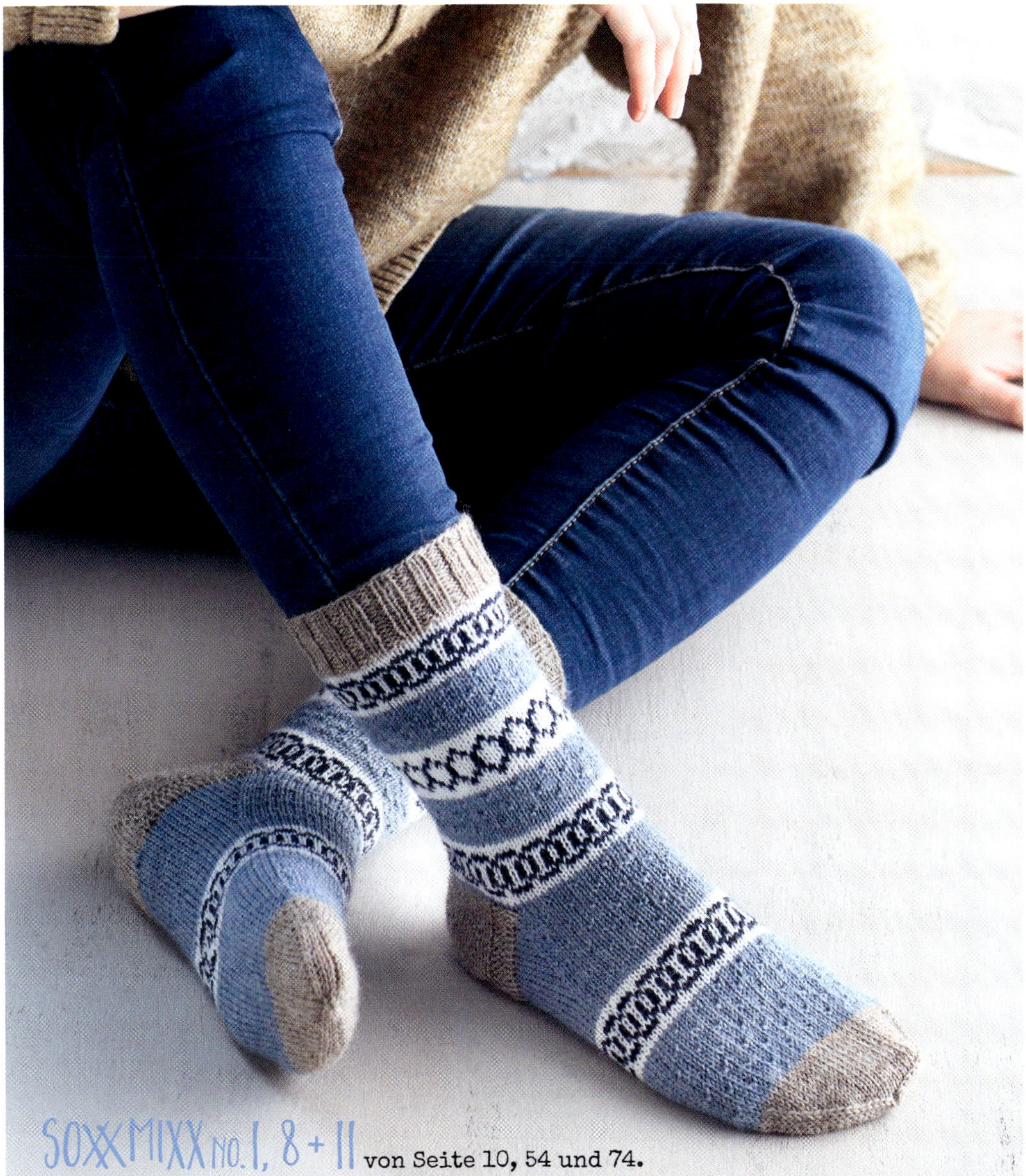

SOXXMIXX NO. 1, 8 + 11 von Seite 10, 54 und 74.

Jacquardmuster von SoxxMixx No. 1, Jacquardmuster L von SoxxMixx No. 8 und Rechts-Links-Muster 2 von SoxxMixx No. 11 gestrickt mit Lana Grossa Meilenweit (LL 210 m/50 g) in Weiß (Fb 1101), Taupe (Fb 1359), Nachtblau (Fb 1141) und Jeans/Grau meliert (Fb 1302)

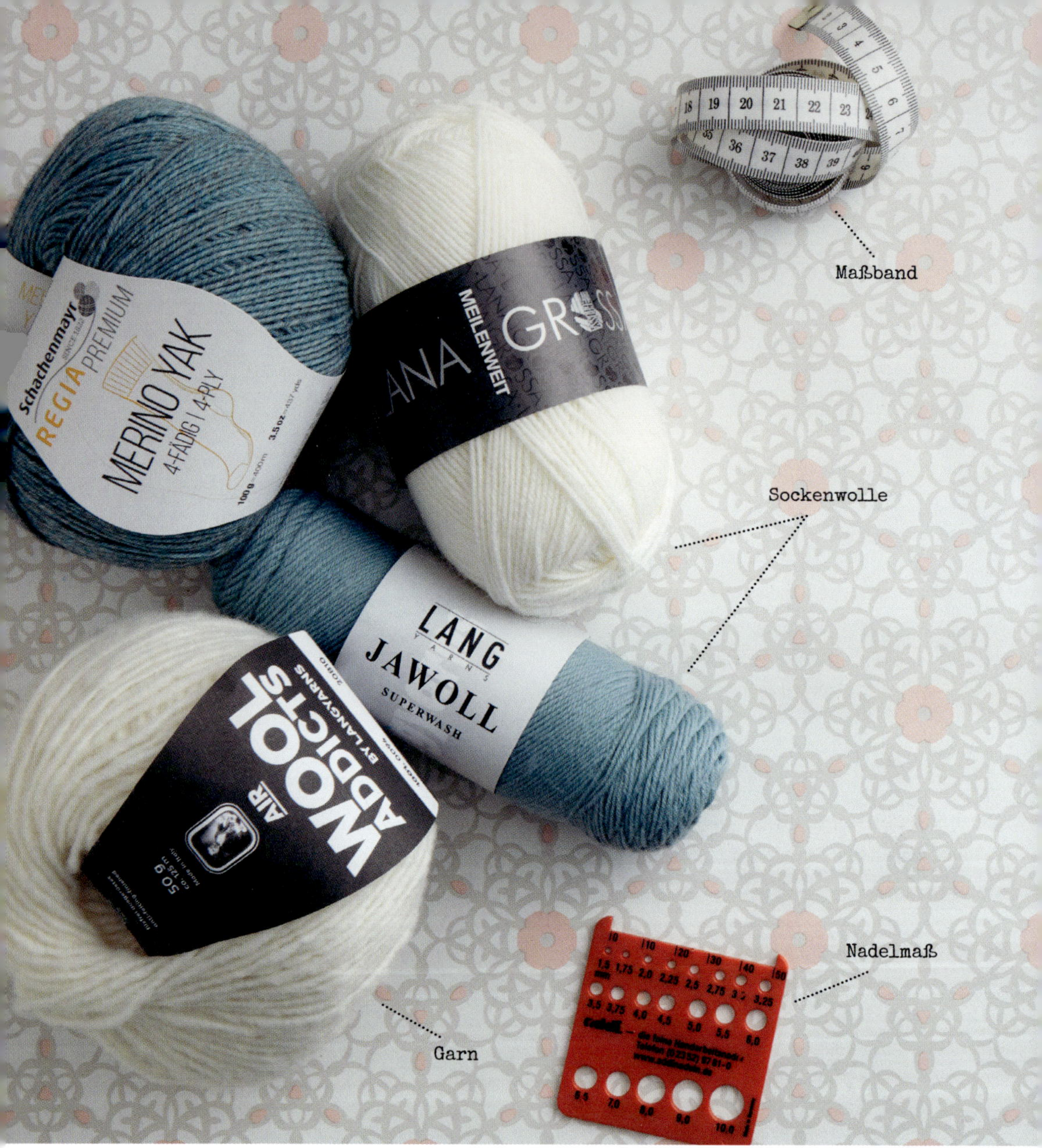

Grundanleitung

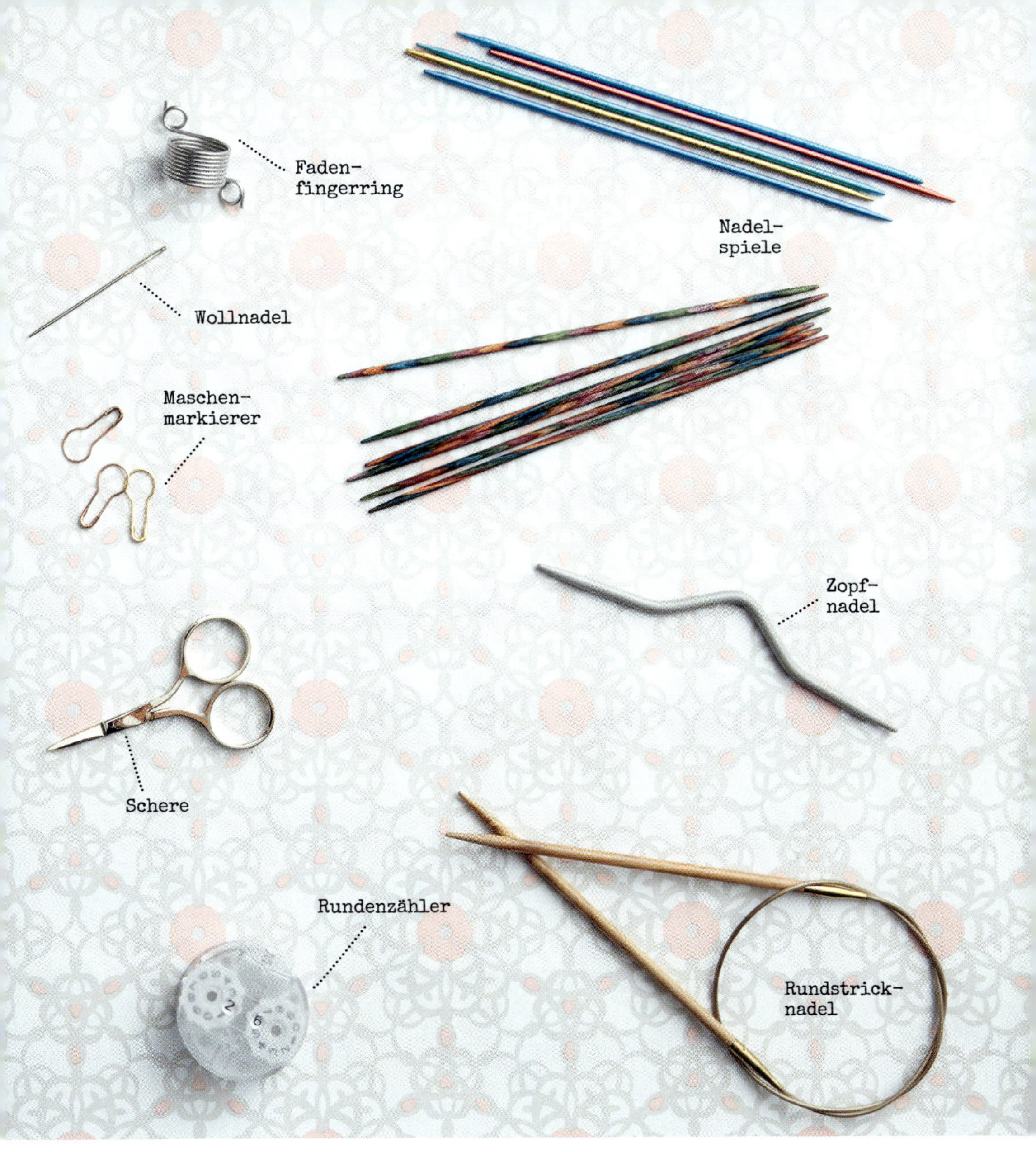
Faden-
fingerring
Nadel-
spiele
Wollnadel
Maschen-
markierer
Zopf-
nadel
Schere
Rundenzähler
Rundstrick-
nadel

MATERIAL

DAS RICHTIGE GARN ZUM SOCKENSTRICKEN

▶ Video 1

Socken sollten immer aus speziellem Sockengarn gestrickt werden. Dieses Garn besteht in der Regel aus Schurwolle mit einem Anteil von 25–30 % Polyamid, dadurch ist es strapazierfähig und durch eine besondere Ausrüstung in der Maschine waschbar, ohne dass es verfilzt.

Ich stricke Socken mit Jacquardmuster am liebsten aus 4-fädiger Wolle. Mit diesem Garn werden die Socken nicht zu dick und das Muster sieht schön fein aus. Garne verschiedener Hersteller mit der gleichen Qualität können zusammen verstrickt werden, so lassen sich auch Reste ohne Probleme verarbeiten.

Bei feineren Garnen können Ferse und Spitze mit dem mitgelieferten, gleichfarbigen Beilaufgarn verstärkt werden. Bitte auf eine gute Qualität der Garne achten, damit man lange Freude an dem Strickstück hat.

STRICKNADELN

▶ Video 1

Ob mit Holz-, Stahl-, Kunststoff- oder Bambusnadeln gearbeitet wird, hängt ganz von der Vorliebe ab. Eine große Rolle spielt auch, wie fest oder locker man strickt.

Durch die raue Oberfläche von Bambusnadeln rutschen die Maschen nicht so leicht von der Nadel, sie sind deshalb nicht so gut geeignet, wenn sehr fest gestrickt wird. Diese Nadeln sind schön leicht und geben beim Stricken nach.

Stahlnadeln haben eine glattere Oberfläche und sind etwas schwerer als Nadeln aus anderen Materialien. Ein großer Vorteil ist, dass diese Nadeln nicht durchbrechen können. Allerdings rutschen sie leicht aus dem Strickstück, wenn sehr locker gestrickt wird.

Holznadeln sind angenehm glatt und leicht.

Kunststoffnadeln sind leicht und flexibel. Die Spitze dieser Nadel ist etwas runder und deshalb nicht so gut für das Stricken mit mehreren Fäden geeignet.

Mittlerweile gibt es auch verschiedene Nadelformen. Man hat die Wahl zwischen konventionellen runden, dreieckigen oder quadratischen Nadeln.

SONSTIGES ZUBEHÖR

Video 1

Zusätzlich benötigt man ein Maßband, eine Schere und eine stumpfe Wollnadel zum Schließen der Mützenspitze und zum Vernähen der Fäden.
Weiteres Zubehör wie Maschenmarkierer und Maschenreihenzähler können das Arbeiten erleichtern, sind aber nicht unbedingt notwendig. Eine kleine Schlaufe aus einem andersfarbigen Garn, ein Stück Papier und ein Bleistift reichen auch aus.
Damit die Maschen beim Transport nicht von den Nadeln rutschen, gibt es im Fachhandel Nadelspielhalter, Maschenstopper und Nadelspielröhren. Natürlich können Nadeln auch mit Gummibändern fixiert werden.

NADELMASS

Kein Nadelmaß zur Hand? Kein Problem. Leg deine Nadel auf diese Zeichnung und miss nach. In diesem Buch werden die Stärken 2,5 mm–3,5 mm verwendet. Hier ist jeweils noch eine Stärke kleiner und größer abgebildet, falls du sie brauchst.

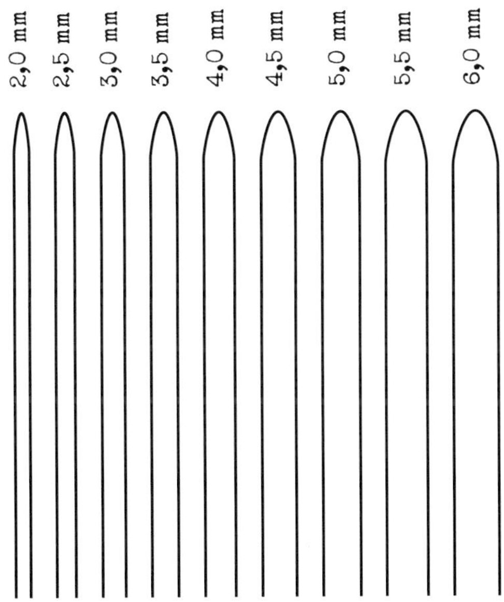

TECHNIKEN

KREUZANSCHLAG

Video 2

Für die Modelle aus diesem Buch empfehle ich den klassischen Kreuzanschlag, da dieser Anschlag elastisch, aber nicht zu locker ist.

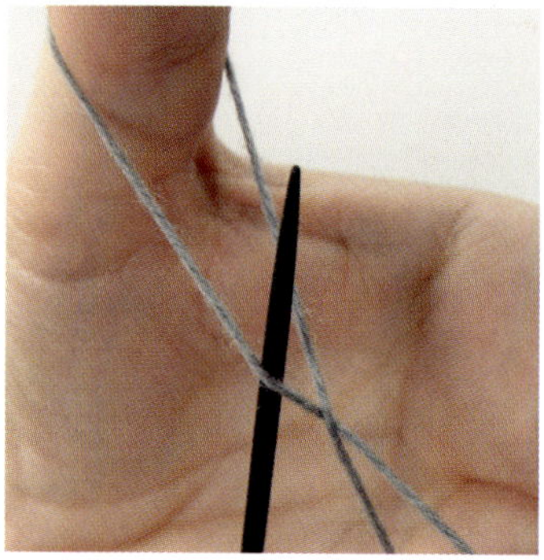

1 Die Fadenlänge, die für den Anschlag benötigt wird, lässt sich leicht ermitteln. Du benötigst bei dünnen Garnen 1 cm Faden pro Masche plus 20 cm und bei mittleren Garnen 1,5 cm pro Masche plus 20 cm. Ein entsprechendes Stück Garn abwickeln und eine Grundschlinge bilden. Die Schlinge über eine Nadel schieben und festziehen.

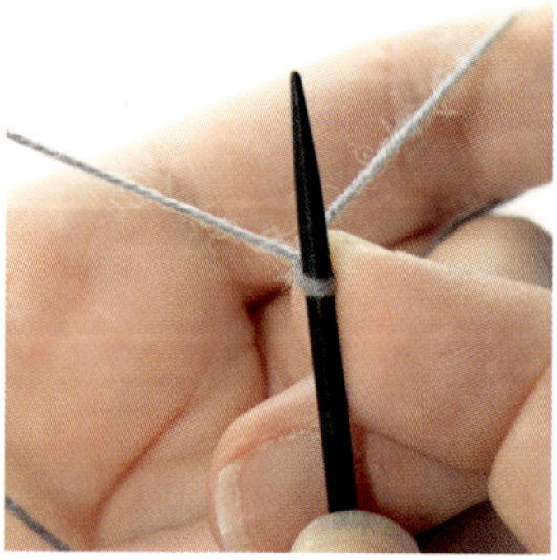

2 Den Faden mit dem Ende über den Daumen führen und den Faden, der zum Knäuel führt, über den gestreckten Zeigefinger legen. Die Nadel mit der Schlinge befindet sich zwischen Daumen und Zeigefinger. Damit die Fäden gespannt sind, die herunterhängenden Enden mit den übrigen Fingern festhalten.

3 Nun die Nadel von vorne unter dem vorderen Faden durchführen und mit der Nadelspitze den hinteren Arbeitsfaden durchziehen. Die Masche vom Daumen gleiten lassen. Mit dem Daumen den Faden wieder greifen und nach vorne ziehen. Dadurch wird die Masche festgezogen und der Faden liegt wieder über den Daumen.

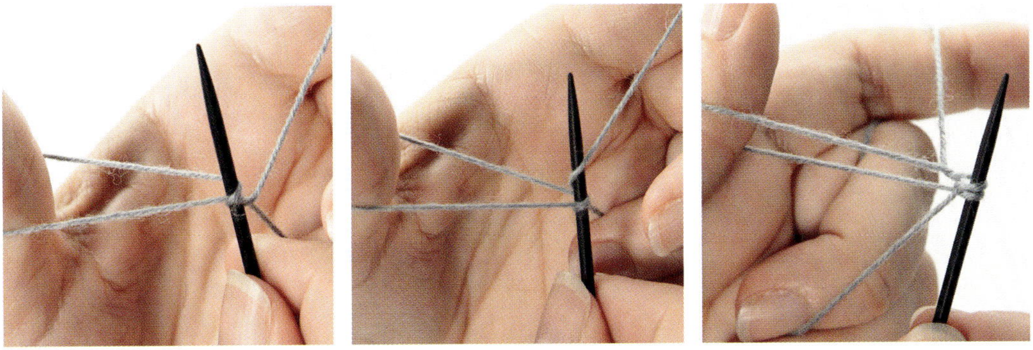

4 Diesen Vorgang so oft wiederholen, bis auf jeder Nadel gleich viele Maschen angeschlagen sind und die gewünschte Maschenzahl erreicht ist. Beim Übergang zur nächsten Nadel die Fadenspannung nicht verändern. Bevor die Runde geschlossen wird, darauf achten, dass die Nadeln nicht verdreht sind.

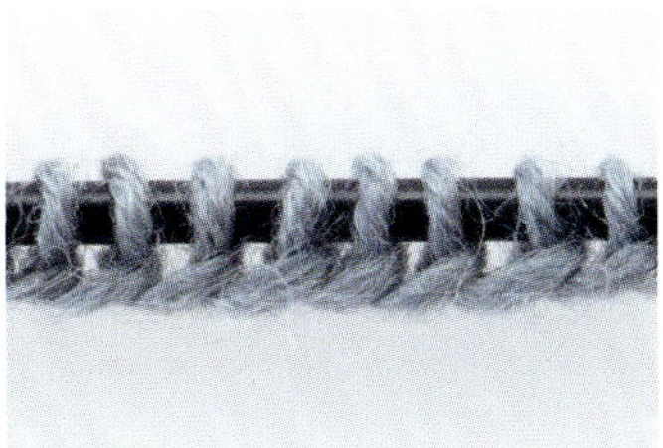

AUFSCHLINGEN

Beim Stricken von Handschuhen (SoxxMixx No. 13) muss nach der Fertigstellung des Daumenkeils eine Masche aufgeschlungen werden. Beim Stricken eines Pullovers mit Passe (SoxxMixx No. 18+19) werden zwischen Vorder- und Rückenteil für die Armausschnitte mehrere Maschen aufgeschlungen.

1 Die Stricknadel in der rechten Hand halten. Der Arbeitsfaden wird von vorne nach hinten über den linken Daumen geführt.

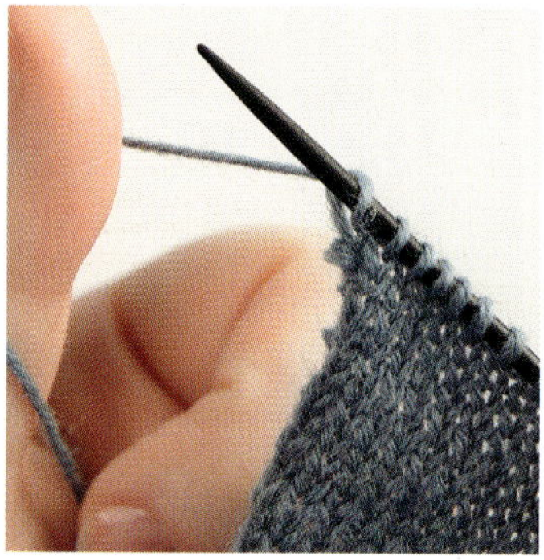

2 Die Nadel von vorne unter dem vorderen Faden durchführen.

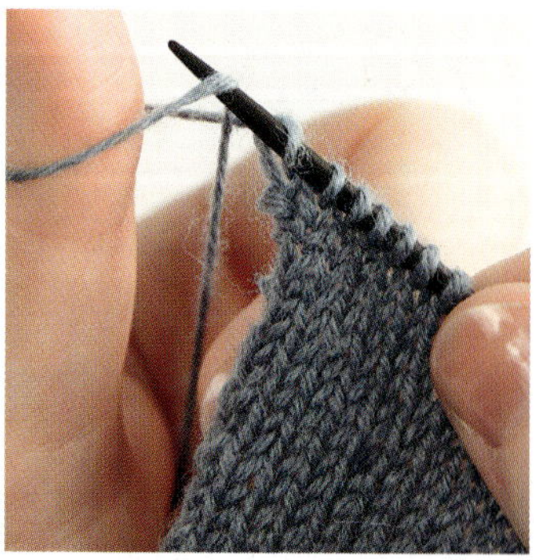

3 Daumen aus der Schlinge ziehen, die neue Masche auf der Nadel anziehen.

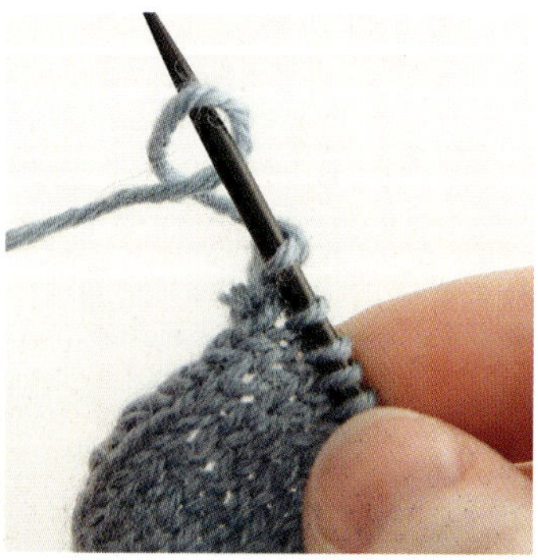

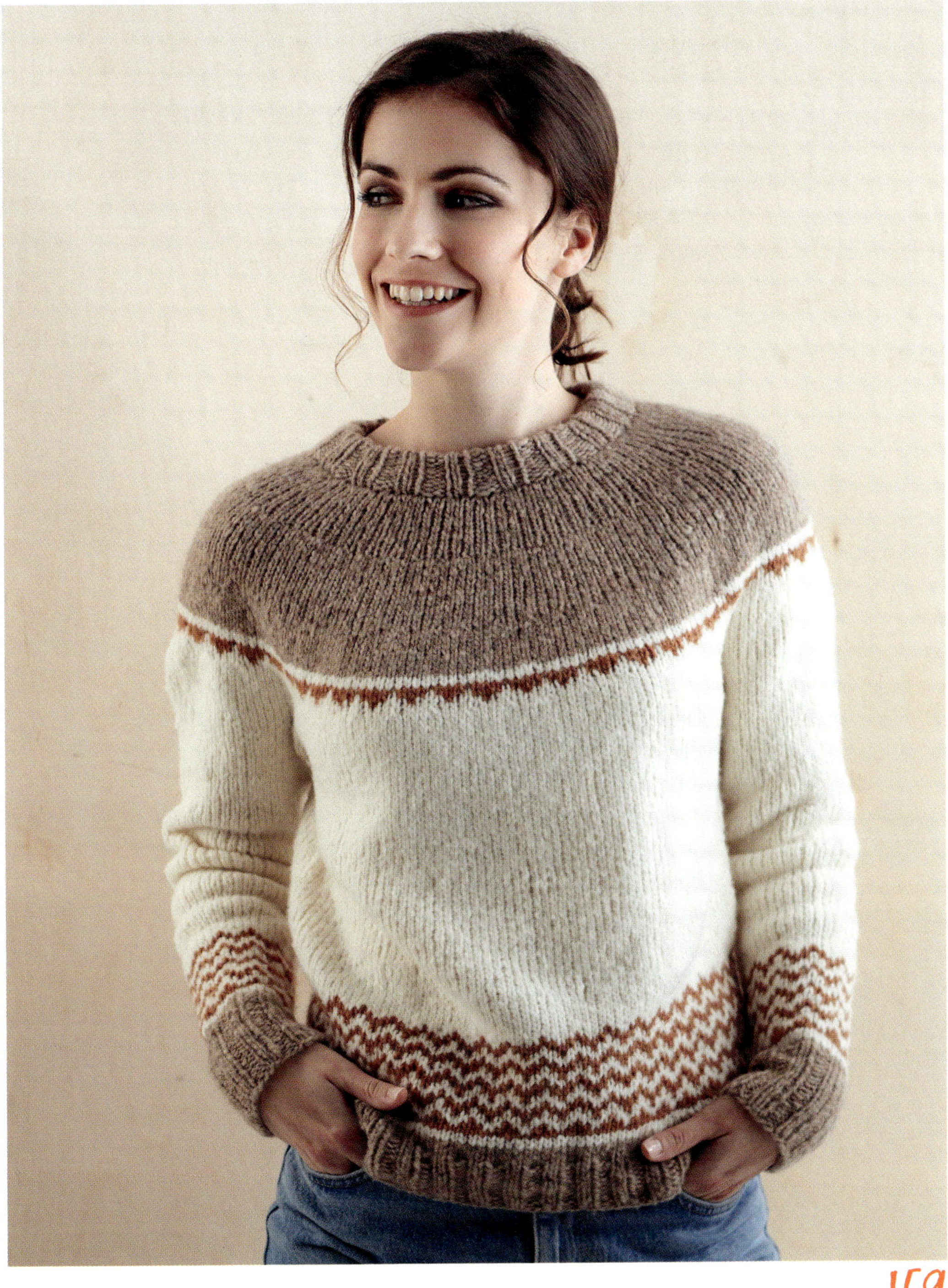

RECHTE MASCHEN

Die Nadel mit den angeschlagenen Maschen in der linken Hand und die Arbeitsnadel in der rechten Hand halten. Der Faden befindet sich hinter der Nadel und wird über den gestreckten Zeigefinger der linken Hand geführt. Der Faden kann gespannt werden, indem er mehrmals um den Zeigefinger oder um den kleinen Finger gewickelt wird.

1 Um die Masche abzustricken, mit der Arbeitsnadel von vorne nach hinten in die Schlinge der ersten Masche einstechen und den Faden von hinten nach vorne durch die Masche ziehen.

2 Die neu entstandene Masche auf der rechten Nadel anziehen und die Masche der vorherigen Reihe bzw. Runde von der linken Nadel gleiten lassen.

3 Die folgenden Maschen genauso stricken.

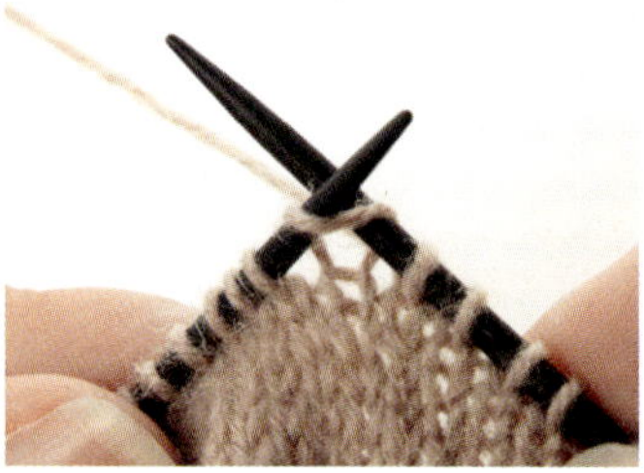

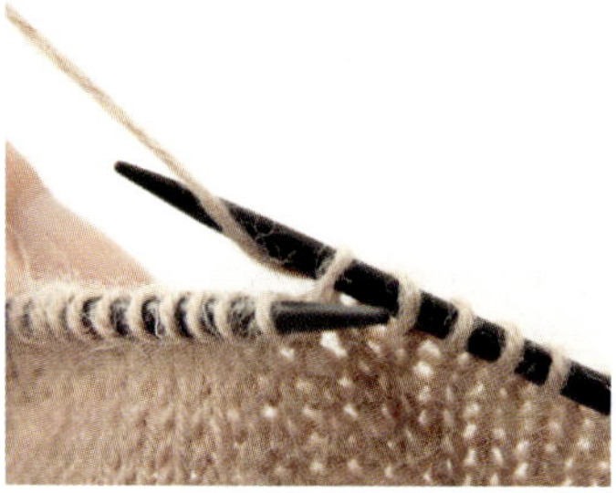

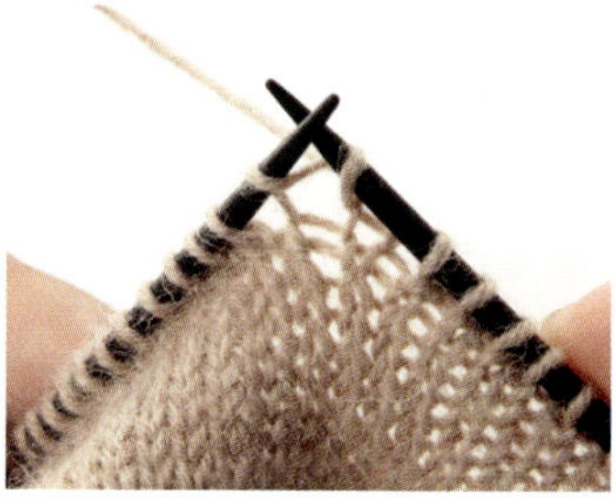

HINWEIS: Linkshänder halten die Nadel mit den angeschlagenen Maschen in der rechten Hand und die Arbeitsnadel in der linken Hand.

LINKE MASCHEN

Wie beim Rechtsstricken wird die Nadel mit den Maschen in der linken Hand und die Arbeitsnadel in der rechten Hand gehalten. Der Faden liegt beim Linksstricken vor der Arbeit.

1 Mit der Arbeitsnadel in die Schlinge der ersten Masche von rechts nach links einstechen, sodass die Spitze der rechten Nadel vor der linken Nadel liegt, und den Faden von vorne nach hinten durch die Masche ziehen.

2 Die neue Masche auf der rechten Nadel anziehen und die Masche der vorherigen Reihe bzw. Runde von der linken Nadel gleiten lassen.

3 Die folgenden Maschen genauso stricken.

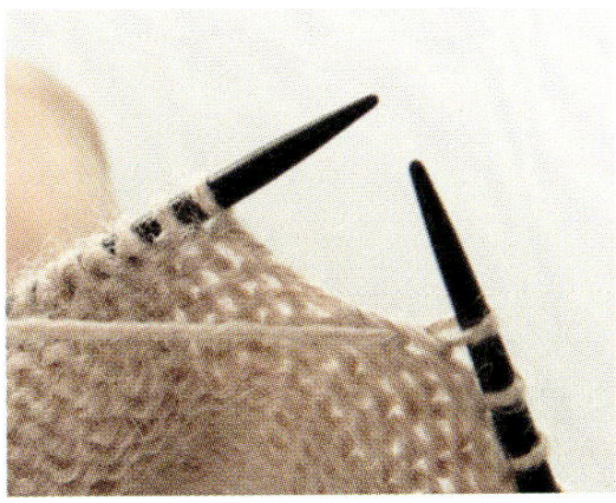

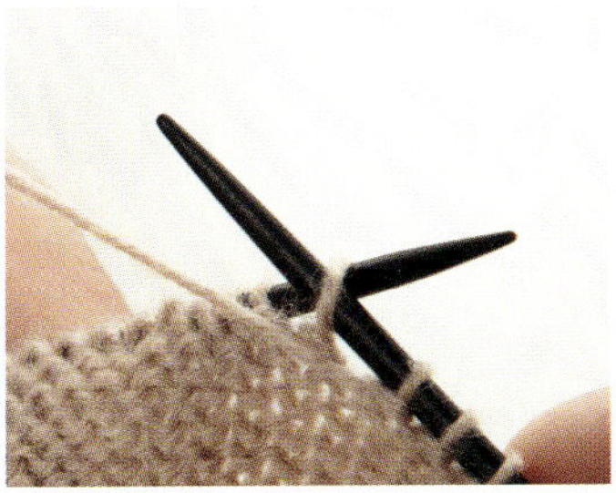

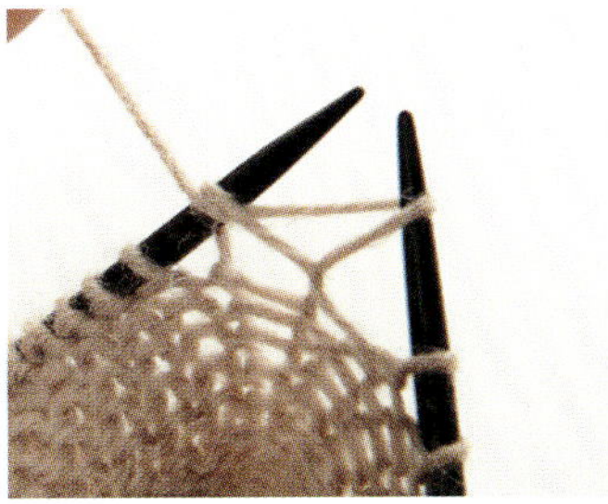

HINWEIS: Linkshänder halten die Nadel mit den Maschen in der rechten Hand und die Arbeitsnadel in der linken Hand.

ÜBRIGENS: In osteuropäischen und islamischen Ländern wird der Faden andersherum durch die Masche gezogen, deshalb liegen die Maschen beim Rechtsstricken umgekehrt auf der Nadel. Das spielt vor allem eine Rolle bei der rechts- bzw. linksgeneigten Abnahme. Außerdem sind dabei Löcher bei der Bumerangferse unvermeidlich.

VERSCHRÄNKTE MASCHEN

RECHTS VERSCHRÄNKTE MASCHEN

In das hintere Maschenglied von rechts nach links einstechen und die Masche rechts abstricken, sodass sich die Masche verdreht.

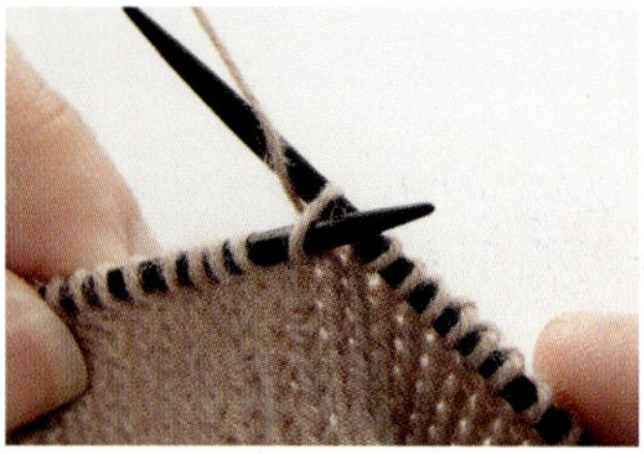

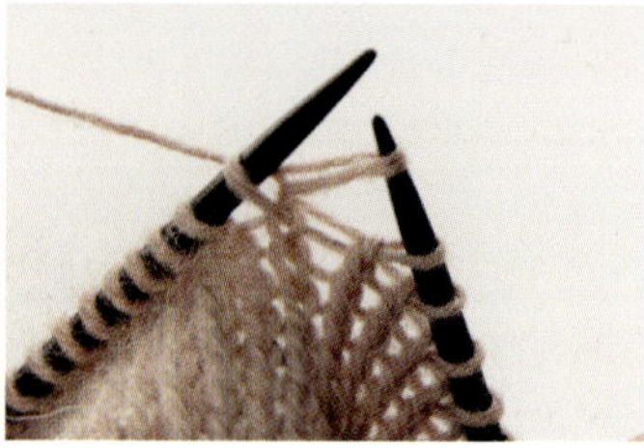

LINKS VERSCHRÄNKTE MASCHEN

In das hintere Maschenglied von links nach rechts einstechen und die Masche links abstricken, sodass sich die Masche verdreht.

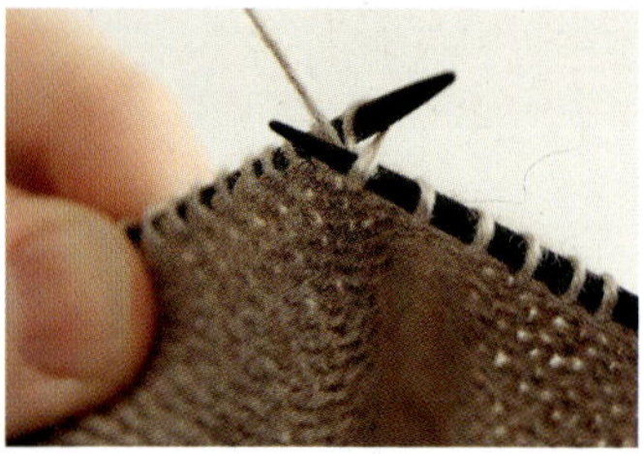

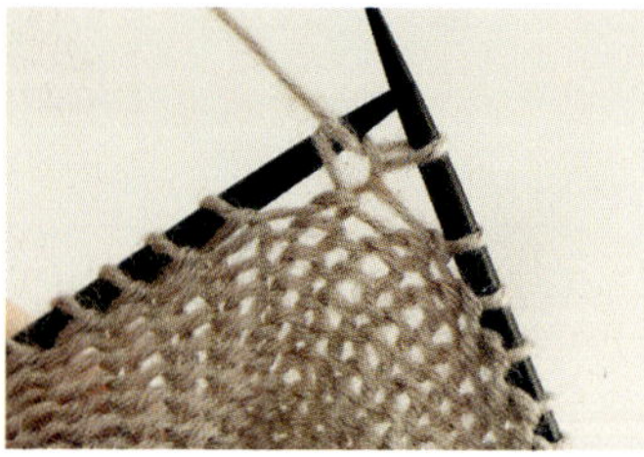

DOPPELMASCHEN

Sowohl nach Hinreihen als auch nach Rückreihen das Strickstück wenden und den Faden vor die Arbeit legen. Die erste Masche abheben und dabei den Faden fest nach hinten ziehen. Die Masche wird über die Nadel gezogen und liegt doppelt.

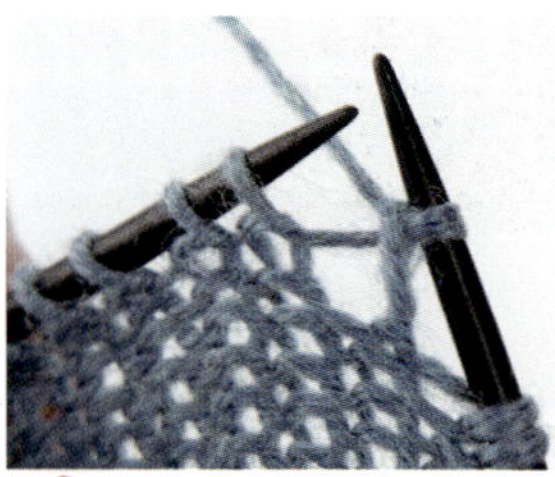

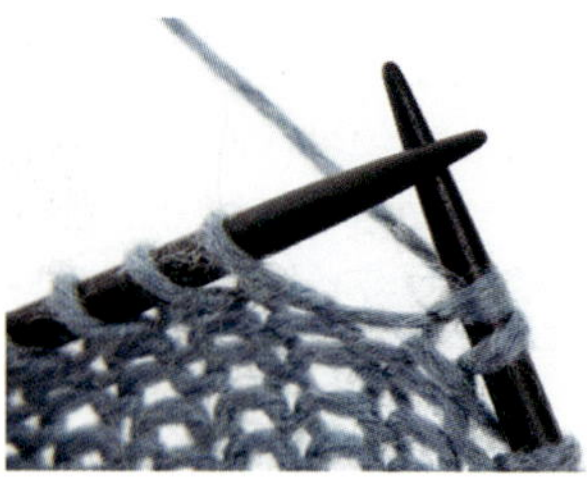

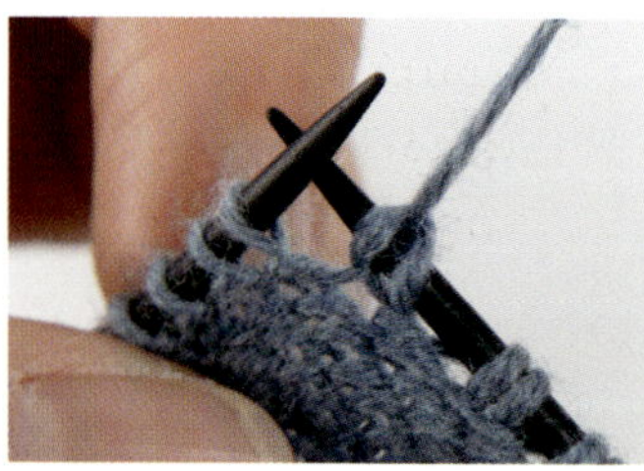

ZUNAHMEN

ZUNAHMEN AUS DEM QUERFADEN

Für diese Zunahmen wird der Querfaden zwischen zwei Maschen der Vorrunde hochgezogen.

RECHTSGENEIGTE ZUNAHME

Diese Zunahme neigt sich im Maschenbild nach rechts.

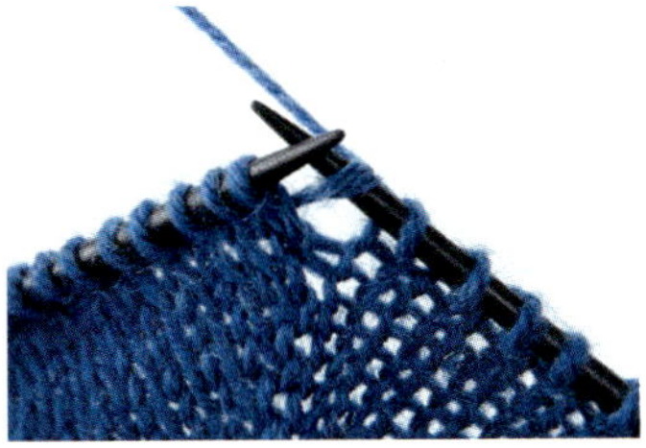

1 Mit der rechten Nadelspitze von vorne nach hinten unter dem Querfaden der Vorrunde einstechen.

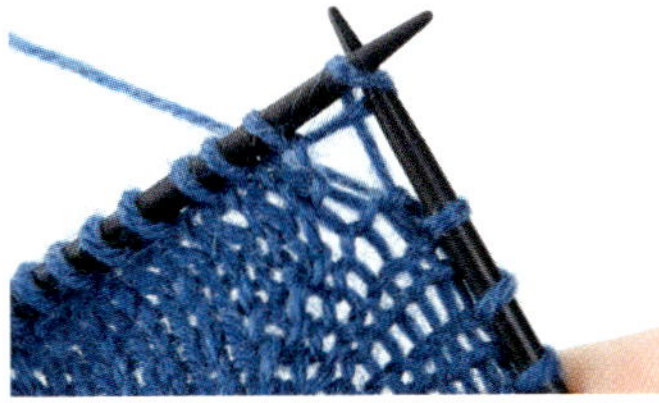

2 Den Querfaden auf die linke Nadel heben. Die Schlaufe wie zum Rechtsstricken abstricken. Die Schlinge verschränkt sich nach rechts.

LINKSGENEIGTE ZUNAHME

Diese Zunahme neigt sich im Maschenbild nach links.

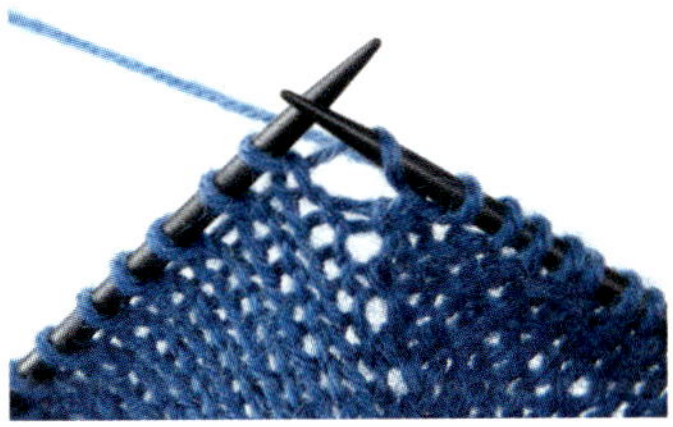

1 Mit der rechten Nadelspitze von hinten nach vorne unter dem Querfaden der Vorrunde einstechen.

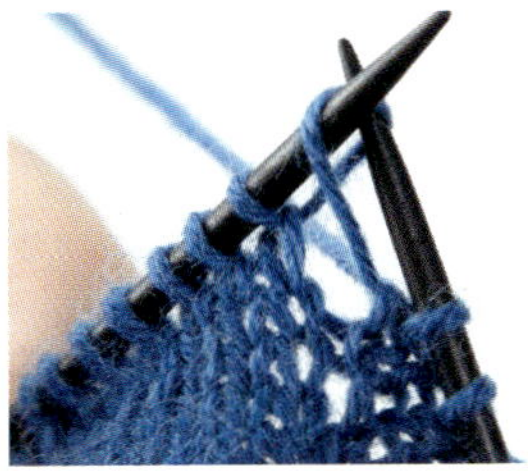

2 Den Querfaden auf die linke Nadel heben. Die Schlaufe wie zum Rechtsstricken durch den hinteren Maschenschenkel abstricken. Die Schlinge verschränkt sich nach links.

RECHTS- UND LINKSGENEIGTE ABNAHMEN

2 MASCHEN RECHTS ZUSAMMENSTRICKEN

Diese Abnahme neigt sich im Maschenbild nach rechts.
Mit der rechten Nadel wie zum Rechtsstricken gleichzeitig in die beiden folgenden Maschen einstechen. Den Faden holen und gleichzeitig durch beide Maschen ziehen.

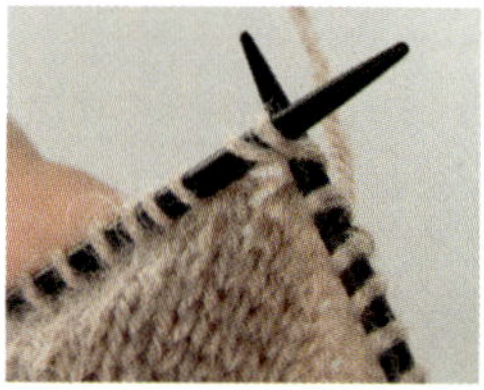
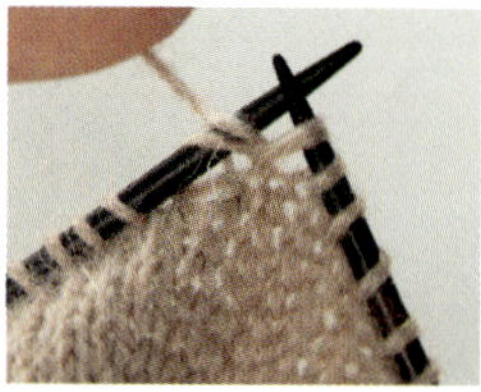

2 MASCHEN LINKS ZUSAMMENSTRICKEN

Diese Abnahme neigt sich im Maschenbild nach links.
Mit der rechten Nadel wie zum Linksstricken gleichzeitig in die beiden folgenden Maschen einstechen. Den Faden holen und beide Maschen zusammen links abstricken.

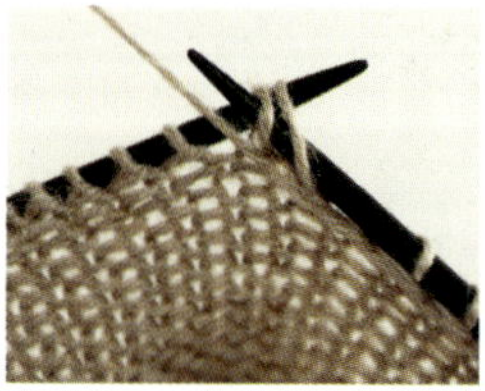
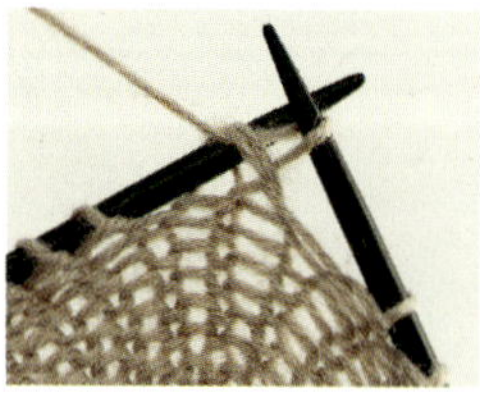

2 MASCHEN RECHTS ÜBERZOGEN ZUSAMMENSTRICKEN

Diese Abnahme neigt sich im Maschenbild nach links.
Mit der rechten Nadel in die nächste Masche wie zum Rechtsstricken einstechen und die Masche auf die rechte Nadel abheben. Die folgende Masche rechts stricken und die abgehobene Masche über die gestrickte Masche ziehen.

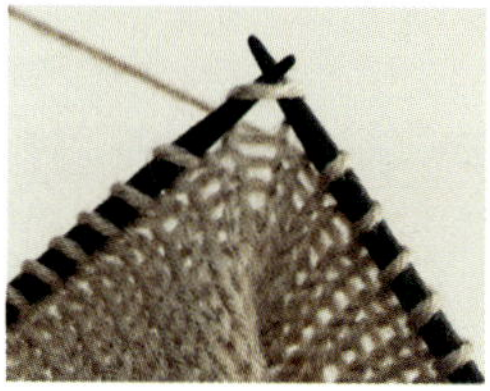
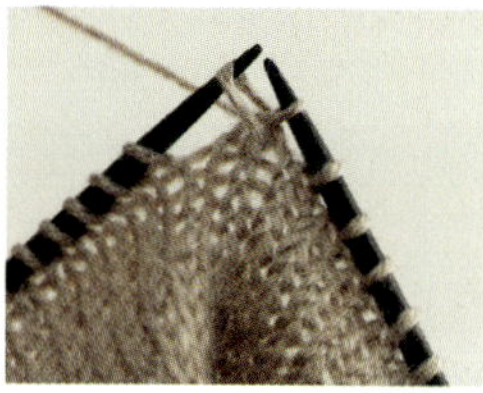

3 MASCHEN RECHTS ÜBERZOGEN ZUSAMMENSTRICKEN

Diese doppelte Abnahme neigt sich im Maschenbild nach links.
1 Masche wie zum Rechtsstricken abheben, die nächsten beiden Maschen rechts zusammenstricken und anschließend die abgehobene Masche wie beim Abketten über Maschen und Nadelspitze ziehen.

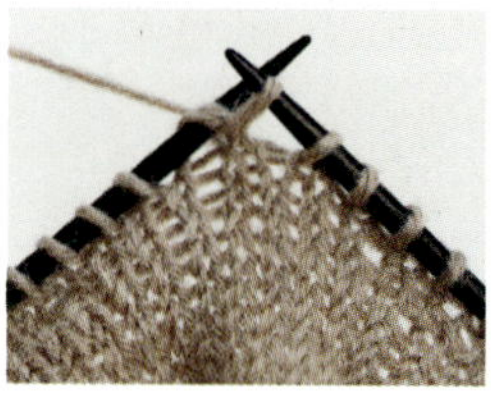
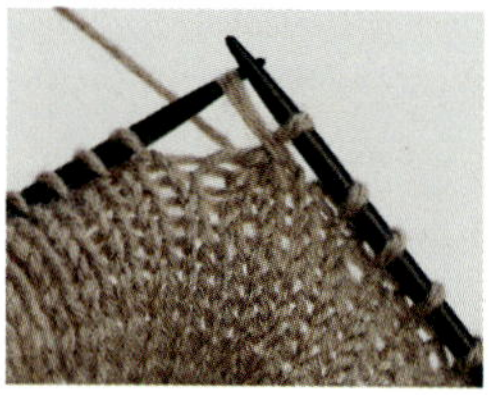

IN RUNDEN STRICKEN

MIT DEM NADELSPIEL

Video 3

Es gibt verschiedene Techniken, um in Runden zu stricken. Die gängigste Methode beim Sockenstricken ist das Stricken mit dem Nadelspiel.
Die gewünschte Maschenzahl gleichmäßig auf 4 Nadeln (Maschennadeln) anschlagen und zur Runde schließen. Mit der 5. Nadel (Arbeitsnadel) werden die Maschen abgestrickt.

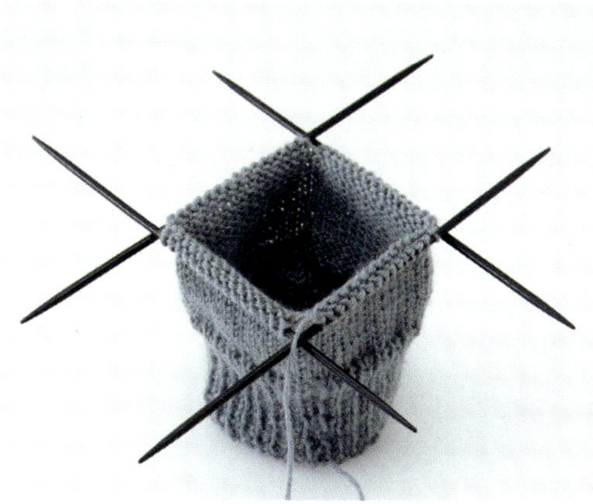

MIT EINER RUNDSTRICKNADEL

Video 4

Strickprojekte mit wenig Maschen, wie z.B. Socken und Stulpen, können auch mit einer Rundstricknadel gestrickt werde. Die Rundstricknadel sollte eine Länge von 100 cm haben, damit das Seil auf zwei Seiten des Strickstücks herausgezogen werden kann. Die so entstandenen Schlingen werden als Zauberschlinge (im Englischen „Magic Loop") bezeichnet.

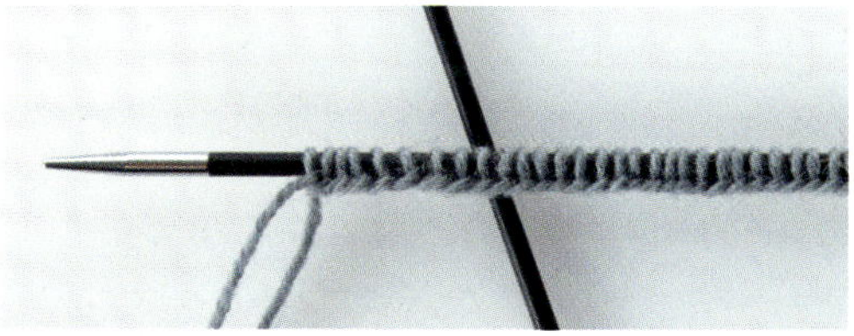

Die benötigten Maschen auf der Rundstricknadel anschlagen.
Anschließend das Seil nach der Hälfte der angeschlagenen Maschen zu einer Schlaufe herausziehen.

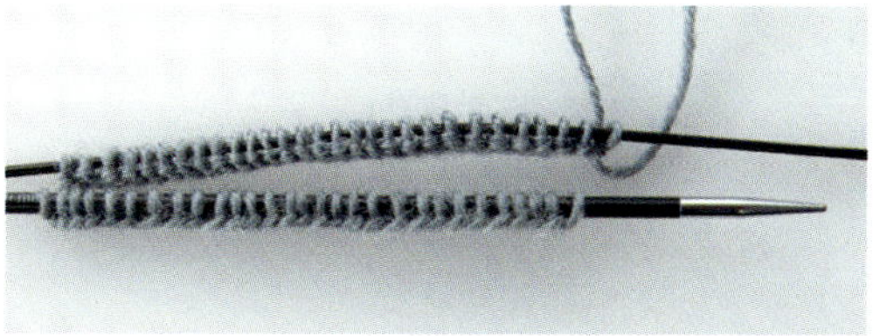

Die eine Hälfte der Maschen auf die linke Nadelspitze schieben, die andere Hälfte liegt auf dem Seil. Dazwischen befindet sich eine Schlaufe.

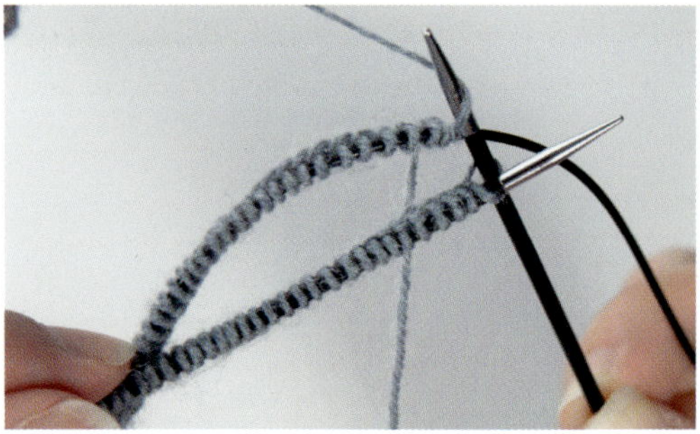

Mit der rechten Nadel die Maschen abstricken. Dabei das Seil auf der rechten Seite zu einer zweiten Schlaufe legen.

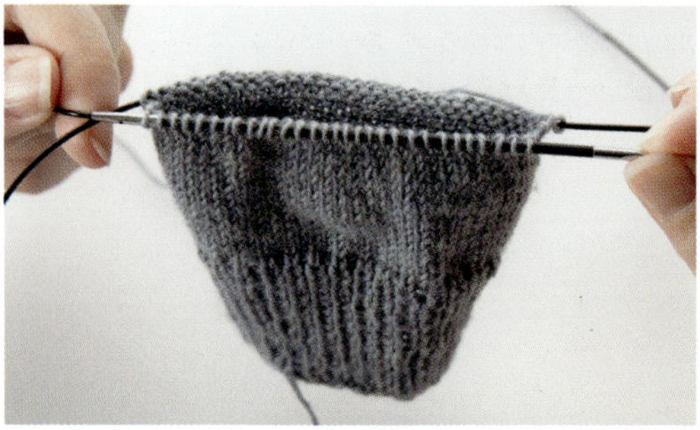

Wenden und die Maschen auf die linke Nadel schieben, die zweite Hälfte der Maschen auf das Seil schieben. Anschließend die Maschen abstricken. Wenden und den Vorgang wiederholen.

MIT ZWEI RUNDSTRICKNADELN

▶ Video 5

Socken & Co. lassen sich auch mit zwei Rundstricknadeln stricken, die jeweils eine Länge von mindestens 60 cm haben. Jede Maschenhälfte wird nur mit einer Rundstricknadel gestrickt und darf nicht mit der anderen Rundstricknadel durcheinandergebracht werden.

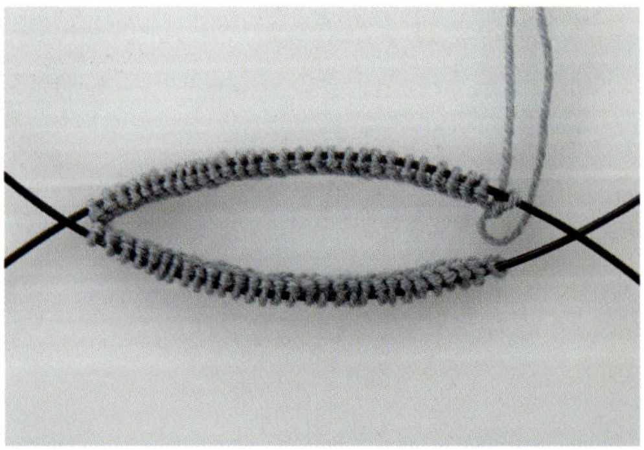

Die Maschen gleichmäßig verteilt auf zwei Rundstricknadeln anschlagen.

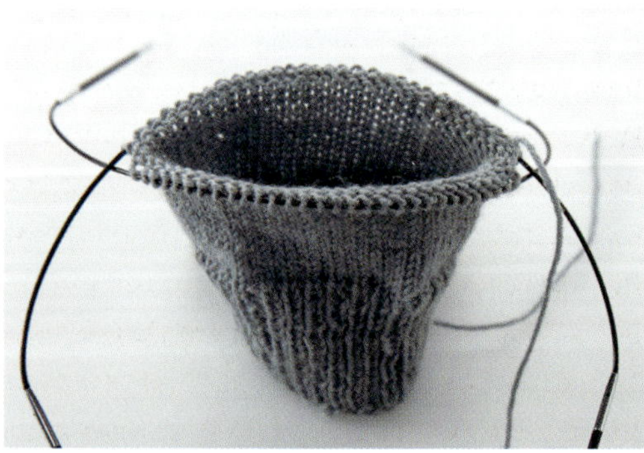

Die Maschen der hinteren Nadel ruhen auf dem Seil, während die Maschen der vorderen Nadel abgestrickt werden.

Die abgestrickten Maschen auf das Seil schieben. Die Arbeit wenden, die Maschen der zweiten Rundstricknadel auf die linke Nadel schieben und abstricken. Wenden und den Vorgang wiederholen.

MIT DEM ADDICRASYTRIO

Video 6

Das addiCraSyTrio besteht aus drei kurzen Nadeln mit flexiblem Mittelteil. Die Maschen werden gleichmäßig verteilt auf zwei Nadeln angeschlagen und mit der dritten Nadel abgestrickt.

Die Arbeit wenden und die zweite Nadel abstricken.

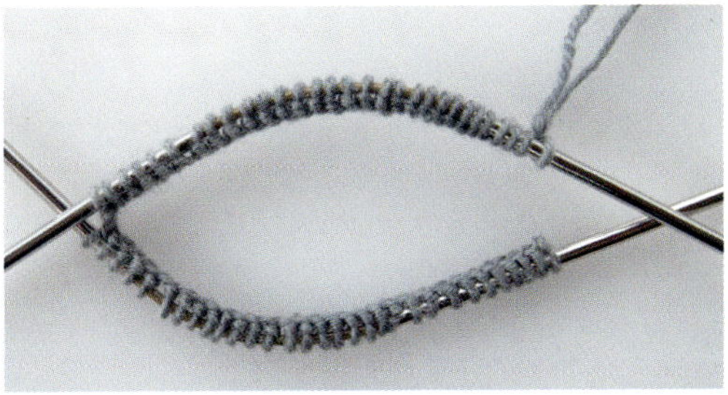

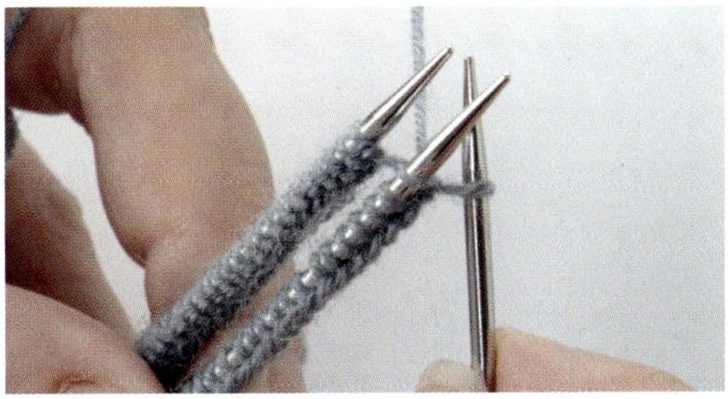

Damit sich zwischen den Nadeln keine Gässchen bilden, ist darauf zu achten, dass der Faden beim Übergang von einer Nadel zur anderen fest angezogen wird.

Bei allen Methoden ist der Rundenbeginn durch den Anschlagfaden gekennzeichnet. Er befindet sich bei Socken, die mit einem Nadelspiel gestrickt werden, auf der Rückseite, bei Stulpen und Hüllen auf der äußeren Kante des Strickstücks.

Beim Sockenstricken mit Rundstricknadeln bzw. mit dem addiCrasyTrio wird normalerweise die Ferse über die Maschen einer Nadel bzw. über die erste Hälfte der Maschen gestrickt. Deshalb befindet sich bei diesen Socken der Rundenbeginn an der Seite der Socke.

MASCHEN ABKETTEN

RECHTS ABKETTEN

Eine Masche wie zum Rechtsstricken abheben. Die folgende Masche rechts stricken und die abgehobene Masche über die gestrickte Masche ziehen, dann die Masche von der linken Nadel gleiten lassen. Anschließend die nächste Masche rechts stricken und die Masche der rechten Nadel darüberziehen. Den Vorgang so oft wiederholen, bis alle Maschen abgekettet sind. Den Faden abschneiden, durch die letzte Masche ziehen und vernähen.

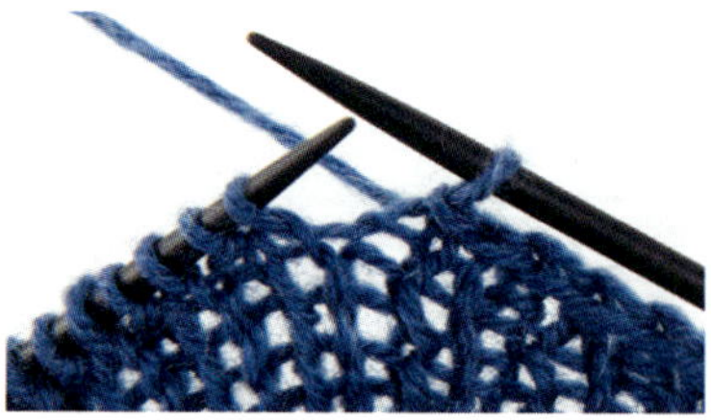

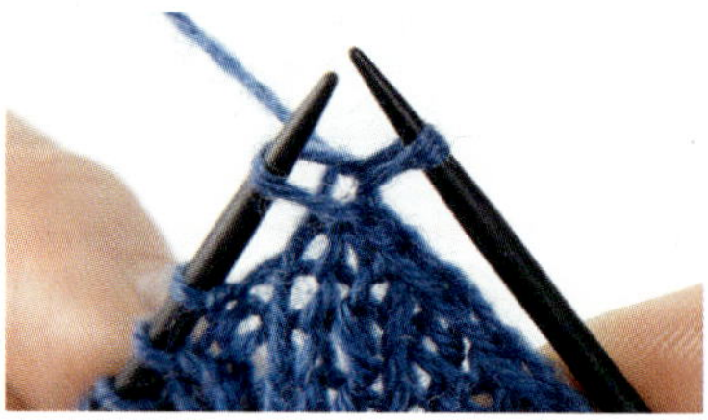

LINKS ABKETTEN

Mit der rechten Nadel wie zum Linksstricken gleichzeitig in die beiden folgenden Maschen einstechen. Den Faden holen und beide Maschen zusammen links abstricken. Die abgestrickte Masche zurück auf die linke Nadel heben und mit der nächsten Masche links zusammenstricken. Den Vorgang mit den folgenden Maschen wiederholen, bis alle Maschen abgekettet sind. Den Faden abschneiden, durch die letzte Masche ziehen und vernähen.

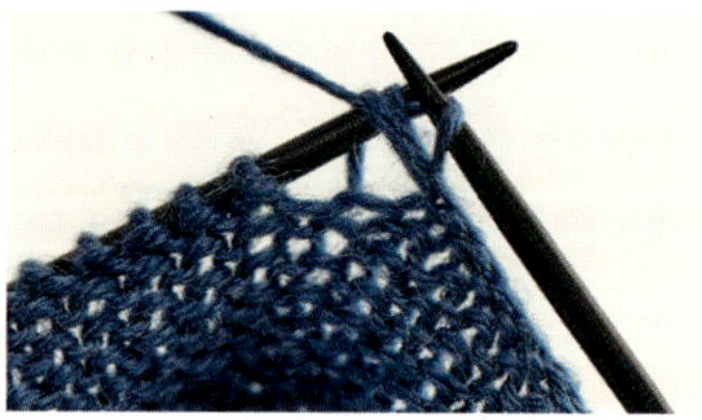

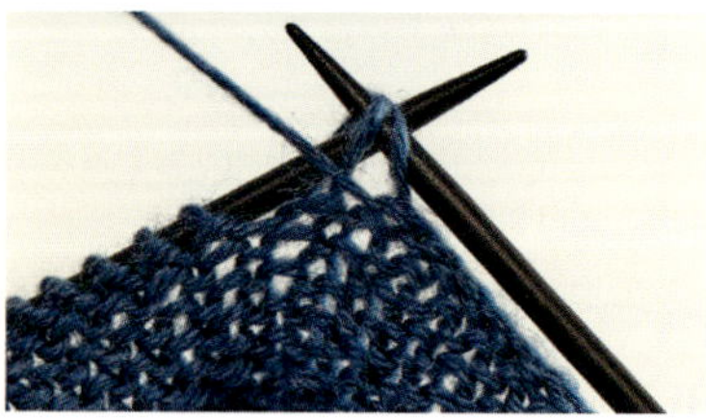

IM MUSTER ABKETTEN

Werden die Maschen eines Bündchens im Muster abgekettet, entsteht nicht nur ein schöner Abschluss, die Kante ist auch elastisch.
Bei einem 2/2-Bündchen wird die erste Masche rechts abgekettet.
Anschließend die nächsten beiden Maschen links abketten.
Die folgenden beiden Maschen rechts abketten, danach 2 Maschen links abketten.
Das Abketten bis zur letzten Masche fortführen und die letzte Masche der Runde rechts abketten. Den Faden abschneiden, durch die letzte Masche ziehen und vernähen.

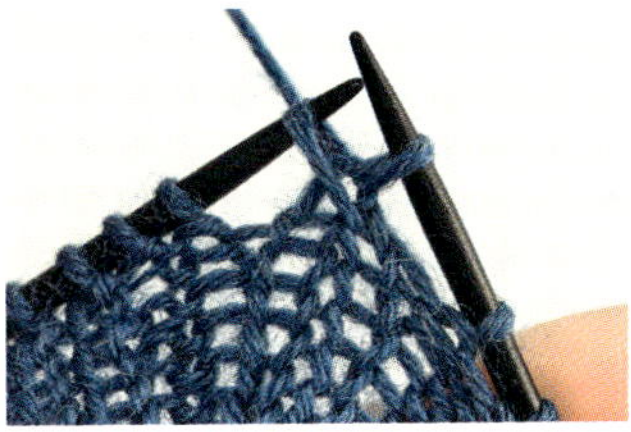

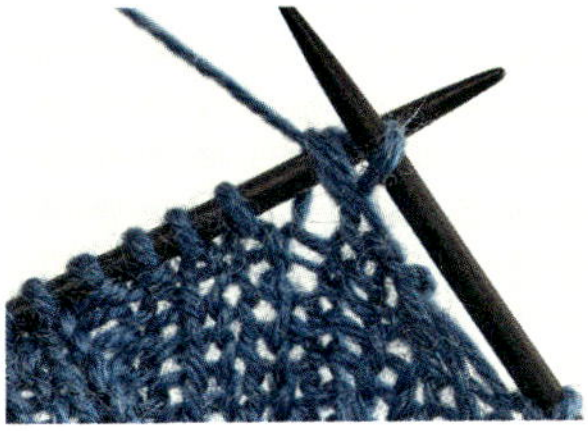

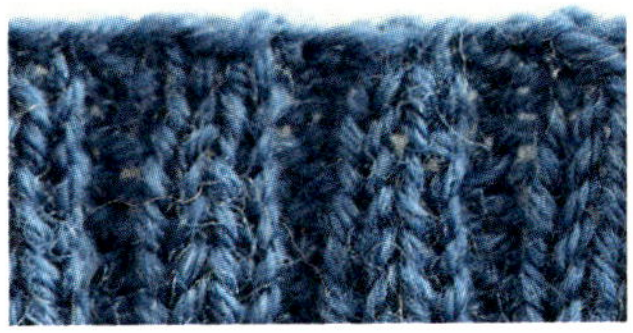

ZOPFMUSTER

Beim Zopfmuster werden Maschen auf eine Hilfsnadel gehoben und vor oder hinter die Arbeit gelegt. Nachdem die folgenden Maschen abgestrickt wurden, werden die Maschen der Hilfsnadel gestrickt.

VERKREUZEN VON EINZELNEN MASCHEN

Für das Verkreuzen von einzelnen Maschen wie bei SoxxMixx No. 5 gibt es zwei Möglichkeiten. Die Masche auf eine Hilfsnadel vor oder die hinter die Arbeit legen, 1 weitere Masche abstricken und danach die Masche der Hilfsnadel stricken.

Man kann diese Zöpfe aber auch ohne Hilfsnadel arbeiten. Dafür mit der rechten Nadel wie beim Rechtsstricken von vorne nach hinten in die 2. Masche einstechen und den Faden durchziehen. Die Masche nicht von der Nadel gleiten lassen, sondern anschließend die 1. Masche rechts stricken. Dann beide Maschen von der Nadel gleiten lassen. Die beiden Maschen sind nach rechts verkreuzt.

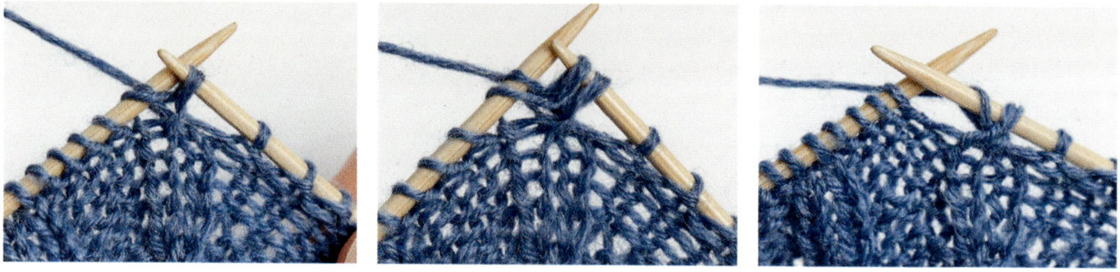

Für nach links verkreuzte Maschen die rechte Nadel hinter die Arbeit führen und in die 2. Masche wie beim Rechtsstricken von vorne nach hinten einstechen und den Faden durchziehen. Die Masche nicht von der Nadel gleiten lassen, sondern anschließend die 1. Masche rechts stricken. Dann beide Maschen von der linken Nadel gleiten lassen.

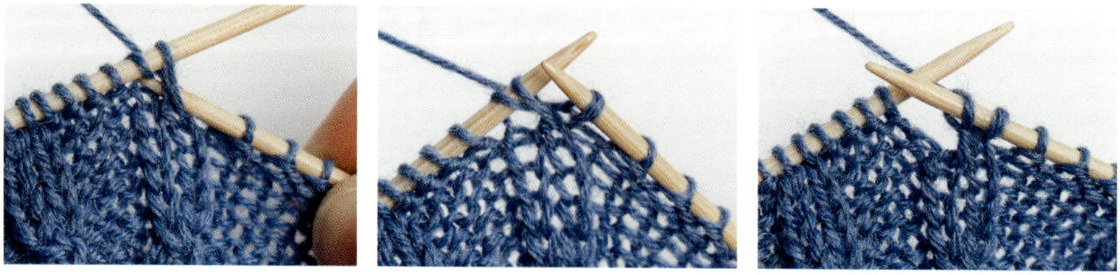

VERKREUZEN VON MEHREREN MASCHEN

Wenn die Maschen der Hilfsnadel vor die Arbeit gelegt werden, neigt sich der Zopf nach links.

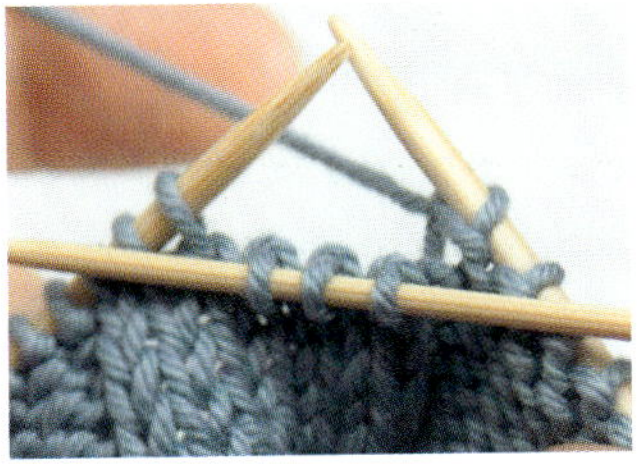
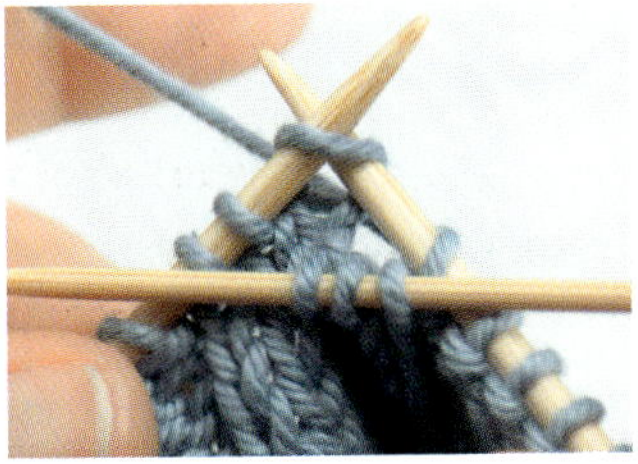
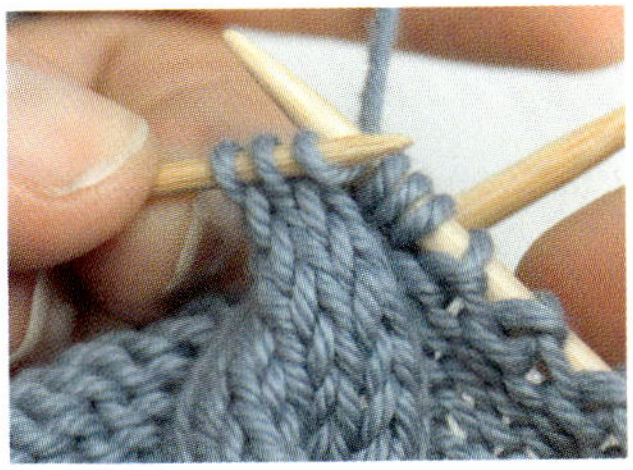

Werden die Maschen der Hilfsnadel hinter die Arbeit gelegt, neigt sich der Zopf nach rechts.

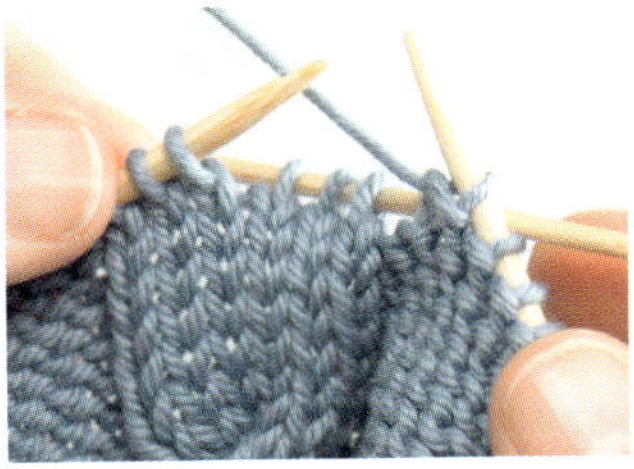
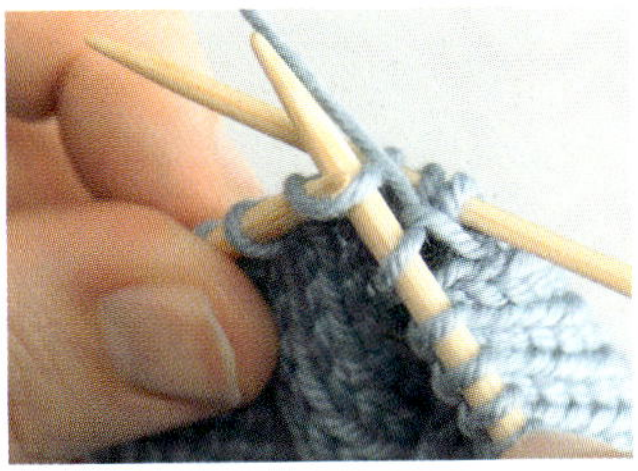
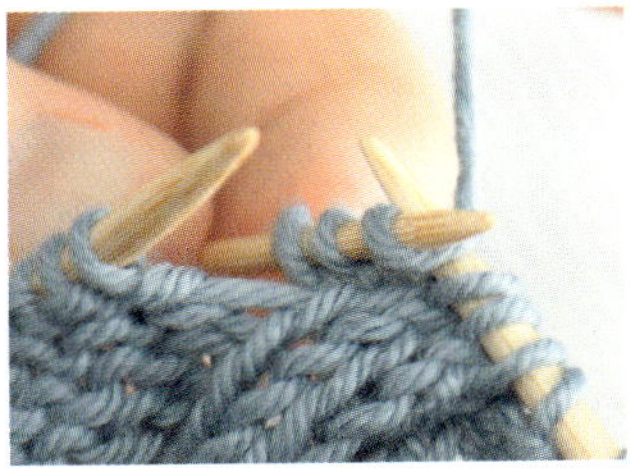

JACQUARDTECHNIK

Video 7

Das Stricken von Jacquardmustern erfordert ein bisschen Übung und Geduld, aber es lohnt sich. Mit dieser Technik können wunderschöne bunte, individuelle Socken und Accessoires gestrickt werden.

FADENSPANNUNG

Jacquardmuster werden mit mindestens zwei Farben pro Runde gearbeitet. Während mit einem Faden nach dem entsprechenden Zählmuster gestrickt wird, läuft der andere Faden auf der Rückseite mit. Dabei ist auf eine gleichmäßige Fadenspannung zu achten.

Wird der Faden zu fest gespannt, zieht sich das Muster zusammen. Dann kann es hilfreich sein, die Maschen vor dem Farbwechsel ein bisschen auseinanderzuziehen oder mit einer dickeren Nadel zu stricken.

Ist der Faden zu locker, wird das Strickbild nicht gleichmäßig und es können Lücken zwischen den Maschen der einzelnen Farben entstehen. In diesem Fall kann es sinnvoll sein, mit dünneren Nadeln zu stricken.

Beim Stricken mit einem Nadelspiel, zwei Rundstricknadeln oder dem addiCrasyTrio ist beim Wechsel von einer Nadel zur anderen auf die Fadenspannung zu achten. An dieser Stelle den Faden etwas fester anziehen. So werden sogenannte Gässchen vermieden und der Übergang ist bei dem fertigen Strickstück nicht sichtbar.

Wenn der mitlaufende Faden über mehr als 3 Maschen mitgeführt wird, muss er nach 2 oder 3 Maschen eingewebt werden. In der nächsten Runde darauf achten, dass der Faden nicht an der gleichen Stelle eingewebt wird. Ruht eine Farbe einige Runden, so muss dieser Faden nach der 3. oder 4. Runde mit dem Arbeitsfaden verschränkt werden, damit keine Schlaufen auf der Rückseite der Arbeit entstehen, an der man beim An- und Ausziehen hängen bleiben kann. Auch hier darauf achten, dass der Faden nicht zu fest nach oben gezogen wird.

FADENHALTUNG

Es gibt verschiedene Möglichkeiten, die Fäden zu halten. Bei mir liegen beide Fäden auf dem linken Zeigefinger. Für die Fadenspannung wird der vordere Faden vor dem Mittelfinger und der hintere Faden hinter dem Mittelfinger entlanggeführt, beide Fäden werden mit dem Ringfinger und kleinen Finger der gleichen Hand fixiert. Bei einem Linkshänder liegen die Fäden auf dem rechten Zeigefinger.
Es ist wichtig, dass immer die gleiche Farbe vorne liegt, da ein Wechsel deutlich sichtbar ist und das Muster sehr unruhig wirken kann.

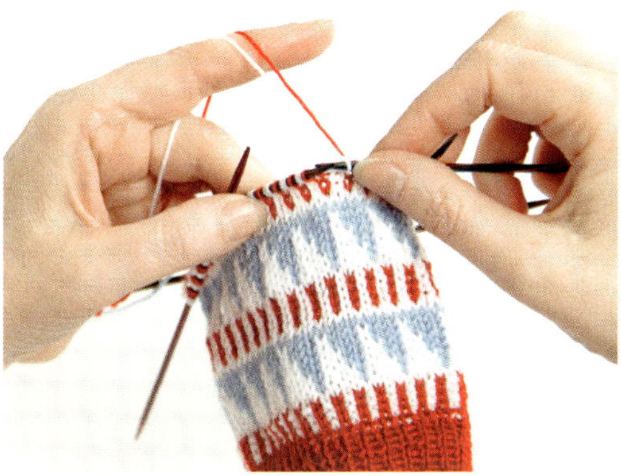

Der weiße Faden liegt vor dem roten.

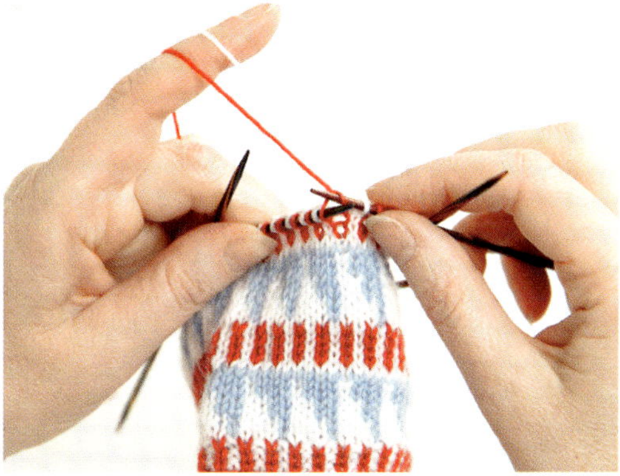

Der rote Faden liegt vor dem weißen.

Die hier gezeigten Mustersocken findest du im SoxxBook by Stine & Stitch (TOPP 6495) auf Seite 110–115.

Als Hilfsmittel kann ein sogenannter Fadenfingerring oder Strickfingerhut verwendet werden. Die Ringe werden auf den Zeigefinger gesetzt. Die Fäden werden durch die kleinen Ösen geführt, sodass sie nicht verrutschen und sich verheddern können.

WIE WIRD EIN ZÄHLMUSTER ODER EINE STRICKSCHRIFT GELESEN?

Zählmuster und Strickschriften werden von unten nach oben und von rechts nach links gelesen. Dabei wird das Zählmuster fortlaufend wiederholt. Ein Kästchen entspricht einer Masche, eine Reihe entspricht einer Runde.

Als Beispiel dient hier das Jacquardmuster 0 von SoxxMixx No. 8.

Jacquardmuster 0

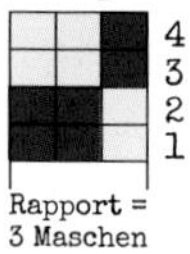

□ = Natur
■ = Jeans meliert

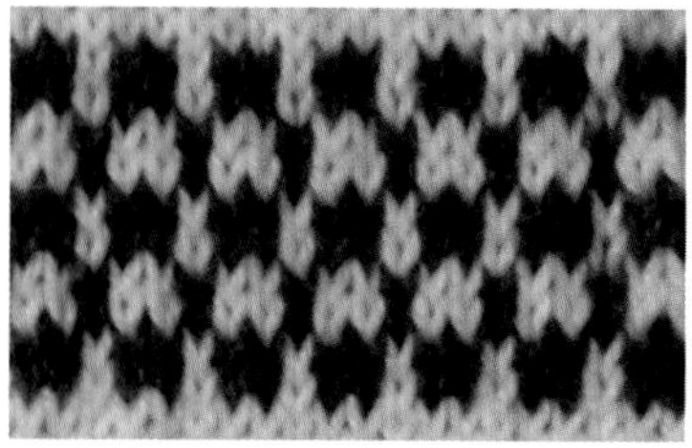

Das Muster beginnt mit 1 Masche in Natur und 2 Maschen in Jeans meliert. Anschließend das Jacquardmuster wieder mit der 1. Masche beginnen. Die 2. Runde wird genauso gearbeitet. In der 3. Runde werden 1 Masche in Jeans meliert und 2 Maschen in Natur gestrickt. Das Muster wird nach der 3. Masche wieder von vorne begonnen. Die 4. Runde wie die 3. Runde arbeiten. Wichtig ist, dass beachtet wird, dass der Rapport aus 3 Maschen besteht, die Gesamtmaschenzahl dementsprechend durch 3 teilbar ist. Wenn in der Anleitung steht, dass das Zählmuster 2x gestrickt werden soll, fängt man nach der 4. Runde wieder mit der 1. Runde an. Das wird so oft wiederholt, bis das Strickstück die gewünschte Länge hat.

Strukturmuster werden auf die gleiche Weise gearbeitet. Eine Runde beginnt immer mit der 1. Masche der 1. Nadel und endet mit der letzten Masche der 4. Nadel. Der Rundenübergang liegt bei der fertigen Socke auf der rückwärtigen Sockenmitte bzw. auf der Mitte der Fußsohle.

SO WIRD GESTRICKT

MASCHENPROBE

Für eine Maschenprobe wird normalerweise ein ca. 12 x 12 cm großes Stück glatt rechts gestrickt. Bei Jacquardmustern muss das Muster in der Rückreihe mit linken Maschen gestrickt werden. Das ist sehr mühsam und das Strickstück entspricht eventuell nicht einem in Runden gestrickten Abschnitt. Deshalb empfehle ich, auch die Maschenprobe in Runden zu stricken. Bei dieser Technik werden nicht die Maschen pro 10 cm, sondern nur pro 5 cm abgemessen und anschließend verdoppelt.

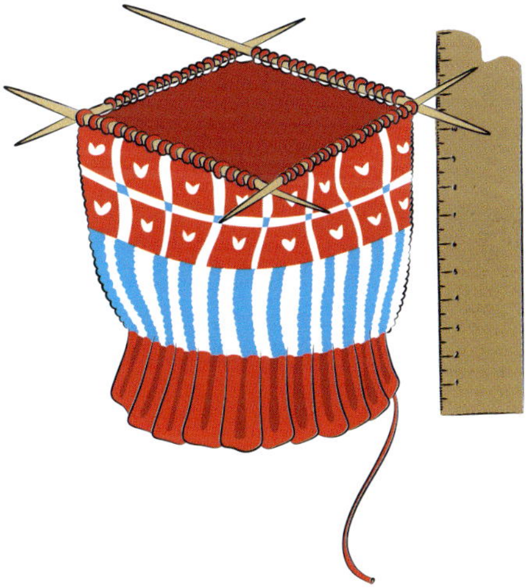

Damit sich die Socke, Stulpe oder Mütze später gut anziehen lässt, muss die Maschenprobe elastisch sein.
Werden mehr Maschen gestrickt, als in der Maschenprobe angegeben wurde, ist das Strickstück zu fest gestrickt.
Es muss deshalb für das Strickprojekt eine dickere Nadelstärke gewählt werden. Wurden weniger Maschen gestrickt und ist das Strickstück sehr locker, müssen dünnere Nadeln verwendet werden. Im Handel sind Nadeln mit einer Abstufung von 0,25 mm erhältlich.
Die Maschenprobe im Jacquardmuster fällt in der Regel schmaler aus als beim Stricken mit nur einem Faden.
Bei Anleitungen, die einen Abschnitt im Jacquardmuster und einen Abschnitt in Uni oder in Ringeln haben (z.B. SoxxLook No. 13), können Unterschiede mit verschiedenen Nadelstärken ausgeglichen werden. Das Jacquardmuster wird dann mit einer größeren Nadelstärke gestrickt als der Abschnitt mit nur einem Faden.
Jacquardmuster sind weniger elastisch, deshalb müssen mehr Maschen angeschlagen werden als bei Socken, die nur mit einem Faden gestrickt werden.

BÜNDCHEN UND SCHAFT

BÜNDCHEN

Video 8

Das Bündchen verhindert nicht nur das Rutschen der Socke, es kann auch ein dekorativer Bestandteil sein.

Es gibt verschiedene Möglichkeiten das Bündchen zu stricken. Die sicher üblichsten sind die 1/1- und 2/2- Bündchen.

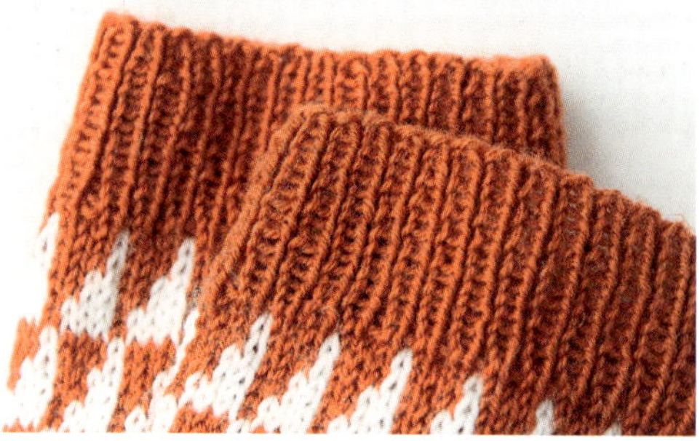

Beim 1/1-Bündchen muss die Maschenzahl teilbar durch 2 sein. Nach dem Anschlag wird jede Runde fortlaufend 1 Masche rechts, 1 Masche links im Wechsel gestrickt, bis die gewünschte Bündchenlänge erreicht ist.

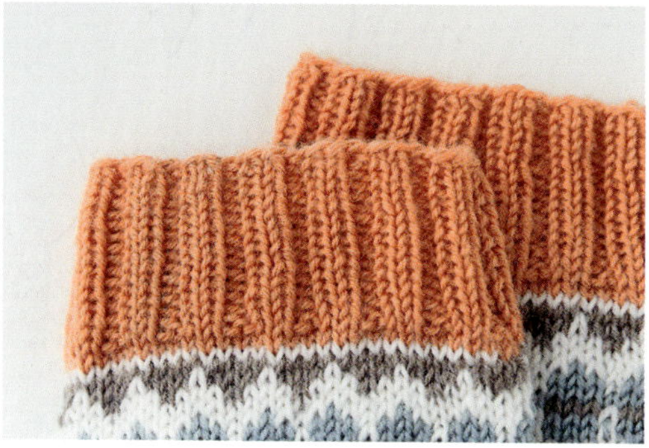

Für das 2/2-Bündchen muss die Maschenzahl teilbar durch 4 sein. Nach dem Anschlag wird in Runden fortlaufend 2 Maschen rechts, 2 Maschen links im Wechsel gestrickt.

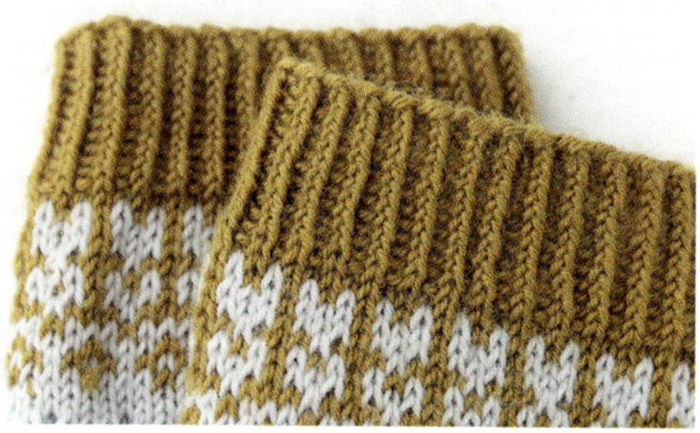

Besonders schön und sehr elastisch ist ein Bündchen mit verschränkten rechten Maschen. Da es sich stärker zusammenzieht, treten die Rippen deutlich hervor. Nach dem Anschlag in jeder Runde fortlaufend 1 Masche rechts verschränkt, 1 Masche links im Wechsel stricken.

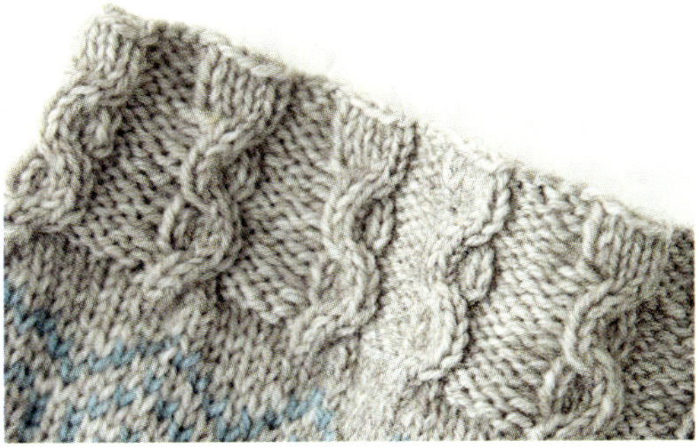

Sehr dekorativ sind Bündchen mit Zopfmuster. Dafür werden die rechten Maschen in regelmäßigen Abständen nach rechts oder links verkreuzt. Die verschiedenen Bündchenarten können frei gewählt werden und auch die Bündchenlänge lässt sich individuell anpassen.

Die Bündchenlänge kann individuell verändert werden.

SCHAFT

An das Bündchen schließt der Schaft an, der bei Socken mit Jacquardmuster glatt rechts in Runden oder bei Socken mit Rechts-Links-Muster im entsprechenden Zählmuster gestrickt wird. Er wird ohne Zu- oder Abnahmen als Röhre gestrickt. Bei den meisten Socken kann die Schaftlänge frei variiert werden. Sommersocken werden eher kurz gestrickt und sehen in Turnschuhen klasse aus, bei klassischen Wintersocken ist der Schaft eher länger. Bei den Anleitungen in diesem Buch ist der Schaft oft genauso lang wie der Fuß. Diese Regel kann auch angewendet werden, wenn die Jacquardmuster als Kindersocken gestrickt werden.

HERZCHENFERSE MIT BANDSPITZE

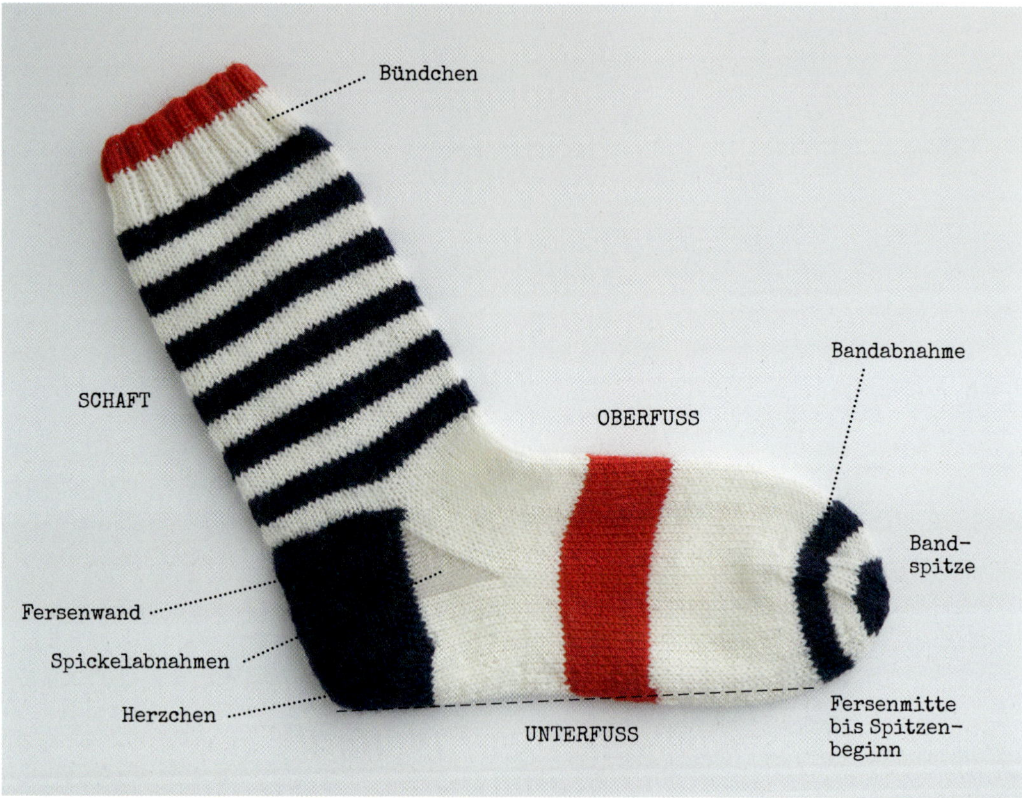

BUMERANGFERSE MIT BANDSPITZE

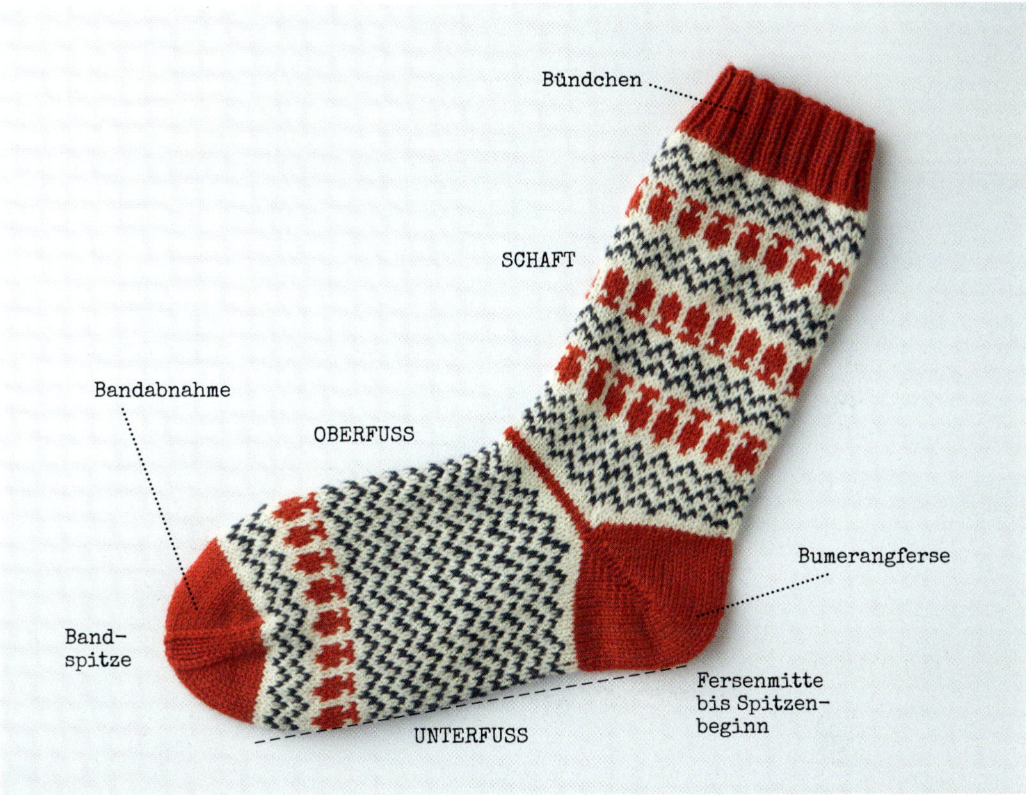

GRÖSSENTABELLE

Für 4-fädiges Sockengarn (Lauflänge 210 m/50 g)

Größe	36/37	38/39	40/41	42/43	44/45	46/47
Anschlag/Maschen pro Nadel						
Jacquardmuster	64/16	64/16	68/17	68/17	72/18	76/19
Rechts-Links-Muster, Ringel & Co.	60/15	60/15	64/16	64/16	68/17	72/18
Bandspitze: Fußlänge in cm von Fersenmitte bis Spitzenbeginn	16	17,5	19	20,5	22	23,5
Gesamtfußlänge in cm	21,5	23	24,5	26	27,5	29

DIE PERFEKTE SOCKENGRÖSSE

Wie viele Maschen angeschlagen werden müssen, um eine gut sitzende Socke zu stricken, hängt von verschiedenen Faktoren ab – zum einen von der Garnstärke, der Schuhgröße und der Maschenprobe, zum anderen aber auch vom Umfang des Fußes.

Jeder Fuß ist anders. Bei schlanken, großen Füßen kann es sein, dass weniger Maschen angeschlagen werden müssen, als für die entsprechende Größe angegeben sind. Ähnliches gilt für kleine, breitere Füße, hier müssen wahrscheinlich mehr Maschen angeschlagen werden, als bei der eigentlichen Größe angegeben wurden. Bei den Sockenanleitungen in diesem Buch ist das kein Problem, da alle Muster einen Rapport von 4 Maschen haben und du so die Maschenzahl der jeweils kleineren bzw. größeren Größe auswählen kannst.

Auch bei der Fußlänge kann man das Muster individuell verändern. Die Anzahl der Musterwiederholungen können immer reduziert oder erweitert werden. Wenn man sich nicht sicher ist, lieber zwischendurch einmal anprobieren und die Länge kontrollieren.

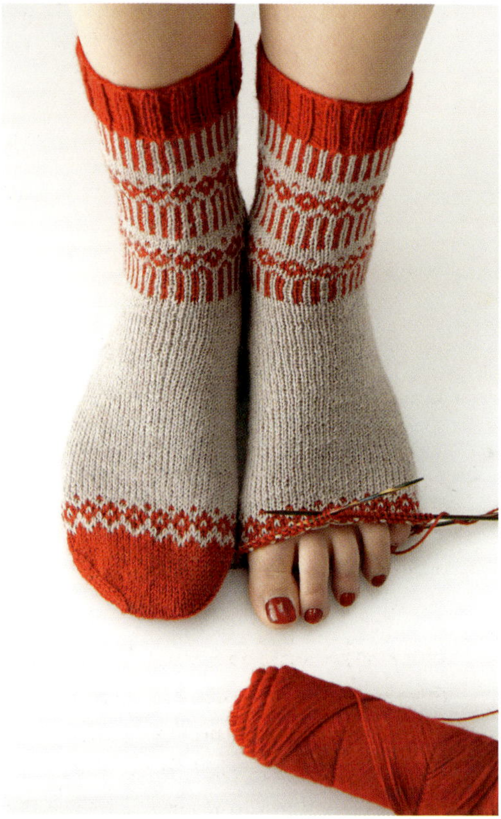

Die hier gezeigte Mustersocke findest du im SoxxBook by Stine & Stitch (TOPP 6495) auf Seite 80–83.

WELCHE FERSE PASST ZU MEINEM FUSS?

Die perfekte Passform einer Ferse richtet sich nach zwei anatomischen Merkmalen, der Spannhöhe und der Fersenbreite.

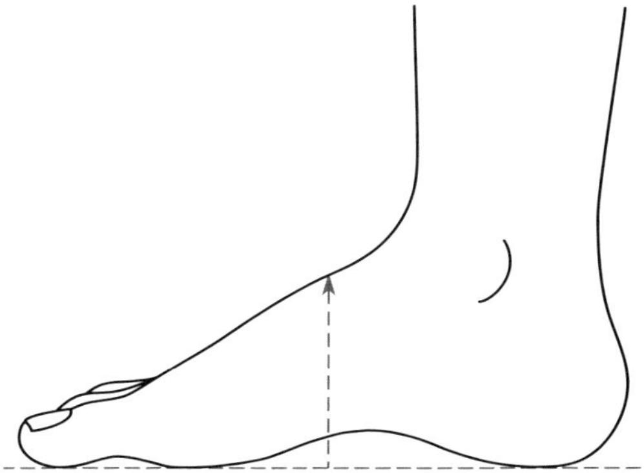

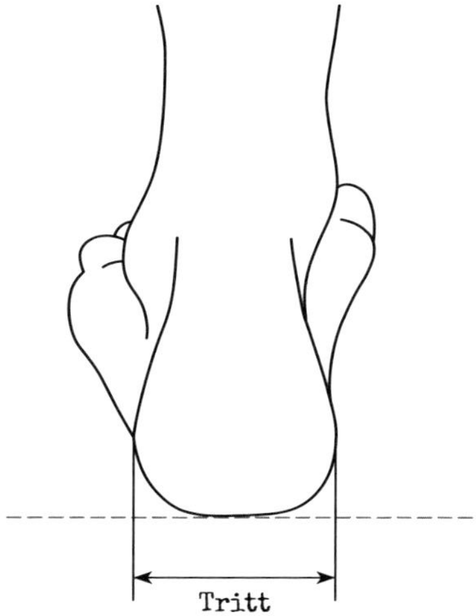

Die Bumerangferse eignet sich besonders für Füße mit einem niedrigen Spann, wobei die Fersenbreite keine große Rolle spielt.
Für einem Fuß mit hohem Spann und breitem Tritt ist die Herzchenferse eventuell besser geeignet.
Bei vielen Modellen kann man die Ferse je nach Vorliebe austauschen. Fast alle Modelle können mit einer Bumerangferse gestrickt werden. Dabei ist zu beachten, dass nach der ersten Hälfte der Ferse 2 Runden über alle Maschen gestrickt werden. Diese beiden Runden können ein durchlaufendes Muster unterbrechen. Bei Socken, bei denen der Fuß mit einem Jacquardmuster beginnt, kann nicht ohne Weiteres eine Herzchenferse gestrickt werden. Bei den Jacquardmustern wurde die Spickelabnahme nicht berücksichtigt.

BUMERANGFERSE

Video 9

Die Bumerangferse wird in verkürzten Reihen mit Doppelmaschen gestrickt (siehe Seite 162). Die Bumerangferse glatt rechts über die Maschen der 4. und 1. Nadel stricken. Dafür alle Maschen auf einer Nadel zusammenfassen und gedanklich oder mithilfe von Maschenmarkierern in 3 Teile teilen (siehe Tabelle Seite 184).

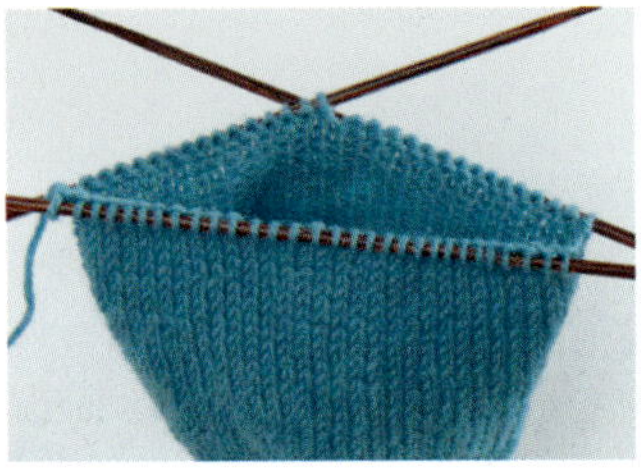

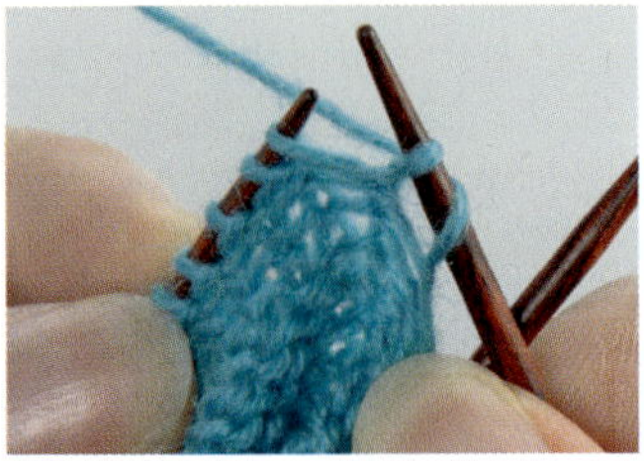

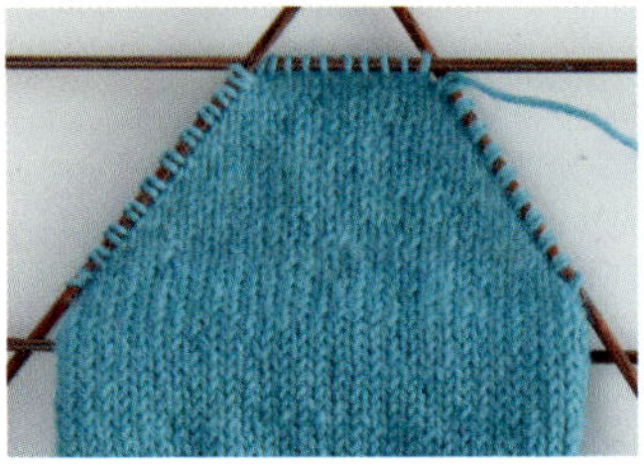

Beim ersten (oberen) Teil der Ferse werden die Doppelmaschen nicht mitgestrickt.

1. Reihe (Hinreihe): Alle Maschen rechts stricken, wenden.

2. Reihe (Rückreihe): Eine Doppelmasche arbeiten, alle weiteren Maschen links stricken, wenden.

3. Reihe (Hinreihe): Eine Doppelmasche arbeiten, alle Maschen bis zur Doppelmasche rechts stricken, wenden.

4. Reihe (Rückreihe): Eine Doppelmasche arbeiten, alle Maschen bis zur Doppelmasche links stricken, wenden.

Die 3. und 4. Reihe so oft wiederholen, bis 1/3 Doppelmaschen, 1/3 einfache Maschen, 1/3 Doppelmaschen gestrickt sind. Anschließend 2 Runden rechte Maschen über alle Maschen der 4 Nadeln stricken. Dabei werden in der 1. Runde die Doppelmaschen jeweils als eine Masche rechts abgestrickt.

Danach den zweiten (unteren) Teil der Ferse über die Maschen der 4. und 1. Nadel stricken.

1. Reihe (Hinreihe): Die Maschen des mittleren Drittels und die 1. Masche des linken Drittels rechts stricken, wenden.

2. Reihe (Rückreihe): Eine Doppelmasche arbeiten, die Maschen des mittleren Drittels und die 1. Masche des rechten Drittels links stricken, wenden.

3. Reihe (Hinreihe): Eine Doppelmasche arbeiten, alle Maschen einschließlich der Doppelmasche und einer weiteren Masche rechts stricken, wenden.

4. Reihe (Rückreihe): Eine Doppelmasche arbeiten, alle einschließlich der Doppelmasche und einer weiteren Masche links stricken, wenden.
Die 3. und 4. Reihe so oft wiederholen, bis die beiden äußeren Maschen als Doppelmaschen auf der Nadel liegen.
Die Maschen der Ferse wieder gleichmäßig auf 2 Spielnadeln verteilen und in der nächsten Runde die Doppelmaschen jeweils als eine Masche rechts abstricken.

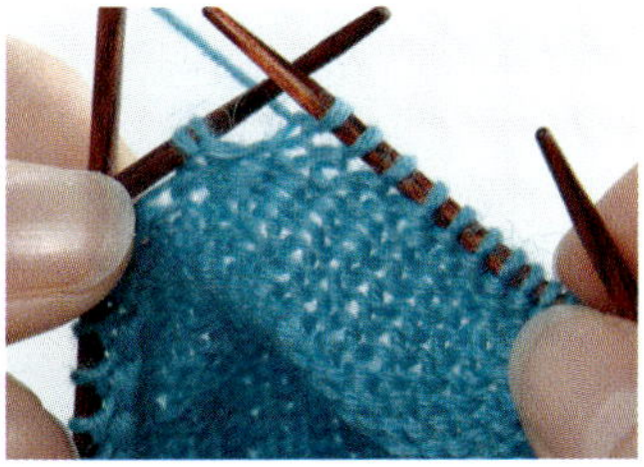

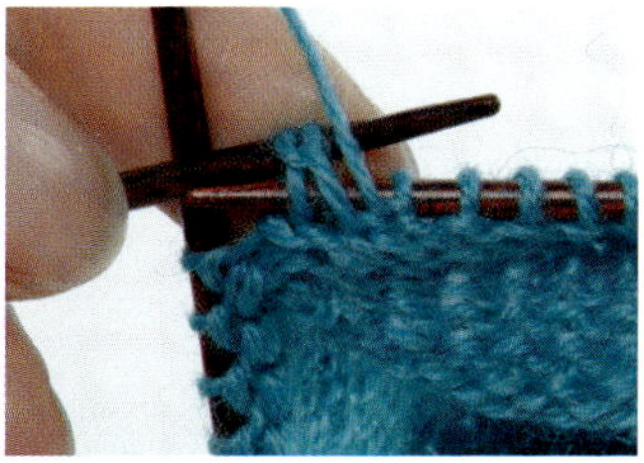

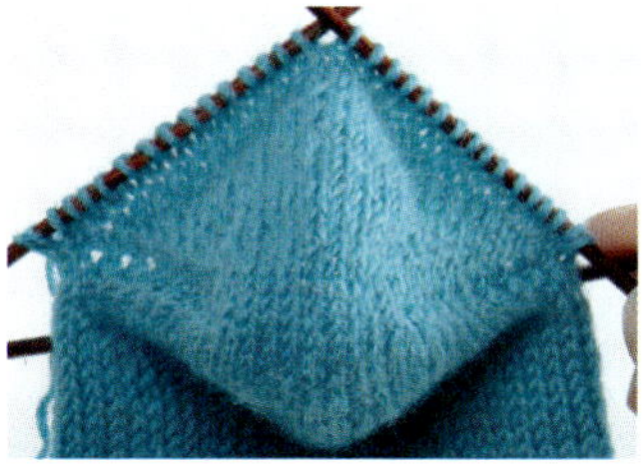

TIPP: Zwischen der 1. und 2. bzw. 3. und 4. Nadel entstehen bei dieser Ferse oft kleine Löcher. Das liegt daran, dass die Fadenspannung zwischen Fersenmaschen und der ersten bzw. letzten Masche des Oberfußes nicht so fest ist. Mithilfe eines kleinen Tricks können diese Löcher vermieden werden. Nach dem ersten Teil der Ferse, wenn 2 Runden über alle 4 Nadeln glatt rechts gestrickt werden, wie folgt arbeiten: Nachdem die Maschen der 1. Nadel rechts abgestrickt wurden, einen Maschenmarkierer setzen und die ersten 2 Masche der 2. Nadel mit der gleichen Nadel abstricken. Die Maschen der 2. Nadel wie gewohnt stricken. Anschließend die Maschen der 3. Nadel bis auf die letzten 2 Maschen stricken. Diese beiden Maschen auf die 4. Nadel schieben. Die 4. Nadel abstricken und nach den beiden zusätzlichen Maschen einen Maschenmarkierer setzen. Den zweiten Teil der Ferse nach Anleitung stricken, jedoch die beiden zusätzlichen Maschen vor bzw. nach dem Maschenmarkierer nicht als Doppelmaschen abstricken. Die zusätzlichen Maschen nach dem Beenden der Ferse noch ein paar Runden auf der 1. bzw. 4. Nadel liegen lassen. Danach werden sie wieder auf ihre ursprünglichen Nadeln zurückgehoben.

JACQUARDMUSTER (4-fädiges Sockengarn, Lauflänge 210 m/50 g)

Größe	36/37	38/39	40/41	42/43	44/45	46/47
Maschenzahl gesamt/pro Nadel	64/16	64/16	68/17	68/17	72/18	76/19
Fersenbreite, Maschen 4. und 1. Nadel	32	32	34	34	36	38
Einteilung Fersenmaschen	10/12/10	10/12/10	11/12/11	11/12/11	12/12/12	12/14/12

RECHTS-LINKS-MUSTER, RINGEL & CO. (4-fädiges Sockengarn, Lauflänge 210 m/50 g)

Größe	36/37	38/39	40/41	42/43	44/45	46/47
Maschenzahl gesamt/pro Nadel	60/15	60/15	64/16	64/16	68/17	72/18
Fersenbreite, Maschen 4. und 1. Nadel	30	30	32	32	34	36
Einteilung Fersenmaschen	10/10/10	10/10/10	10/12/10	10/12/10	11/12/11	12/12/12

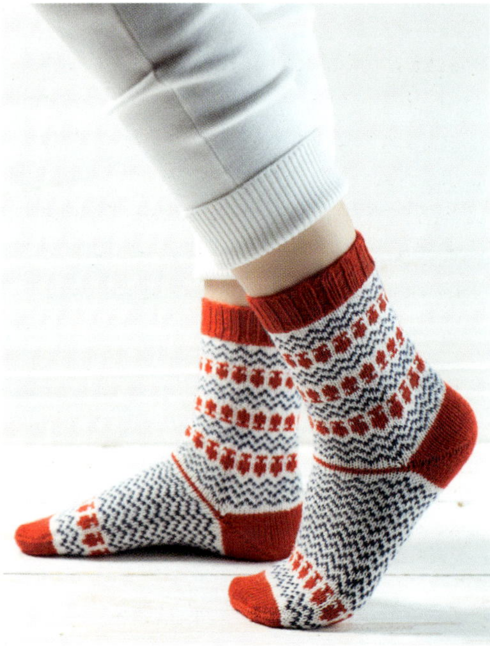

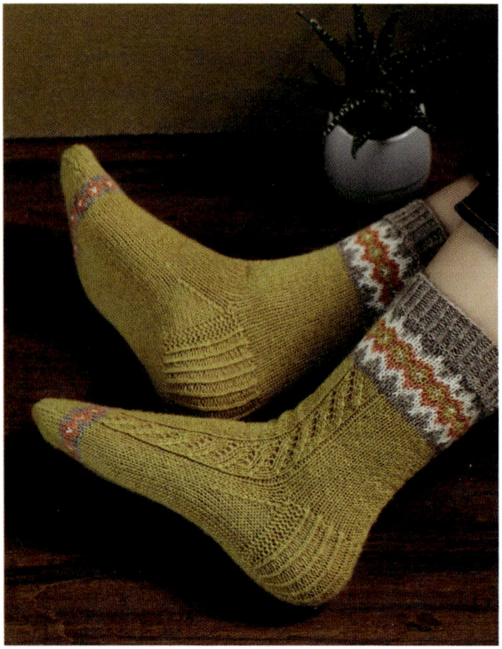

HERZCHENFERSE

Video 10

Die Herzchenferse glatt rechts über die Maschen der 4. und 1. Nadel stricken. Dafür alle Maschen auf einer Nadel zusammenfassen. Die ersten und letzten 3 Maschen bilden die Randmaschen und werden immer rechts gestrickt (= Perlrand).

FERSENWAND

1. Reihe (Hinreihe): Die erste Masche wie zum Rechtsstricken abheben, alle Maschen rechts stricken, wenden.

2. Reihe (Rückreihe): Die erste Masche wie zum Rechtsstricken abheben, 2 Maschen rechts, bis 3 Maschen vor Reihenende links stricken, 3 Maschen rechts, wenden.

Die 1. und 2. Reihe so oft wiederholen, bis die gewünschte Höhe erreicht ist (siehe Tabelle Seite 182), dann das Herzchen stricken.

HERZCHEN

Das Herzchen wird mit den mittleren Maschen der Fersenwand begonnen.

1. Reihe (Hinreihe): Die Hälfte der Maschen und die erste Masche der zweiten Hälfte rechts stricken. Die folgenden 2 Maschen rechts überzogen zusammenstricken (siehe Seite 162), 1 weitere Masche rechts stricken, wenden.

2. Reihe (Rückreihe): Die erste Masche wie zum Linksstricken abheben, 3 Maschen links stricken, die nächsten 2 Maschen links zusammenstricken, die folgende Masche links stricken, wenden.

3. Reihe (Hinreihe): Die erste Masche wie zum Rechtsstricken abheben, 4 Maschen rechts stricken, die abgehobene Masche der Rückreihe mit der nächsten Masche rechts überzogen zusammenstricken, die folgende Masche rechts stricken, wenden.

4. Reihe (Rückreihe): Die erste Masche wie zum Linksstricken abheben, 5 Maschen links stricken, die abgehobene

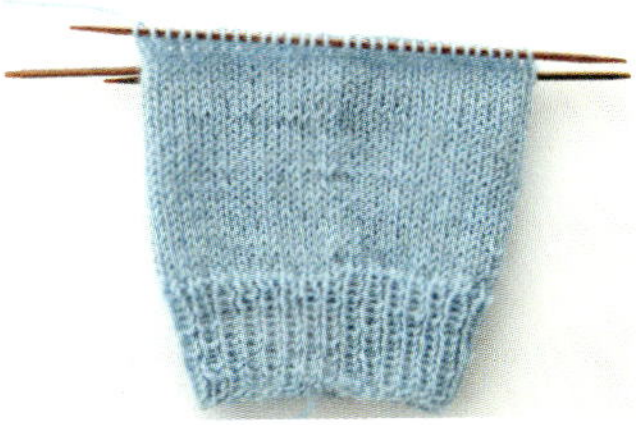

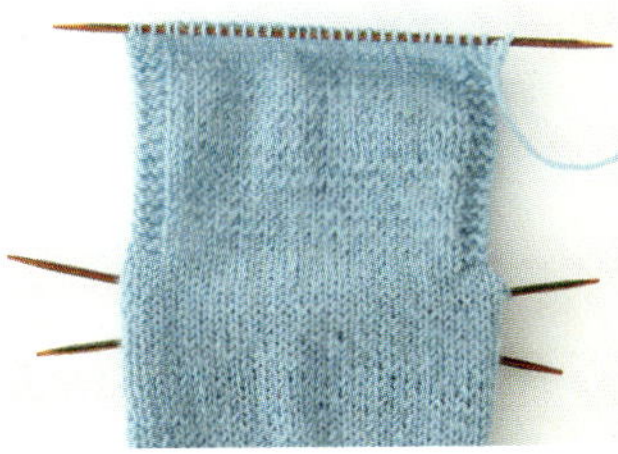

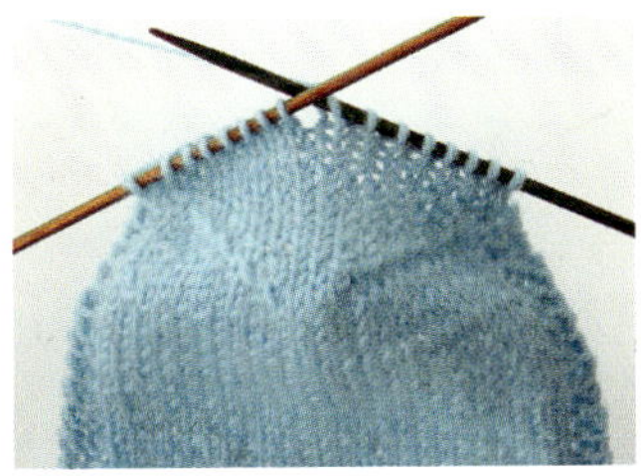

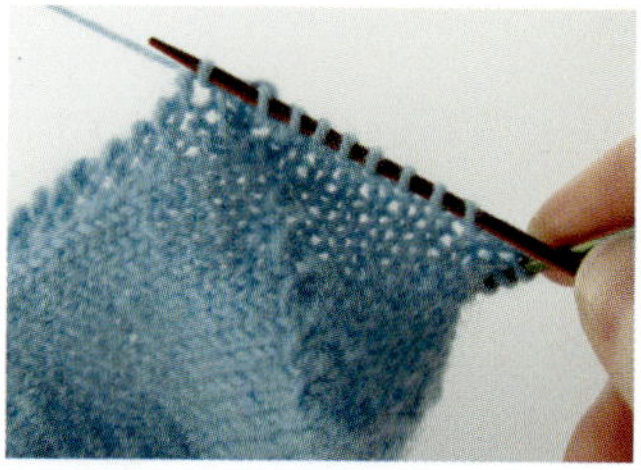

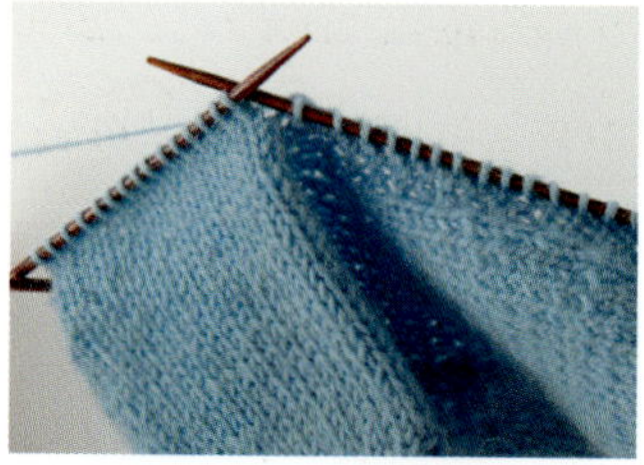

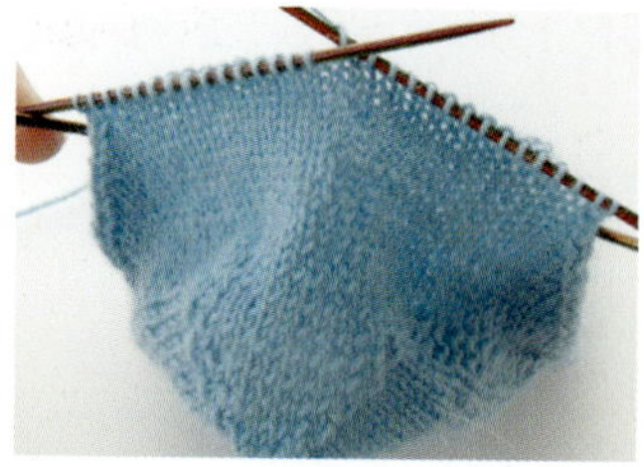

Masche der Rückreihe mit der nächsten Masche links zusammenstricken, die folgende Masche links stricken, wenden. Die 3. und 4. Reihe fortlaufend wiederholen. Dabei immer die erste Masche der Reihe abheben und die abgehobene Masche der Vorreihe mit der nächsten Masche zusammenstricken, 1 weitere Masche abstricken und wenden. In jeder Reihe wird das Herzchen um eine Masche größer. Beim Erreichen der Randmaschen ist das Herzchen fertig.

MASCHEN AUFFASSEN

Nach dem Herzchen weiter glatt rechts in Runden stricken. Die Herzchen-Maschen gleichmäßig auf zwei Nadeln verteilen. In der ersten Runde aus jeder „Perle" der Fersenwand 1 Masche auffassen.

ABNAHME FÜR DEN SPICKEL

Nach Fertigstellung der Ferse liegen mehr Maschen auf der 1. und 4. Nadel als zuvor. Diese überzähligen Maschen müssen nun in jeder 2. Runde abgenommen werden. Dafür die Maschen der 1. Nadel rechts stricken, dabei die zweit- und drittletzte Masche rechts zusammenstricken (rechtsgeneigte Abnahme), die letzte Masche rechts stricken. Bei der 4. Nadel die 1. Masche rechts stricken, danach die 2. und 3. Masche rechts überzogen zusammenstricken (= 1 Masche wie zum Rechtsstricken abheben, die nächste Masche rechts stricken und die abgehobene Masche darüberziehen = linksgeneigte Abnahme).
Diese Abnahmen werden so oft wiederholt, bis die ursprüngliche Maschenzahl erreicht ist.

JACQUARDMUSTER (4-fädiges Sockengarn, Lauflänge 210 m/50 g)

Größe	36/37	38/39	40/41	42/43	44/45	46/47
Maschenzahl gesamt/pro Nadel	64/16	64/16	68/17	68/17	72/18	76/19
Fersenbreite, Maschen 4. und 1. Nadel	32	32	34	34	36	38
Reihen Fersenwand	32	32	34	34	36	38
Maschenaufnahme beidseitig	16	16	17	17	18	19

RINGEL, UNI & CO. (4-fädiges Sockengarn, Lauflänge 210 m/50 g)

Größe	36/37	38/39	40/41	42/43	44/45	46/47
Maschenzahl gesamt/pro Nadel	60/15	60/15	64/16	64/16	68/17	72/18
Fersenbreite, Maschen 4. und 1. Nadel	30	30	32	32	34	36
Reihen Fersenwand	30	30	32	32	34	36
Maschenaufnahme beidseitig	15	15	16	16	17	18

BANDSPITZE

Video 11

In der 1. Runde auf der 1. und 3. Nadel die zweit- und drittletzte Masche rechts zusammenstricken (Rechtsneigung) und auf der 2. und 4. Nadel die 2. Masche abheben, die nächste Masche rechts stricken und die abgehobene Masche darüberziehen (Linksneigung). Die nächsten beiden Runden ohne Abnahmen glatt rechts stricken. Die Abnahmen in der 4., 6. und 8. Runde wiederholen. Danach in jeder Runde abnehmen, bis nur noch 2 Maschen auf jeder Nadel liegen (= 8 Maschen). Faden abschneiden, mit einer Wollnadel durch die 8 Maschen führen und diese fest zusammenziehen. Dann den Faden nach innen ziehen und vernähen.

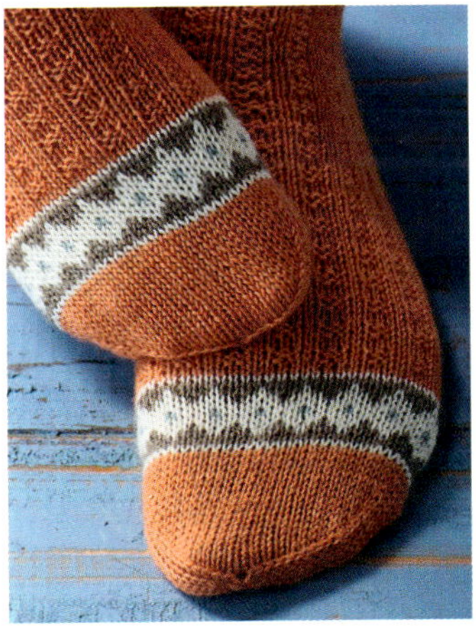

HANDSCHUHE

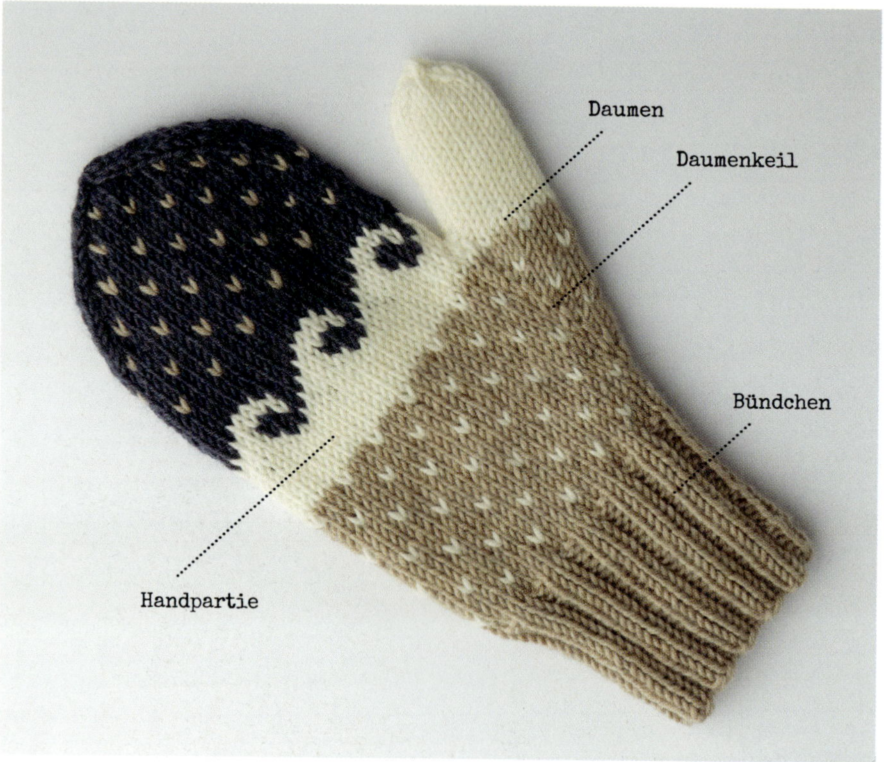

Die Handschuhe werden mit dem Bündchen begonnen, dann wird die Handpartie gestrickt. Gleichzeitig wird durch Zunahmen am Rundenende ein Daumenkeil gearbeitet. Diese Maschen werden zwischenzeitig stillgelegt und die Handpartie wird beendet. Dann werden die stillgelegten Maschen wieder aufgenommen und der Daumen gearbeitet.

MÜTZEN

PASSFORM

Damit Mützen nicht rutschen, werden sie etwas kleiner (ca. 8 %) als der eigentliche Kopfumfang gestrickt. Dabei muss beachtet werden, dass Jacquardmuster nicht so elastisch sind. Am besten die Mütze zwischendurch anprobieren.

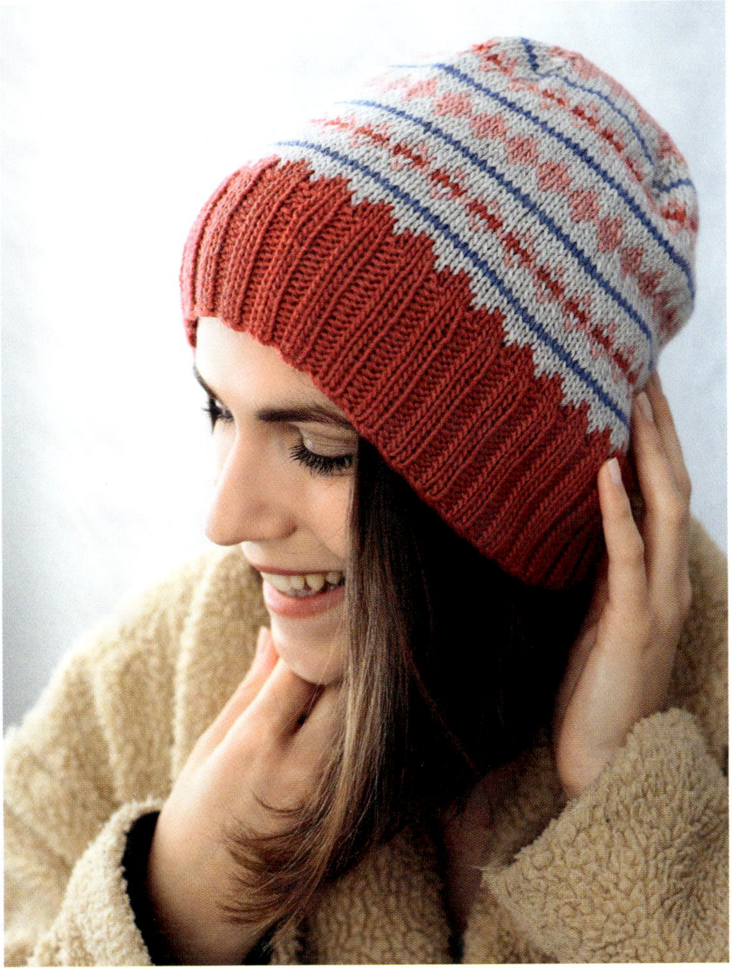

ABKÜRZUNGEN

abk = abketten
anschl = anschlagen
arb = arbeiten
Fb = Farbe(n)
Hilfsnd = Hilfsnadel
Hinr = Hinreihe(n)
LL = Lauflänge
M = Masche(n)
Nd = Nadel(n)
Ndspiel = Nadelspiel
R = Reihe(n)
Rd = Runde(n)
Rückr = Rückreihe(n)
Rundstricknd = Rundstricknadel(n)
Spielnd = Spielnadel(n)
str = stricken
U = Umschlag
wdh = wiederholen

BUCHTIPPS FÜR DICH

Noch mehr kreative Bücher zum gleichen Thema gesucht?

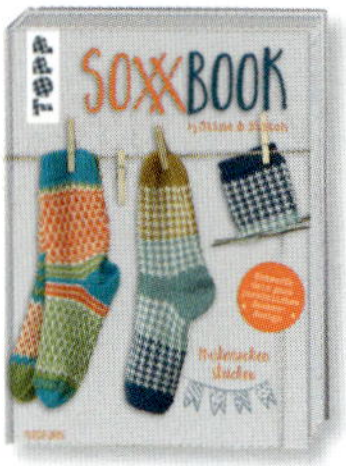

ISBN 978-3-7724-6495-9

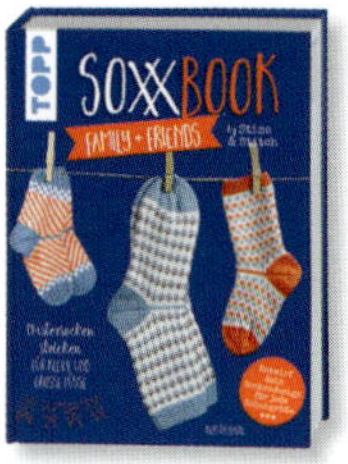

ISBN 978-3-7724-8136-9

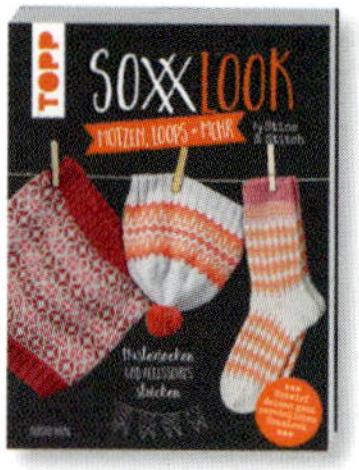

ISBN 978-3-7724-8175-8

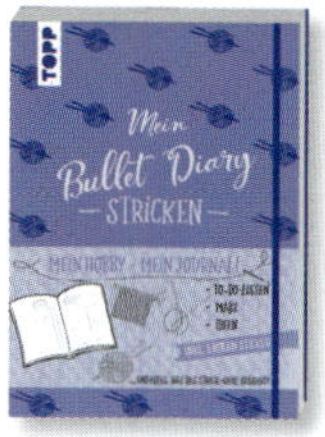

ISBN 978-3-7724-4829-4

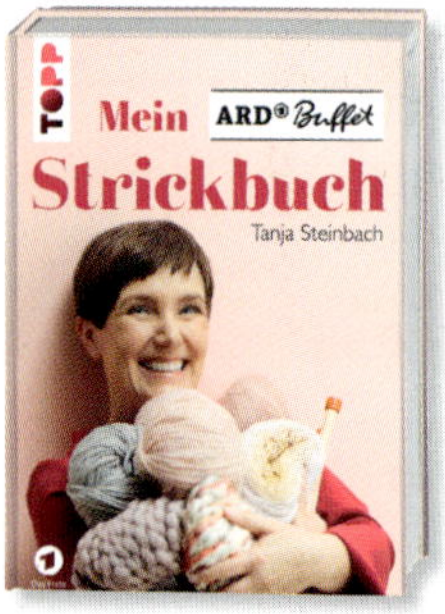

ISBN 978-3-7724-8177-2

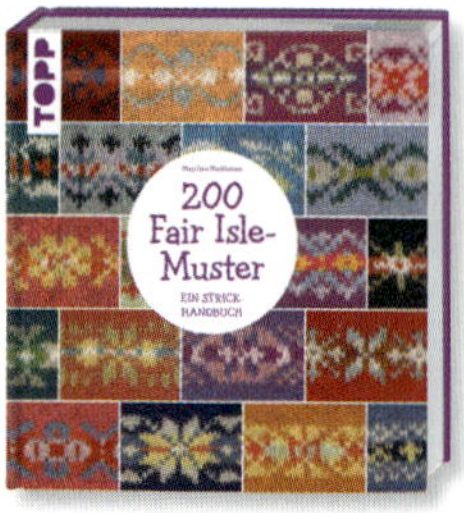

ISBN 978-3-7724-6788-2

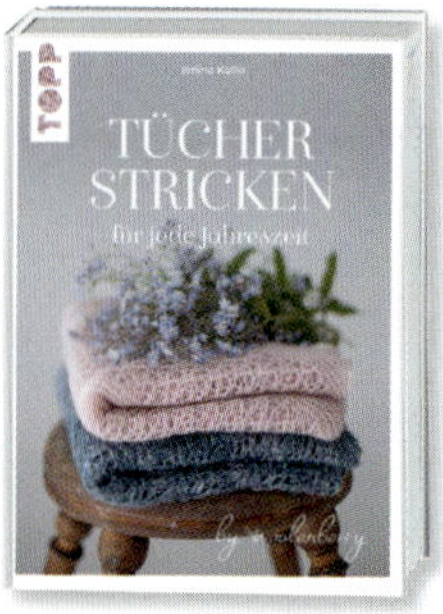

ISBN 978-3-7724-4814-0

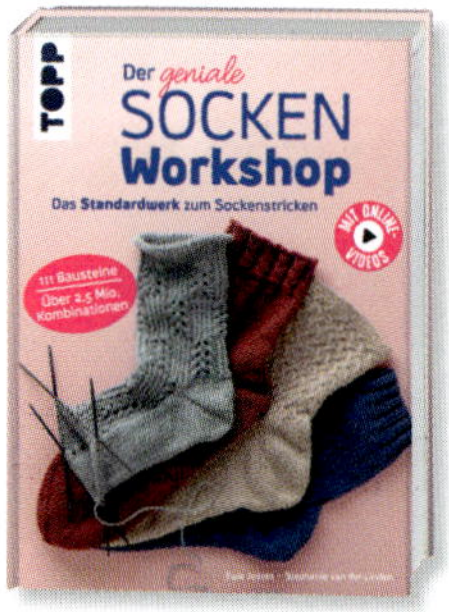

ISBN 978-3-7724-8151-2

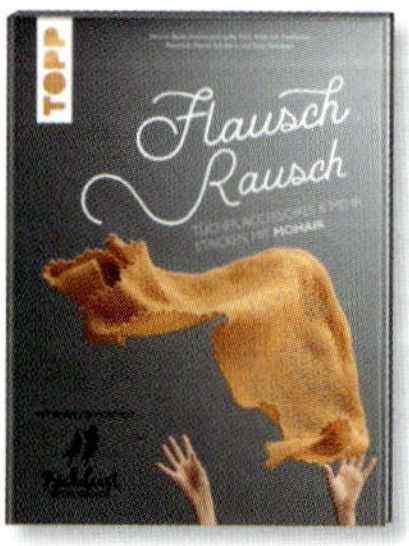

ISBN 978-3-7724-4821-8

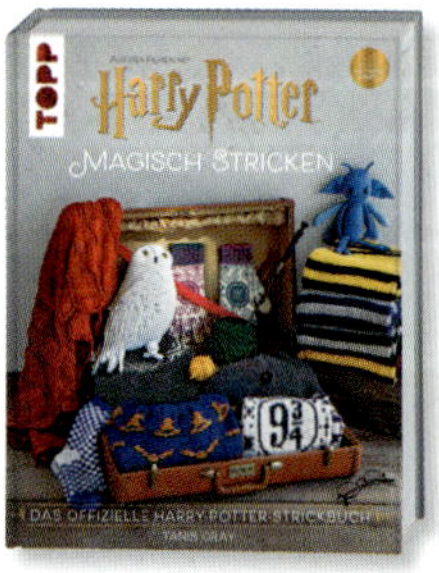

ISBN 978-3-7724-4830-0

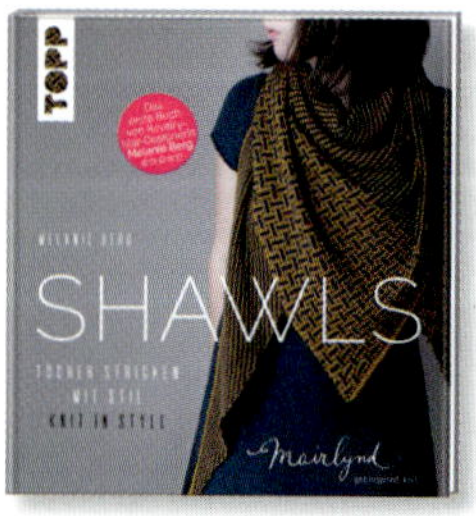

ISBN 978-3-7724-8140-6

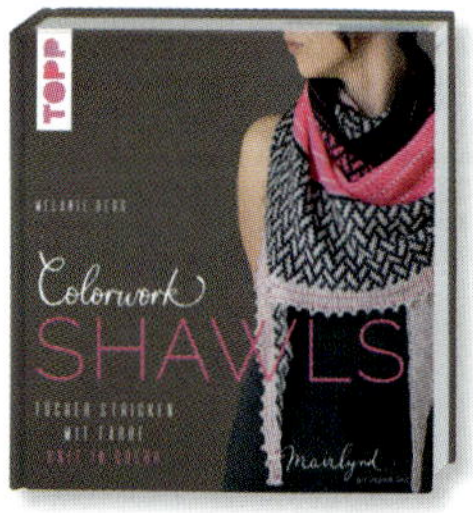

ISBN 978-3-7724-8170-3

Noch mehr Kreativ-Bücher findest du auf www.TOPP-kreativ.de

#TOPPPROJEKT

Die eigene Kreativität zeigen: TOPPprojekt mit anderen Kreativen teilen und Teil der Gemeinschaft werden.

DIY-begeistert und auf Instagram? Dann unbedingt mitmachen! Hier gibt's Tipps und Feedback zu den eigenen Projekten. Außerdem verlosen wir jeden Monat ein Überraschungspaket. Um am Gewinnspiel teilzunehmen, einfach ein Bild vom Kreativ-Projekt aus unseren Büchern mit #TOPPprojekt posten und unserem Account @frechverlag folgen. Mehr Infos auf TOPP-kreativ.de/TOPPprojekt

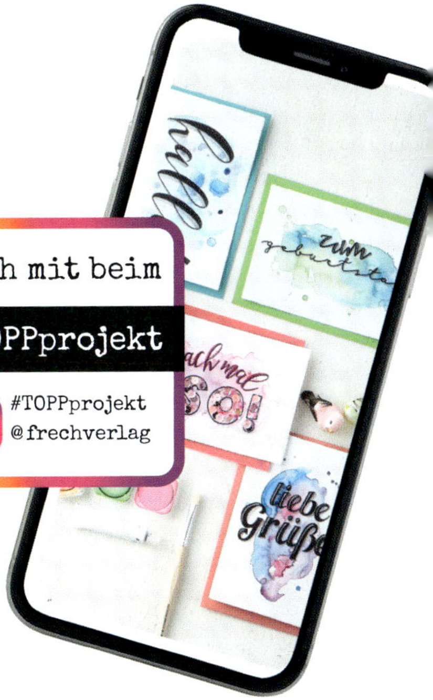

Mach mit beim

#TOPPprojekt

#TOPPprojekt
@frechverlag

Webseite

Auf TOPP-kreativ.de gibt es ein riesiges Angebot von über 1.000 Kreativbüchern, Sets und mehr zu entdecken.

Newsletter

Immer als Erstes von unseren Neuheiten und Sonderaktionen erfahren: TOPP-kreativ.de/newsletter

Instagram

@frechverlag

Pinterest

pinterest.com/frechverlag

Facebook

facebook.com/frechverlag

DigiBib

Hier gibt es zusätzlich zu einigen unserer Bücher digitale Extras, wie Video-Tutorials, Plotter-Dateien, Vorlagen, Übungsblätter und vieles mehr. Einfach im Impressum eines TOPP-Buchs nachschauen, ob dort ein Code vorhanden ist, und exklusive Inhalte freischalten. TOPP-kreativ.de/digibib

Youtube

youtube.com/frechverlag

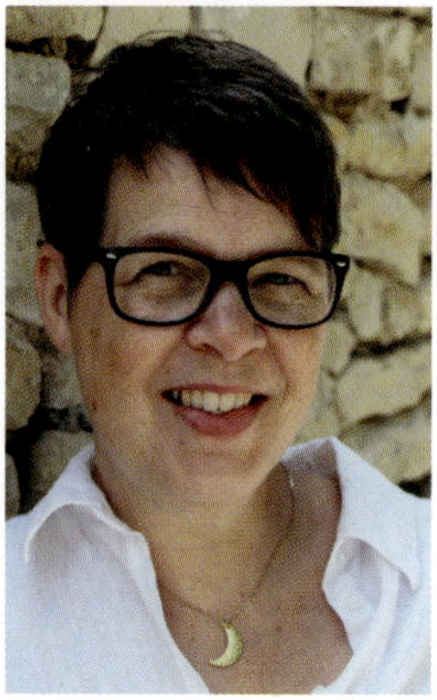

Kerstin Balke, auch bekannt unter dem Synonym Stine & Stitch, hat das Stricken im Alter von 6 Jahren von ihrer Oma gelernt. Pullover, Jacken, Schals, Mützen, Socken und sogar feine Tischdecken sind im Laufe der Jahre entstanden. Seit mehreren Jahren entwirft sie eigene Muster. Meist farbenfroh, manchmal auch ganz dezent, aber immer mit mehreren Fäden. Bei Instagram unter @stine_und_stitch zeigt sie ihre neuesten Entwürfe und gibt Tipps und Tricks rund ums Stricken. Nebenbei verkauft sie in ihrem Onlineshop (www.stineundstitch.de) Garne, Strickpakete und Zubehör. Mit ihrer Familie lebt sie zwischen Hamburg und Lübeck.

DANK

Vielen Dank an meine Familie, die mir den Rücken freihält und immer für mich da ist.
Meine Probestrickerinnen sind immer ein wichtiger Teil meiner Bücher. Vielen Dank Kirsten (@knightlyart), Lydia (@lydiafisch), Sabine (@hexbexhamburg), Steffi (@lille_boat) und Ines (@ines_kuehl). Ihre Werke kann man bei Instagram bewundern.
Den Firmen Lang Yarns GmbH (www.langyarns.com), Lana Grossa GmbH (www.lana-grossa.de) und MEZ GmbH (www.Schachenmayr.de) danke ich für die Bereitstellung der Garne.
Dem frechverlag danke ich für das Vertrauen in meine Arbeit und die tolle Zusammenarbeit. Dass das Buch so wunderschön geworden ist, verdanke ich meiner Produktmanagerin Mareike Upheber, meiner Lektorin Regina Sidabras, den wunderschönen Fotos von Michael Ruder, den Illustrationen von Josy Jones und der tollen Gestaltung von Petra Theilfarth.

DER CODE ZUM FREISCHALTEN DER VIDEOS LAUTET: 10922

FOTOS: frechverlag GmbH, 70499 Stuttgart; lichtpunkt, Michael Ruder, Stuttgart

PRODUKTMANAGEMENT: Mareike Upheber

LEKTORAT: Regina Sidabras, Berlin

GESTALTUNG: Petra Theilfarth

DRUCK: Drukarnia Interak Sp. z o.o.

3. Auflage 2021

ISBN 978-3-7724-4844-7 • Best.-Nr. 4844

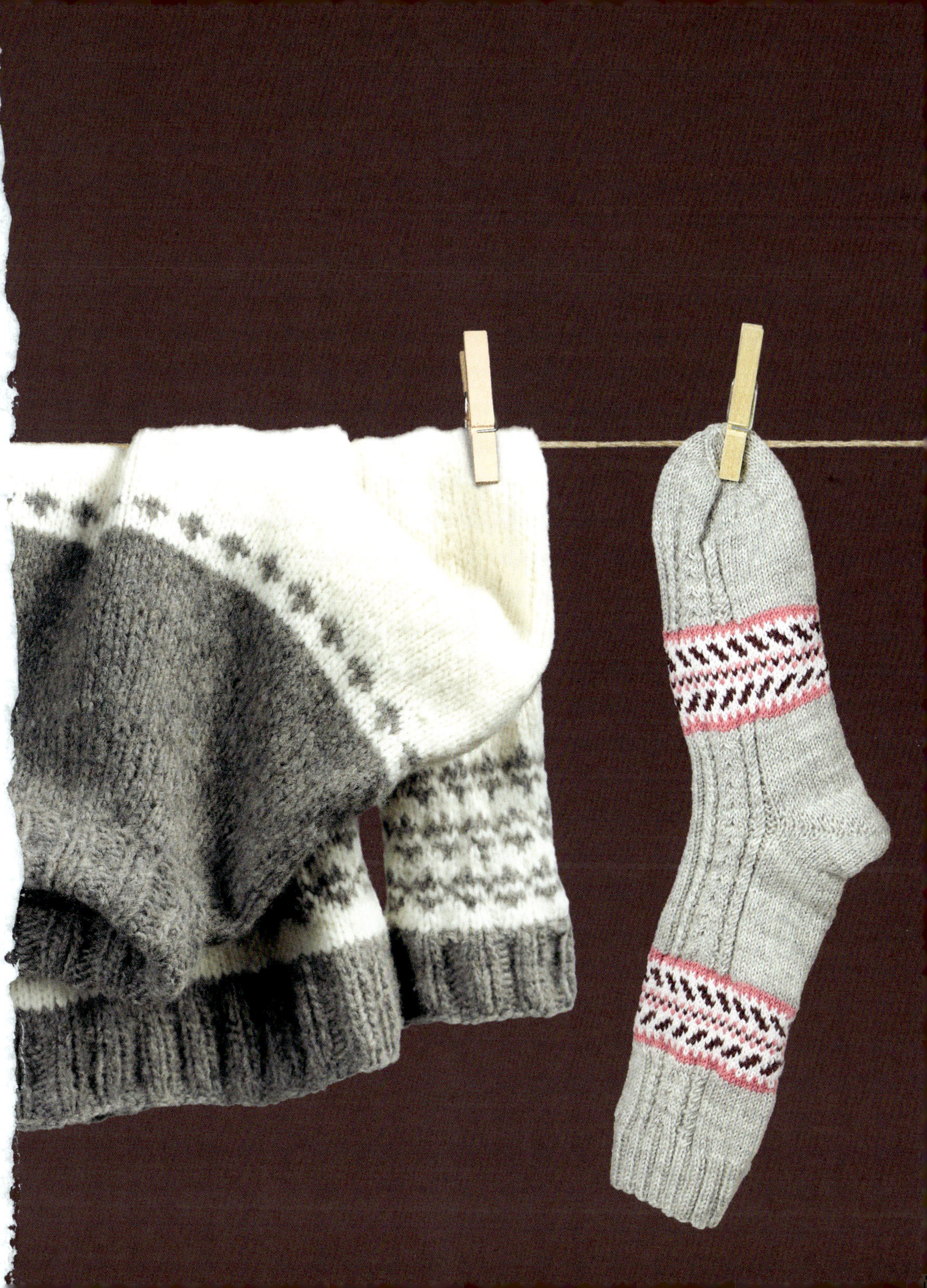

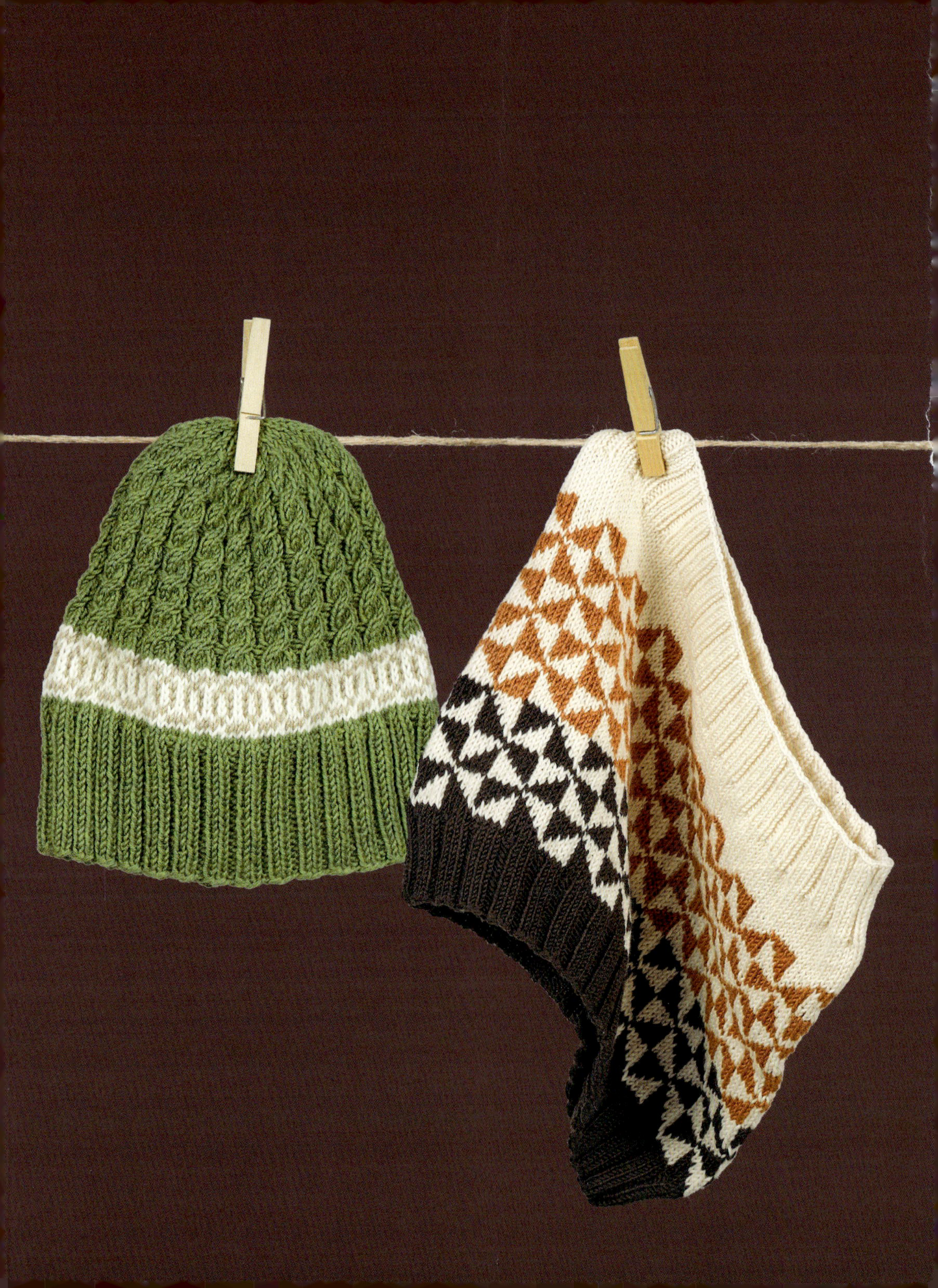